Linhas Tortas

Linhas Tortas

22ª edição

EDITORA RECORD
RIO DE JANEIRO • SÃO PAULO
2015

CIP-Brasil. Catalogação na fonte
Sindicato Nacional dos Editores de Livros, RJ.

        Ramos, Graciliano, 1892-1953
R143 l   Linhas tortas / Graciliano Ramos; [posfácio de Ruy
22ª ed. Espinheira Filho]. fl 22ª – ed. – Rio de Janeiro: Record,
        2015.

        ISBN 978-85-01-06716-6

        1. Brasil – Política e governo. 2. Brasil – Vida
        intelectual. I. Título.

                            CDD – 869.98
04-3226   CDU – 821.134.3(81)-8

Copyright © by herdeiros de Graciliano Ramos
http://www.graciliano.com.br

Reservados todos os direitos de tradução e adaptação

Texto revisado segundo o novo Acordo Ortográfico da Língua Portuguesa.

posfácio Ruy Espinheira Filho
capa eg.design / Evelyn Grumach
ilustração Floriano Teixeira
foto do autor Acervo da família
finalização da capa eg.design / Fernanda Garcia
projeto gráfico do miolo eg.design / Evelyn Grumach e Fernanda Garcia

Direitos exclusivos desta edição reservados pela
DISTRIBUIDORA RECORD DE SERVIÇOS DE IMPRENSA S.A.
Rua Argentina, 171 – Rio de Janeiro, RJ – 20921-380 – Tel.: 2585-2000

Impresso no Brasil

ISBN 978-85-01-06716-6

Seja um leitor preferencial Record.
Cadastre-se e receba informações sobre
nossos lançamentos e nossas promoções.

EDITORA AFILIADA

Atendimento e venda direta ao leitor:
mdireto@record.com.br ou (21) 2585-2002.

Nota do editor

Esta nova edição de *Linhas tortas* teve como base a primeira edição do livro, publicada pela Livraria Martins Editora, em 1962, com textos selecionados por Heloisa Ramos, Ricardo Ramos e James Amado. A maior parte dos originais encontra-se no Fundo Graciliano Ramos, Arquivo do Instituto de Estudos Brasileiros da Universidade de São Paulo.

Este projeto de reedição da obra de Graciliano Ramos é supervisionado por Wander Melo Miranda, professor titular de Teoria da Literatura da Universidade Federal de Minas Gerais.

Sumário

PRIMEIRA PARTE

Linhas Tortas 13
Traços a Esmo 70

SEGUNDA PARTE

Álvaro Paes 123
O romance de Jorge Amado 127
Porão 134
Os donos da literatura 138
Jornais 141
Livros 144
Os amigos de Machado de Assis 147
Machado de Assis 152
Uma personagem sem-vergonha 155
Uma personagem curiosa 158
As mulheres do sr. Amando Fontes 161
Bahia de Todos os Santos 164
Classe média 167
A livraria José Olympio 170
Um milagre 173
Um amigo em talas 176

A marcha para o campo 180
A propósito de seca 186
Norte e sul 191
Caminho de pedras 194
Pureza 198
Uma tradução de Pero Vaz 202
Romances 205
Uma justificação de voto 208
Um livro inédito 215
Contos de vigário 218
As opiniões do respeitável público 221
Jardins 224
Terra de Espanha 227
O romance das tuberculosas 230
Conversa de livraria 233
O teatro de Oswald de Andrade 236
O rio 239
Jiboias 242
Um velho cartão-postal 245
Um novo ABC 248
Sociedades de amigos 251
Uma eleição 254
O sr. Krause 257
Um inquérito 264
Os sapateiros da literatura 267
Os tostões do sr. Mário de Andrade 271
A viúva Lacerda 274
Alguns tipos sem importância 278
Prêmios 283
Atribulações de Papai Noel 287

Desordens 293
Conversa fiada 295
Paulo Barreto, S. João Batista e D. Mariana 298
Booker Washington 302
Aurora e o seu Oscar 307
"Para nós, humildes..." 312
A última noite de Natal 317
Milagres 321
O que deveríamos fazer 324
Reviravoltas 328
Poom-Lin 332
Um homem forte 336
Monólogo numa fila de ônibus 340
Os passageiros pingentes 343
A imprensa francesa clandestina 346
Conversa de bastidores 350
Uma viagem a bonde 356
O fator econômico no romance brasileiro 361
Os amigos do povo 371
Antônio Olavo 374
Prefácio para uma antologia 378
Álvaro Moreyra 382
Simão Dias 385
Dois mundos 387
Uma palestra 391
Posfácio 397
Vida e obra 413

PRIMEIRA PARTE

Linhas Tortas

I

constituição da república tem um buraco.
É possível que tenha muitos, mas sou pouco exigente e satisfaço-me com referir-me a um só.

Possuímos, segundo dizem os entendidos, três poderes — o executivo, que é o dono da casa, o legislativo e o judiciário, domésticos, moços de recados, gente assalariada para o patrão fazer figura e deitar empáfia diante das visitas. Resta ainda um quarto poder, coisa vaga, imponderável mas que é tacitamente considerado o sumário dos outros três.

É aí que o carro topa. Há no Brasil um funcionário de atribuições indeterminadas, mas ilimitadas.

Aí está o rombo na constituição, rombo a ser preenchido quando ela for revista, metendo-se nele a figura interessante do chefe político, que é a única força de verdade. O resto é lorota.

Em escala descendente, a começar no Catete, onde pontifica o chefe açu, e a terminar no último lugarejo do sertão, com um caudilho, mirim, isto é um país a regurgitar de mandões de todos os matizes e feitios.

Está aqui um deputado que é um poço de manha, papagueador quando parola com o eleitorado, mudo na câmara, gênero peru; ali está um presidente de estado que outra coisa não tem feito senão apregoar pelas trombetas oficiais as maravilhas que ninguém vê, mas que ele teve o louvável intuito de realizar; temos acolá um advogado ventoinha, equilibrista emérito, camaleão legítimo; vem depois o comerciante voraz, enriquecido com os favores clandestinos, negociatas escusas e contrabandos; mais distante, avulta a majestade rotunda do industrial insatisfeito, empanturrado pelas propinas que a guerra lhe meteu no bucho.

Todos eles são mais ou menos chefes. Não se sabe bem de que, mas certo é que o são. Graúdos, risonhos, nutridos, polidos, escovados, envernizados, lá estão inchando, inchando. São os grossos batráquios da lagoa republicana.

Muito menos volumosos, coaxam pelos cantos chefitos incolores, numerosos, em chusma, minúsculas pererecas de poças d'água.

São os donos de todos os municípios destes remotos rincões que o estrangeiro ignora, que as cidades do litoral conhecem vagamente, através dos despachos da Agência Americana.

Mandatários do governo, forjadores de eleições, mais ou menos coronéis, caciques em miniatura, têm frequentemente, para infundir respeito, uma espada da Guarda Nacional, um boné sebento, um lenço de tabaco e um par de socos.

Possuem um factótum, pau para toda obra, secretário particular e muitas coisas mais, criatura que se especializa no mister de enviar ao presidente ou governador do estado chavões telegráficos de congratulação pelo aniversário de gloriosas potocas que enchem nossa história.

São, a um tempo, intendentes ou prefeitos, juízes, promotores, advogados e jurados, conselheiros municipais, comissários de polícia e inspetores de quarteirão.

Realizam a pluralidade na unidade!

E ainda há quem duvide do mistério da Santíssima Trindade.

Parece-me claro que uma pergunta aqui se impõe: para que tanta gente de palha a ocupar cargos em penca, a roer sinecuras polpudas nesta confederação cinematográfica, em que o poder é a coisa mais centralizada deste mundo, se, desde o tempo dos capitães-mores, um homem só pode administrar, legislar e julgar a contento das populações sertanejas?

Ponha-se, pois, o chefe político no galarim e mande-se à fava o resto.

Metam-no, honestamente, em letra de fôrma.

Entre ele, triunfante, com armas e bagagens, em nosso magno estatuto.

Peguemos o chefe político, agitemo-lo no ar e berremos o estribilho com que a imprensa, há tempos, nos anda a amolar — A constituição da república precisa de uma revisão.

R. O.
In *Jornal de Alagoas* — Maceió, AL, março de 1915

II

Eu estava convencido de que o ambiente não exercia sobre um indivíduo alterações radicais. Um grande valor, sem dúvida, mas não um valor absoluto. Não acreditava que os caracteres se pudessem transformar. Modificar-me, sim, perfeitamente; suprimir minha individualidade, não, isso eu não podia compreender.

Um cretino que morasse na aldeia seria um cretino se se transportasse para a cidade, embora suas sandices tomassem nova forma.

Um imbecil civilizado, mas um imbecil.

Minhas ideias podiam ser uma tolice. Como, porém, ninguém me obrigava a deixar de ter ideias tolas, eu pensava assim. E julgava pensar muito bem.

Ora, de ontem para cá têm-se operado em meu espírito graves mudanças.

Um encontro, um encontro fortuito, uma dessas coisas insignificantes que nos acontecem todos os dias, mas que às vezes são revestidas de circunstâncias que nos causam algum mal-estar, um certo embaraço.

Essas circunstâncias existiam no encontro a que me refiro.

O sujeitinho era-me inteiramente desconhecido. Nunca me lembrara de ter visto aquela figura de cabeça enterrada num chapéu sem abas passar-me por diante dos olhos. Debalde escarafunchei todos os recantos da imaginação a ver se me seria possível encontrar um nome que conviesse àquele ser. Nada. Nem Ulisses nem Sancho. Mas, depois do formidável abraço e da explosão de sorrisos e amabilidades que recebi, não tive ânimo de perguntar ao homem onde me havia ele visto e em que planeta tinha nascido.

Calei-me, atordoado e discreto. Ele pigarreou, olhou-me com suavidade, pôs as duas mãos sobre meus ombros:

— Há que tempos não nos vemos, meu amigo. Há que tempos. Quantos anos, hein?

— Não tem dúvida, respondi enleado. Uma grande quantidade de anos.

— E como você está diferente, Vespasiano. E eu também estou muito diferente. Estamos ambos muito mudados, não é verdade?

Tive vontade de dizer que sim, que estava tudo muito direito, que só não estava direito ele chamar-me de Vespasiano. Mas não disse nada. E o sujeito continuou:

— Aquilo por lá bem? A família? a saúde? e o resto? Afinal você se casou. Fez muito bem. Eu recebi a participação de seu casamento. Quantos filhos? E agora a passear. Quando chegou? ontem?

Considerei assombrado aquele ente extraordinário, que sabia de minha vida coisas de que eu nunca suspeitara a existência. E não me pude conter que não lançasse um olhar furtivo às vastas abas de meu chapéu, a minha gravata retorcida, a outras pequenas coisas que adornavam minha preciosa pessoa, a ver se descobria qualquer vestígio de um pai de família ou de um tipo chegado de fresco. Eu sou da aldeia, não nego. Mas não gosto que ninguém pense nisso.

E resolvi fulminar aquele intruso:

— Não, qual! ora essa! que lembrança! faz muito tempo que moro aqui. Um ano... quero dizer cinco anos, ou mais, quase dez anos. Dez ou quinze, não me lembro bem.

— Pois não parece, Tertuliano, não parece. Julguei que você tivesse vindo agora. Quando volta?

Eu não voltava nem me chamava Tertuliano. Puxei o relógio, mas a estranha criatura gentilmente me obrigou a tornar a metê-lo no bolso sem que eu tivesse tido tempo de examinar o mostrador. Dois guardas passaram por nós, indiferentes, empunhando inofensivos cassetetes. E eu angustiado dizia comigo que esta grande cidade tem um péssimo policiamento.

— Enfim, meu caro Valeriano, está você no Rio. Isto é magnífico. Está empregado?

Estudou pormenorizadamente as dobras de minhas calças e a cor de minhas botas.

— Bem se vê que não, continuou. É difícil, muito difícil arranjar colocação. É preciso ter competência. Mas não desanime. Chega-se aqui bruto a valer, sem saber mesmo nada, e depois de algum tempo está-se limado, polido. Eu, por exemplo. Veja você... É verdade que não cheguei bruto: tinha algum preparo, tinha. Mas não era o que sou hoje. Qual! que diferença! Pois tenho feito por aí uma fortuna considerável, tenho deitado dinheiro fora. Viajei, sabe? Viajei muito. Todos os países da Europa. Uns quarenta. Conheço tudo — a França, a China, os Estados Unidos, o Egito... enfim, a Europa toda. E a América, e o resto. Não falta nada, conheço tudo a palmos.

Eu, pasmado, admirava a grande quantidade de geografia que aquele homem devia saber. E ele, loquaz e amável, um tanto enternecido pela expressão dolorida que naturalmente devia haver em minha fisionomia:

— Que fazia você naquela aldeia, Feliciano? Nada. Jogar bilhar, jogar gamão, jogar "loo" com Isidoro e o Marçal, comer, dormir, andar de bicicleta, ir à missa... Uma desgraça. Aqui vive-se. Você verá quando estiver habituado. Sobretudo é preciso que estude alguma coisa, porque um homem ignorante não vive bem em parte nenhuma.

E, para atestar minha ignorância, lançou um piedoso olhar ao colarinho que me cingia graciosamente o pescoço. Eu dirigia movimentos de súplica à multidão e pensava no egoísmo daquela gente, que nem parecia perceber a minha desgraça. E ele, incansável:

— Pois, meu caro Diocleciano, não caia na asneira de voltar. Aquilo por lá é uma miséria. O mais que você podia ser lá era oficial de justiça ou inspetor de quarteirão. Aqui o caso muda de figura. Pode você ter aspirações, subir. Não direi que chegue a ministro ou senador. Mas que diabo! — um lugar de contínuo numa repartição sempre conseguirá para o futuro, tendo proteção.

Eu recitava mutuamente fragmentos de padre-nossos e ave-marias. Ele sacudiu com ternura um bocado de pó da aba do meu jaquetão.

— Nem você pode imaginar como esta terra é deliciosa para uma pessoa que conheça bem isto. Eu conheço tudo, tudo. Não há por aqui um pau, uma pedra, um buraco, que eu não tenha palpado, observado, examinado. E mulheres? Nem me fale nisso. Todas, tudo, não falta nada.

Eu fazia promessas de níqueis a São Sebastião.

— Ah! se você soubesse a vida regalada que eu tenho levado aqui! Sou um homem feliz. Calcule que...

Não pôde continuar. Um automóvel que rodava a desfilada agarrou-o, atirou-o ao chão, passou-lhe por cima do corpo, vingou-me. Dei um grito, um grito de alívio. E, enquanto o chofer por um lado deitava a fugir, escondido numa nuvem de poeira, eu entrei a correr por outro lado, a fugir também, com receio de que o amável conterrâneo continuasse sua palestra. Parei a distância arquejante, ousei olhar para trás.

E percebi, entre o grupo de curiosos que se formara, uma rubra massa de sangue e carne esmagada a bradar:

— Pois é como lhe digo, Maximiano. Tenho gozado muito. Sou um homem feliz.

E calou-se. Creio que tinha morrido.

Estuguei o passo, ainda com um bocado de medo, e comecei a pensar no erro que havia em minhas antigas opiniões sobre a influência do meio.

Agora eu penso que o ambiente é tudo. Pode transformar uma pessoa, torná-la outra, a ponto de um antigo camarada não descobrir nela um insignificante sinal que a torne reconhecível. Sim, porque estou certo de que aquele sujeito feliz era um conhecido meu, modificado inteiramente por uma grossa crosta de ilustração.

Não era um mistificador, não podia ser. Ele sabia certas particularidades de minha vida. E foi gentil, extremamente gentil para comigo — deu-me bons conselhos, emprestou-me uma mulher e meia dúzia de nomes.

R. O.

In *Jornal de Alagoas* — Maceió, AL, março de 1915

III

Os antigos religiosos fanáticos que transformavam em estrebarias os templos de seus adversários, que escreviam injúrias nas paredes das igrejas, que misturavam aos ossos de santos carcassas de animais não desapareceram da terra sem que deixassem a certos homens de hoje uma herança de ódio, de intolerância, de todos os sentimentos torpes que determinam vinganças mesquinhas.

Há crimes que se atenuam por serem perpetrados em circunstâncias especiais, por serem exigidos por necessidades extremas. Compreende-se que em época de perturbações sociais, se deite abaixo uma catedral a tiros de canhão. Compreende-se que se sacrifiquem cidades e se despovoem regiões, que se aniquilem povos e se devastem estados... Aliás todos esses morticínios e danos justificam-se perfeitamente pelos que dizem que a guerra é indispensável para estabelecer o equilíbrio das nações.

Mas o que se não compreende é que uma chusma de criaturas mais ou menos civilizadas se possa comprazer friamente em inutilizar uma obra de arte que a gente admira.

Vem isto a propósito do apedrejamento e da destruição do monumento de Eça de Queiroz, em Lisboa.

Nunca ninguém pensou talvez que em Portugal houvesse homens capazes de cometer semelhante atentado, atentado que a nossos olhos tem quase as proporções de um sacrilégio. Lá e aqui, movidos por um sentimento extraordinário, sentem-se todos os indivíduos que leem irresistivelmente fascinados por aquela figura simpática que, com seu eterno sorriso sarcástico nos lábios, parece zombar de tudo, perscrutando todos os ridículos dos homens com seu inseparável monóculo.

Ele não é somente o escritor mais querido dos dois países, é uma individualidade à parte, adorada, idolatrada. Temos para com ele uma admiração que chega às raias do fanatismo.

Seus personagens não são, por assim dizer, entidades fictícias, criações de um cérebro humano — são indivíduos que vivem a nosso lado, que têm os nossos defeitos e as nossas virtudes, que palestram conosco e nos transmitem ideias mais ou menos iguais às nossas.

Quantas vezes nos não aconteceu julgar distinguir ao longe, na agitação da via pública, o fácton de Carlos da Maia ou a escandalosa peliça do Ega!

Quantos ambiciosos como aquele Julião Zuzarte não lutam penosamente pela vida, amaldiçoando a sorte e invejando secretamente os que conseguem vencer!

Que enorme quantidade de Raposos, de Zé Fernandes, de Dâmasos, de conselheiros Acácios e de Ramires não há neste mundo!

Quem entrando em uma pensão modesta não julgou alguma vez ver mover-se pelos corredores o volumoso corpo de D. Augusta? Quem não divisou ainda, através de uma porta meio aberta, a figura do Teodoro, magro, corcunda, sentado em uma cama, seu arcaico romance comprado na feira da Ladra sobre a mesa, conversando com o diabo?

Todos esses tipos são nossos companheiros, nossos amigos.

Falamos todos os dias com eles — ordinariamente a rir, poucas vezes sérios, quase nunca a chorar.

Eça é grande em tudo — na forma própria, única, estupendamente original, de dizer as coisas; na maneira de descrever a sociedade, estudando de preferência os seus lados grotescos, ridicularizando-a, caricaturando-a; na arte com que nos sabe transportar do burlesco ao dramático, da amenidade de uma palestra entre íntimos às paisagens de Cintra, dos salões de Paris às serras de Tormes, das práticas devotas de uma velha casa cheia de padres à Jerusalém do tempo de Jesus.

Pouco importa que tenha defeitos.

Por grandes que estes sejam, nunca chegarão a macular a obra extraordinária daquele homem ridente que zombava de tudo e não largava o monóculo.

Dizem que ele foi o mais estrangeiro de todos os escritores portugueses e o que mais prejuízo causou à língua, deturpando-a com galicismos, que nós imitamos pedantescamente. Acusam-no também de ter sido um mau psicólogo, que exagerava os tipos que imaginava.

Mas, apesar de todas as censuras, ele será sempre o grande Eça, o Eça que nos encanta, incomparável, deliciosamente espirituoso.

Confesso ingenuamente que às vezes cheguei a perguntar a mim mesmo se não haveria em Lisboa, junto ao grupo que representava a "Verdade" velada pelo "manto diáfano da fantasia", algum templo de mármore onde sacerdotes inteligentes oficiassem, prestando culto à memória do grande ímpio. Supunha que lá aquele monstro de ironia tivesse mais ou menos as proporções de um dos antigos reformadores religiosos que a humanidade venera.

Enganei-me.

Eça tinha um monumento em Lisboa, um monumento que era um primor de escultura. Essa obra de arte foi apedrejada, derribada, destruída.

Por quem? Não consta que haja aparecido por lá alguma horda de selvagens africanos. São portugueses os que a destruíram.

Por quê?

Quem sabe lá! Esse lamentável retrocesso aos velhos tempos da invasão dos bárbaros deixa a gente em assombro.

Eça era um ateu, um homem que não respeitava nada, que não tomava as coisas a sério. Pintou ministros estúpidos, padres devassos, jornalistas vendidos, condessas adúlteras; escarneceu a literatura de sua pátria, a política, as respeitáveis cinzas dos brutos e gloriosos antepassados dos vencedores dos mouros; troçou a burguesia, a religião, o hino da carta.

Teve inimigos. Havia gente que lhe não perdoava a audácia, os sarcasmos, o monóculo faiscante.

Parece que agora essa gente quis desforrar de todos os vexames que o impiedoso herege lhe causou.

E vingou-se, embora a vingança tenha sido extemporânea.

Mas vingou-se, numa fúria de besta, resfolegou, empinou-se, soltou um guincho e atirou um coice à memória de Eça.

R. O.

In *Jornal de Alagoas* — Maceió, AL, março de 1915

IV

Amável leitor. Não tenho o prazer de saber quem és. Não conheço teu nome, tua pátria, tua religião, as complicadas disposições de teu espírito. Ignoro se tens a ventura de ser um pacato vendeiro enriquecido à custa de pequeninas e honestas trapaças, ou se és um celerado de figura sombria, calças rotas, botas sem saltos e paletó ignobilmente descolorido com remendos nas costas e sonetos inéditos nas algibeiras. É possível até que sejas uma adorável criatura de tranças louras e dentes de porcelana e que agora, de volta da igreja, onde ouviste uma detestável missa rezada por um velho padre fanhoso, abras este jornal para afugentar um bocado de tédio que encontraste escondido entre as páginas de teu manual encadernado a madrepérola.

Não te conheço. Entretanto, envio-te isto à guisa de carta meio anônima. Não é lá tarefa muito fácil, porque desejo que não passe por aqui a sombra de uma ideia. Não te admires, leitor amigo — comerciante abastado, poeta maltrapilho ou rapariga adoravelmente devota. Há por vezes ocasiões em que um mísero rabiscador tem necessidade de fazer grandes volteios, circunlocuções sem fim, somente para furtar-se àquilo que algum simplório poderia julgar talvez ser o fito único de um indivíduo que escreve — dizer o que pensa.

Eu me encontro em uma dessas situações embaraçosas.

Mas tu te preocupas pouco com meus embaraços e com o que me vai pela cabeça, não é verdade?

O essencial é que se escreva. Não quiseram que esta coluna ficasse em branco, malgrado todas as razões que foram apresentadas ao secretário da folha. Era preciso que se escrevesse, qualquer coisa a esmo, embora.

Não é que deixe de haver por aí uma agradabilíssima récua de magníficos assuntos a explorar. Mas que te importam a ti os assuntos que me são agradáveis?

Eu é que tenho necessidade de, estudando teus gostos e fazendo completa abstração de minha individualidade, oferecer-te qualquer droga que te não repugne ao paladar. Mas — que diabo! — eu não sei a quantidade e a cor da substância que acaso armazenas no crânio, rotundo burguês que candidamente transportas o suor de teu próximo para as profundidades de tua volumosa pança. Demais, sendo extremamente fraco em geografia, devo confessar-te, ó miserável menestrel pálido, que nunca ouvi falar da cidade que habitas. Ignoro se há por lá estradas de ferro, automóveis, cinematógrafos, zonofones, outros tormentos inventados pela civilização ou se vives pacificamente entre duas tortuosas e infinitas alas de casinhotes reles edificados à negra margem de um riacho triste.

Que sei eu de ti? Nada.

Já vês, pois, que te não posso dizer coisas agradáveis, rapariga gentil que vais passeando sonolentamente o olhar azul por estas colunas empasteladas, enquanto um esplêndido gatarrão nédio e branco te brinca ao colo. E o que é pior é que além de não conhecer teus gostos, o que é razão suficiente para que eu evite estabelecer contigo uma palestra íntima, estou quase a dizer-te que tenho a infelicidade de não saber qual é a atitude deste jornal.

Parece mentira, mas não é.

O homem que me convidou a traçar aqui uma série de sensaborias semanais, para tua desgraça, fê-lo tão às pressas que nem sequer teve tempo de dizer-me a que partido pertencia a folha e que homens ou coisas era preciso defender ou atacar.

Vais chamar-me títere, vendido ou qualquer outro desses nomes pouco amáveis que a gente costuma aplicar, por distração, aos amigos ausentes.

Mas — com a breca! — isso é assim mesmo. Eu não sou tão idiota que vá dizer alguma palavra que não esteja de acordo com as opiniões gerais. Tomo, portanto, o partido de não dizer nada por enquanto. Preciso primeiro conhecer-te, leitor amigo. Sei que és cortês e hospitaleiro, apesar de tudo.

Irei a tua casa. A visita não será longa, não tenhas medo.

Prometo-te solenemente que depois terei o cuidado de lisonjear tuas paixões, injuriar teus inimigos, queimar incenso a teus amigos, pensar como tu, enfim... tanto quanto o jornal o permitir, está claro.

E adeus, leitor ingênuo que tiveste a pachorra de ler isto — verdadeiro abastado, poeta faminto ou menina travessa, loura e religiosa.

Desejo-te felicidades imensas em teus honrados negócios, alguns alexandrinos incompreensíveis ou qualquer namorado adventício.

A. O.

In *Paraíba do Sul* — Paraíba do Sul, RJ, 15 de abril de 1915

V

Cada um tem seu nome. Isto é uma grande verdade, não tem nada de novo e não exige grande inteligência para se compreender. Eu tenho um nome, meu vizinho tem outro, a vizinha tem outro, assim por diante.

Quando acontece aparecerem dois semelhantes, ordinariamente há alguma diferença no sobrenome, no prenome, no agnome, em qualquer outra coisa com terminação assim. Se por acaso são absolutamente iguais os rótulos de duas pessoas, há o recurso fácil de uma delas, para evitar certas ambiguidades desagradáveis, modificar a ortografia de seu dístico.

Um exemplo: Um sujeito chamado camelo encontra outro sujeito que também se chama em tudo camelo. Se o primeiro camelo for mais gordo e mais alto que o segundo terá o direito de escrever sua rubrica com dois *ll*. Caso o outro já use os dois *ll*, poderá ele empregar três e às vezes, quatro. O número pouco importa — é conforme a necessidade.

Em uma palavra, é muito difícil haver dois indivíduos iguais em todos os nomes, com todas as letras. Sim, porque um Estevam com *am* é quase diferente de um Estêvão com *ão* como de um Anastácio. E o Nicolau que os transforma em Nicoláo é um homem sem caráter, que muda seu cabeçalho como quem muda camisa suja.

Os senhores estão a dizer talvez que minhas graves considerações sobre um assunto tão importante não têm valor nenhum.

São modos de ver.

Eu por mim tenho tanta amizade à palavra que um dia um padre caduco pronunciou sobre minha pessoa, numa língua esquisita, com uma pitada de sal misturada com rapé entre os dedos, que experimento uma sensação desagradável sempre que me trocam o nome.

E, por caiporismo, tem havido uma grande balbúrdia no modo pelo qual os outros designam minha individualidade. Em tempos de criança, davam-me um apelido gentil, coisinha suave, que me desgostava em extremo. Depois entraram a aplicar-me aquela grata palavra que foi pronunciada no batismo. Eu estava contente. No colégio porém, tive apenas o sobrenome. Eu suportava. Mas houve alcunhas, complicações, o diabo! Morei em uma casa de cômodos, onde me chamei, durante meses, o *número 6*. Foi a designação pior que já me deram.

Tive ainda outros números. Um horror! Aquilo não era uma casa de cômodos — era uma aritmética.

Penso sempre com desgosto que, se algum dia tiver necessidade de recolher-me a uma colônia correcional ou a um asilo de alienados, inda poderei ver minha firma transformada em uma série de algarismos. Muito desagradável.

Depois das observações que acabo de fazer, vejam os senhores se tenho ou não razão para estar um bocado triste.

O digno compositor que me fez o obséquio de juntar os tipos para a publicação de meu artigo de estreia neste jornal — cavalheiro a quem estou muito grato e a quem já escrevi apresentando meus sinceros protestos de elevada estima e consideração etc. — pensou — e talvez tenha pensado muito bem — que aquele venerando ancião de batina remendada a linha branca não me havia batizado como devia.

E, não sabendo que eu era crismado, rebatizou-me.

Eu me chamava antigamente *R*. Mas o homem achou — e com muita razão — que me ficaria melhor um *A*. sonoro, claro, límpido.

Realmente, eu reconheço que o *R*. é uma coisa feia e áspera. Parece que fere o ouvido e arranha a garganta da gente.

Mas — é o diabo! — eu já estava tão habituado.

De sorte que agora estou sem saber como me chamo. Sim, porque ignoro se o primeiro bispo que me crismou ratificará a segunda confirmação.

Creio que não. Ele era um respeitabilíssimo patriarca e um reconhecedor profundo das coisas de seu ofício.

Ora reconhecendo as grandes virtudes e a incontestável sapiência de tão preclaro pilar da Igreja, peço humildemente ao senhor compositor permissão para assinar estas linhas com meu antigo nome.

R. O.

In *Paraíba do Sul* — Paraíba do Sul, RJ, 22 de abril de 1915

VI

A mais desabusada e leviana de todas as deusas dos antigos, depois de atravessar gerações e gerações, cobrira a nudez pagã com roupas civilizadas e, longe de seu retiro de Pafos, abandonados os amantes do Olimpo, erguera suas tendas, tendas mercenárias que desonravam a bela personagem da mitologia, na Avenida Gomes Freire, na Avenida Mem de Sá, no Lavradio, em outros pontos desta cidade que não tem nada de fábula, que é o que se pode chamar uma cidade muito positiva.

Não se sentia bem, metida em vestimentas modernas. Já não era aquela rapariga fresca e magnífica a erguer sobre as águas do oceano o corpo encantador, feito de espuma e sangue...

Estava diferente, muito diferente...

Sob a camada de pó de arroz que lhe cobria o rosto ocultavam-se marcas de bexigas. Tinha os lábios pintados a carmim, os cabelos fulvos à custa de água oxigenada, as olheiras profundas, os seios flácidos, rugas nos olhos, rugas nos cantos da boca.

Muito estragada, a deusa.

Os Martes que a visitavam eram policiais e guardas-civis disfarçados. E os Mercúrios, uns pobres-diabos, reles destroços daquele sagaz ladrão, homens obesos ou magros que haviam perdido a força e a astúcia de outros tempos e que do nome antigo apenas conservavam na língua um desagradável sabor do iodureto e nas nádegas uma dorzinha aguda, produzida por injeções sucessivas.

E lá ia vivendo a pobre Afrodite civilizada, velha, sem dentes, pintada, com as pernas — que horror! — apertadas em calções estreitos. Já não concedia seus favores generosamente, como naqueles bons tempos heroicos em que um mortal qualquer podia ter a pretensão de abraçar, por preço módico, a gentil filha das águas.

Estava limada, polida, avarenta, sordidamente avarenta.

Uma desgraça.

Pois a polícia implacavelmente ordenou que a velha rival de Minerva abandonasse aqueles novos retiros de Pafos em que ela agora se ocultava. "Ocultava" é uma espécie de eufemismo. Ela não se ocultava — ela ficava à porta, de pé, fazendo uma grulhada em línguas esquisitas, rindo, mostrando dentes falsos, segurando com as duas mãos as abas de nossos paletós.

A polícia mandou que ela saísse — um mandado de despejo em regra. Por quê? Porque reconheceu que o amor é incompatível com o barulho dos bondes, dos automóveis, das carroças.

As expansões de ternura exigem a solidão. Silêncio, calma, nada de rumor.

Na Grécia não havia bondes, felizmente.

Aqui a coisa é diferente. Sempre o ruído, o medonho ruído que estraga a suavidade dos idílios. É o grito importuno dos vendedores ambulantes; é o automóvel monstruoso a resfolegar, a bufar, a urrar, terrível, os olhos sinistramente estrábicos, brilhando na treva — um amarelo, outro verde.

Ora, a polícia é solícita, é bondosa.

Ela viu que tão grande movimento não se podia casar às práticas gentis que por aqueles bairros havia.

E amavelmente resolveu que a canalha da deusa abandonasse os antros em que oficiava.

E os antros se despovoaram...

Por onde andará ela agora?

Quem sabe lá! Por aí a errar, vagabunda e triste...

O que é certo é que já não há por aquelas ruas a conhecida grulhada alegre em línguas exóticas, nem os gestos familiares de mãos que, sem cerimônia, nos agarravam as abas do jaquetão.

Tudo soturno. Melancolicamente, um guarda-civil cochila, o cassetete lânguido, pendido. Ao passar por ali, sente-se confrangido, enregelado, o coração, onde desejos assustados encolhem tristemente as asas.

Mas a medida foi boa, foi magnífica. Não se pode compreender a existência de semelhantes casas em ruas frequentadas, por onde muitos veículos transitam.

Há homens irrefletidos que, vendo as atitudes provocantes de certas criaturas, podiam saltar dos bondes abaixo, fascinados...

Demais, como também às vezes viajam por ali raparigas virtuosas, houve receio de que alguma delas, seduzida por uma vida livre e fácil, tivesse tentação de tomar o freio nos dentes e mandar o pudor às favas.

Ora, esses desastres devem ser evitados...

E aí está a razão da incompatibilidade que agora existe entre os carros da Light e o amor.

A polícia é prudente...

R. O.

In *Paraíba do Sul* — Paraíba do Sul, RJ, 29 de abril de 1915

VII

O doutor Eliseu Canton é um grande homem, é mesmo um homem muito grande, pois acaba de fazer uma descoberta maravilhosa.

Muito original.

O doutor Eliseu Canton não descobriu a palavra, nem a pedra filosofal, nem qualquer mina de ouro no Peru, nem a imprensa, nem a América, nenhuma enfim dessas coisas velhas que outros já descobriram, ou, pelo menos, tiveram vontade.

Há indivíduos que se arvoram em celebridades à custa de inventos... alheios.

Já Balzac falou desses larápios de reputações.

O invento do professor Canton não é coisa que se assemelhe àquelas descobertas antigas que se foram fazendo durante o correr dos séculos e que têm contribuído para tornar a vida humana uma coisa suavíssima, mas não lhes fica a dever nada. Estou quase a dizer que vai além delas, muito além mesmo.

Extraordinário homem esse digno professor argentino, que realizou uma das coisas que mais pode ambicionar o belo sexo neste vale de lágrimas.

Imaginem que o sapiente médico descobriu um remédio que suprime por completo as dores do parto.

Não me parece que haja no mundo aparecido um medicamento tão útil.

É um anestésico ideal.

Estou certo que há um grande número de raparigas que têm aversão ao casamento por causa daquela terrível dor, que, segundo a opinião de várias senhoras casadas e viúvas, é a mais intensa que pode experimentar uma criatura que veste saias. E é de crer até que ela seja o motivo de muitas mulheres, também casadas e viúvas, poucas vezes solteiras, pensarem, de acordo com a teoria de Malthus, que não há proporção entre os bens da terra e o número dos homens. Daí o emprego de certos remédios, que apareceram antes da medicina do doutor Canton.

Oh! Abençoada medicina. Vem mesmo a calhar para este país que principia a povoar-se, demonstrando assim que o fato de ter filhos ainda é uma coisa agradável, apesar de tudo. Mas se possuir uma casa cheia do alegre chalrear desses seres frágeis, risonhos, gritadores, chorões, barulhentos, levados da breca, é agradável — principalmente quando o pai é um pobre-diabo que tem os cotovelos rotos e as algibeiras pedindo misericórdia — é fora de dúvida que o ato de os deitar ao mundo não é coisa tão amena. O pai — coitado! — passa horas e horas numa roda-viva, coçando a cabeça, resmungando, arrependido, em busca da parteira, em busca do médico. E a mãe! Nem é bom falar. Um horror!

Conheci uma senhora idosa que, quando sentia alguma dor forte, costumava dizer, num arrepio:

— Nunca sofri tanto. Só a dor do parto.

E acrescentava:

— E eu sei bem o que ela é. Doze filhos!

Estava a gente a ver que aquela matrona obesa conhecia perfeitamente a grandeza de semelhante dor.

Doze partos! Santo Deus!

E olhem que os há terrivelmente complicados, como esse que ainda anda a rolar pela Maternidade.

Imagine-se o contentamento que vai por aí, agora que surgiu uma providência vestida de médico, a prometer que faz desaparecer a angústia de todas as criaturas que, durante nove longos meses, estão sempre à espera de um ou dois dias de horroroso suplício.

Está aí por que eu digo que o invento do professor Eliseu Canton não fica a dever nada aos mais famigerados inventos.

Este mundo vai ser uma delícia.

Já não se tornam precisas precauções. A única coisa dolorosa que havia no amor desapareceu. Pode todo o mundo amar sem receio. Vamos ter um extraordinário aumento na população do Brasil, se o abençoado medicamento por cá chegar. E é de crer que dentro de um ano o número de expostos na Roda será superior ao de hoje...

R. O.

In *Paraíba do Sul* — Paraíba do Sul, RJ, 6 de maio de 1915

VIII

Haverá um homem que rabisque para os jornais e que não tenha tido desejo de dizer alguma coisa sobre esses estabelecimentos que têm sempre, às portas enormes, cartazes onde avultam espaventosas letras encarnadas e negras, essas casas que de meio-dia a meia-noite, nos atordoam os ouvidos com estridentes sons de campainhas e surdos zunzuns de ventiladores?

Creio que não. Esses agradáveis lugares onde a gente se educa, vendo as reproduções de fatos que nunca se passaram, têm fornecido assunto à vagabunda pena de muito sujeito desocupado que deseja encher uma coluna de jornal. Cronistas fizeram-lhes a psicologia e repórteres disseram coisas pitorescas a respeito das cenas que às vezes se passam em suas plateias obscuras.

O cinema! Ah! O cinema é uma grande coisa! É quase como o amor — é decantado e posto em prática por toda a gente.

Há apenas a diferença de um ser mais novo que o outro.

E, de acordo com tão grata semelhança, o cinema ensina muita coisa que não figura nesses livros salutares que possuem sugestivos títulos mais ou menos — *Mensageiro dos amantes*, *Dicionário das flores* etc. etc. Ensina com rapidez e, o que é melhor, faculta os meios de pôr os ensinamentos em prática. Nenhuma inteligência obtusa será inacessível a tão claras lições. Claras não são, em rigor, o qualificativo adequado...

Ah! Não há dúvida de que existe uma estreita correlação entre o amor e o cinema. Se este viesse da Grécia, teria sido talvez inventado por Eros ou por Anteros... Não que Anteros implique reciprocidade, é um acessório perfeitamente dispensável no amor cinematográfico.

Aquilo é uma grande escola. Com um bocado de boa vontade aprende-se muito. Veem-se coisas melhores.

Suponhamos que na tela um casal de namorados esteja atolado no mais agradável *dolce far niente* deste mundo. *Dolce far niente* não é, a rigor, a expressão conveniente. Os jovens fazem alguma coisa, fazem... O cenário é aquele cenário que nós conhecemos — o jardim florido, umas alamedas sombrias, o automóvel, as clássicas rochas negras e muscosas batidas pelas ondas e para terminar o invariável passeio a bote.

Aqui a projeção é deliciosa.

O barco vaga ao sabor das águas, os remos estão soltos, a rapariga entrega-se incondicionalmente a seu homem, os corpos juntam-se, as cabeças perdem a natural perpendicularidade, os lábios vão tocar-se e...

O espectador que tem os olhos muito abertos e a boca cheia de água ouve distintamente, ali bem perto, o estalo de um beijo e qualquer coisa semelhante a um gemido.

O caso, assim de supetão, é para espantar. Mas com um bocado de boa vontade, chega a gente a convencer-se de que o beijo e o gemido foram trocados na tela, o que, pensando bem, não é para admirar. Quantas vezes não temos a ilusão de ver uma estátua mover-se e falar! Demais não há pessoas que se referem à "forma do som", ao "som da forma" e a outras coisas difíceis? Pode-se compreender bem isso? Não, nem é preciso: quando expressões assim trazem a assinatura de um nome autorizado, devemos dizer que são muito boas como também devemos acreditar piamente no mistério da Santíssima Trindade.

O espectador que não for malicioso chega, pois, à conclusão de que aquele doce rumor foi produzido pelos lábios dos amantes que lá estão embalados pelas ondas.

E ele pode ainda ter-se enganado, não ter ouvido nada. Pode, por exemplo ser um médium. Há hoje muitos médiuns, graças a Deus. Médiuns e ocultistas. Há o caboclo Cambury, há o professor Baçu e muitos outros que prejudicam o comércio gentil de Mme. Zizina, de Mme. Ceci, de Mme. Deborah, de todas as espertas cartomantes, quiromantes e sonâmbulas.

Afinal todos afirmam que o cinema é uma coisa deleitável, instrutiva e parece que até moralizadora.

Perfeitamente, gostamos muito dele.

Quando, há tempos, constou que o iam sobrecarregar com impostos e que ele teria necessidade de aumentar o preço das entradas os jornais choraram. E nós choramos também:

— Oh! que barbaridade! Privar nosso bom povo da única diversão que suas parcas economias lhe podem proporcionar. Que monstruosidade!

Enfim a coisa passou. A história do imposto ficou sem efeito e nosso agradável passatempo continuou a custar os mesmos cobres que anteriormente custava. Uma delícia. Com que alívio as triunfantes campainhas continuavam a fustigar-nos os ouvidos e os ventiladores a zumbir!

Que bela coisa é o cinema!

Alguns sujeitos que se preocupam com um exagerado purismo de linguagem lamentam que às vezes passem por ali pavorosas irreverências ao nosso querido idioma.

Mas que são essas irreverências em vista de muitas outras que nos saltam aos olhos, principalmente nas edições portuguesas de livros franceses? Já não houve um tradutor de folhetim que batizou certa "Place du Chapelet" coisa assim parecida a Largo do Rosário, por Praça da Chapeleta? E as orilhas do Danúbio? Não admira, pois, que por vezes apareça na fita uma pequena carta com líricas discordâncias que estragam a amenidade de um idílio.

Oh! Aquilo é delicioso! Eu adoro o cinema. Gosto dos automóveis, dos passeios a barco, daqueles terríveis e invariáveis castelos com subterrâneos, dos lugares escusos onde os ladrões se reúnem, mascarados, depois de haverem passado pela complicação de uns corredores sombrios que têm alçapões traiçoeiros e veios de água a cantar. Admiro as florestas da Índia, os palácios exóticos, os ritos bárbaros do Oriente, todas as cópias dos velhos carapetões que o Júlio Verne pregou à humanidade.

Só há uma coisa com que embirro. Será talvez uma particularidade de temperamento extravagante. Mas não me posso contrafazer. Embirro. Perdoem os cinemófilos exaltados.

É que eu tenho observado — e modestamente confesso que não sou um grande observador — que todos os romances que ali exibem têm sempre este enredo.

Uma rapariga leva uma existência em casa de seus pais, ou uma mulher casada vive recolhida numa virtude nunca perturbada, fazendo carícias sérias ao marido e dando beijocas na filha, que ordinariamente é uma criança de seis a oito anos.

Depois aparece um intruso, que, segundo as circunstâncias, pode ser um pintor, um músico, um estudante ou um fidalgo da vizinhança.

Acontece às vezes ser homem de maus bofes; é mais comum, porém, que seja um peralvilho viciado que tem o natural capricho de gostar da pequena ou de dar voltas aos miolos da mulher do próximo.

A família não vê nada, o marido é de uma credulidade encantadora... E um belo dia a criatura bate a linda plumagem, deixando sobre uma banca o infalível bilhetinho. Começa para o fugitivo uma vida de aventuras. Entram em cena o transatlântico, os comboios de estrada de ferro, e, se o filme é de qualquer fábrica italiana, os indefectíveis passeios a gôndola ao luar, nas lagunas de Veneza. Passa-se um ano, o sedutor aborrece-se da companheira, abandona-a em um quarto de hotel.

Sobre um móvel fica o eterno bilhete e, não raro, alguns bilhetes de banco. A pobrezinha, sem arrimo, entrega-se ao teatro. Depois de algum tempo, invariavelmente, é uma grande artista — atriz, bailarina, cantora, ou qualquer coisa. Anda por muitos países. Uma noite, depois de seus triunfos, descobre na plateia o marido ou o pai. Findo o espetáculo, deixa o camarim cheio de admiradores e lá vai em busca do antigo lar, arrependida, coberta de lágrimas e de joias. Mas o carrancudo progenitor repele-a, o marido não consente que ela beije a filha, agora transformada em rapariga bonita. E a desgraçada pecadora dá um trágico adeus à casa antiga, chega à borda de um precipício — zás! — pula para baixo, mata-se.

É mais ou menos assim, com pequenas diferenças em um ou outro pormenor, que se desenrolam todas as fitas. Mas, salvo alguns insignificantes inconvenientes, tudo aquilo é encantador.

As grutas misteriosas, os castelos, as reuniões secretas, os jardins floridos, os templos da Índia, as gôndolas de Veneza...

Decididamente eu sou doido pelo cinema.

Todo mundo é assim, todo mundo gosta do cinema. E se alguém o censurar, o vilipendiar em vossa presença, podeis afirmar convictamente que esse alguém é um despeitado, um infeliz que nunca teve ensejo de ver sentada na cadeira vizinha uma criatura gentil e condescendente...

R. O.

In *Paraíba do Sul* — Paraíba do Sul, RJ, 13 de maio de 1915

IX

O vendedor de jornais é o tipo mais despreocupado e alegre do mundo.

Tem uma alma de pássaro.

Claro está que nos não referimos ao carrancudo português que, em meio de uma chusma de folhas metodicamente dispostas, passa os dias sentado, com as pernas cruzadas no ponto de reunião da Rua do Ouvidor com o Largo de S. Francisco, na Brahma, nas portas dos cafés da Avenida, em toda a parte. Não aludimos tampouco ao grave italiano de bigodeira espessa nem ao "carcamano" que, de bolsa a tiracolo, apregoa uma algaravia *à la diable*, a *Nôtizia e o Zêculo*.

Queremos falar do pequenino garoto de dez anos, o brasileirito trêfego, ativo, tagarela como uma pega, travesso como um tico-tico.

Está sempre a rir, sempre a cantar. Canta o dia inteiro, num tom arrastado, apregoando as revistas que vende.

Por aqui, por ali, vai, vem, corre, galopa, atravessa as ruas com uma rapidez de raio, persegue os veículos, desliza entre os automóveis como uma sombra. Parece invulnerável.

É assim uma espécie de pensionista do público — arrebata as pontas de charuto que se jogam à rua e surrupia, para revender, os jornais que se deixam esquecidos nos bancos dos passeios. Se pode à socapa, deita a mão a alguma dessas pirâmides de frutos que sedutoramente se elevam às portas das mercearias.

É extraordinária a celeridade com que ele se transporta de um lugar para outro. Anuncia no Leme, na Tijuca, em Niterói, um jornal que a gente pensa ainda estar no prelo. Dir-se-ia que tem asas.

Fuma, bebe aguardente, pragueja, solta pilhérias torpes, pisca os olhos maliciosamente à passagem das mulheres, canta trovas obscenas com a música da "Cabocla de Caxangá".

Torna-se importuno às vezes, quando, a correr pelas plataformas dos bondes, fazendo reviravoltas de símio para escapar à sanha de algum condutor rabugento, nos atordoa os ouvidos com estupendos gritos estridentes.

Nada lhe empana a limpidez de espírito, nada. Está tão habituado a anunciar todos os dias "um grande atentado, um pavoroso incêndio, a prisão do célebre bandido Fulano", que afinal acaba por encarar todos esses fatos indiferentemente.

Tem gestos próprios e expressões peculiares. Para ele um assassínio ou um suicídio é simplesmente uma "encrenca". Um conflito é um "robo". Sua interjeição predileta é uê, que aliás é usada por toda a gente carioca.

Parece que desconhece hierarquias e vaidades tolas, porque não empresta títulos a nenhum nome. Diz: "O partido do Pinheiro, discursos do Ruy Barbosa, o governo do Nilo Peçanha", como se todos os cabecilhas da República fossem apenas vendedores de jornais.

Fala sobre política, conhece o valor de nossos parlamentares, discute os principais episódios da conflagração europeia, critica os atos do poder e emprega imoderadamente esses vistosos adjetivos que figuram nos cabeçalhos dos artigos importantes para engodar o público incauto.

Detesta a monotonia dos tempos de paz. Gosta das revoluções, dos motins, das grossas "mixórdias" que lhe proporcionam ocasiões de ver todas as folhas arrebatadas, sem que haja necessidade de ele gritar como nos dias ordinários.

Não é somente o jornalista que explora vantajosamente os crimes — ele, o garoto endiabrado, também sabe tirar partido das mais insignificantes perturbações da ordem, revestindo todos os fatos de acessórios que lhes dão proporções extraordinárias. Parece que tem o dom de pôr um grande vidro de aumentar em cima dos acontecimentos.

É astucioso, impostor, velhaco.

Com uma finura de comerciante velho, emprega artimanhas de mestre, complicados ardis, artifícios que são uma obra-prima de sutileza, tudo para embair os transeuntes. Mente apregoando sedutoras notícias fantásticas.

Enfim, sob certos pontos de vista, o pequeno garoto vendedor de jornais é uma espécie de jornalista em miniatura...

R. O.
In *Paraíba do Sul* — Paraíba do Sul, RJ, 20 de maio de 1915

X

O estimável leitor vai desculpar-me a indiscrição. O senhor já escreveu para jornais?

Ora essa! Está visto que sim. A pergunta é disparatada, pois não parece que exista pelas fecundas regiões brasílicas um homem que não tenha visto seu nome figurar no fim de uma coluna ou, o que é mais comum, depois de algumas estrofes.

Com que então o apreciável leitor também rabisca, não obstante não ser maranhense, hein? Sim, porque, apesar de nós todos sermos inteligentes, o que é uma verdade irrefutável, o indivíduo que tem a felicidade de nascer no Maranhão é sempre mais inteligente que os outros. Aquilo por lá chamou-se antigamente Atenas, ou coisa parecida. Ora, os filhos daquela interessante porção deste país inefável têm por direito — coisa semelhante a certo "direito divino" que existiu na Idade Média — a herança de tudo que havia nas encanecidas cabeças de uns carrancudos latinistas que, segundo consta, viveram por lá. Vem daí a superioridade intelectual do maranhense.

Mas deixemos em paz o Maranhão. Dizia eu que o leitor garatujava para a imprensa.

É uma boa diversão, não é verdade? Além de muitas pequeninas vaidades que a gente vê satisfeitas, há ainda a honra de ser "nosso distinto amigo e talentoso colaborador" etc. etc. Na pior hipótese é-se um "esperançoso poeta", amável coisa que nos enche de gozo e que teria talvez maior valor se não fosse tão escandalosamente prodigalizada a todo o mundo.

Mas — que diabo! — se os jornais não fossem pródigos, nenhum daqueles adjetivos vistosos nos seria aplicado. Manda-se o egoísmo à fava e recebe-se o elogio com deleite.

O senhor já leu Balzac? Perdoe-me se sou indiscreto.

Já, hein? Nem podia deixar de ser assim. Pois talvez se lembre de que esse fidalgo francês, a páginas tantas de um de seus formidáveis livros, diz que um artigo impresso perece valer mais que o mesmo artigo manuscrito. E é assim mesmo, não acha? Dir-se-ia que os períodos ganham mais expressão, energia, graça, uma grande soma de vantagens, enfim. A beleza do tipo, os espaços em branco, os grifos — que coisas tentadoras!

Imagine-se a distância que vai entre uma tira ignobilmente coberta de caracteres infames, semeada de borrões, e a mesma tira exposta em uma coluna nitidamente impressa em ótimo papel. É caso até para o autor ficar um tanto desconfiado, como um ingênuo carpinteiro que viveu há muitos anos lá num recanto da Ásia, e perguntar a si mesmo se foi ele que fez aquilo.

Mas o sisudo analista da *Comédia Humana* não se esqueceu de apresentar o reverso da medalha. E disse que a tipografia, ao mesmo tempo que parece pôr em evidência as belezas de uma produção, faz também com que os defeitos que ela acaso contenha se tornem maiores.

Infelizmente é uma verdade.

O senhor já experimentou a desagradável sensação de descobrir em um artigo com sua assinatura um adjetivo intratável, que se não harmonizava com as palavras vizinhas, ou um pronome abelhudo que se intromete onde não é chamado?

Ah! o vocábulo intruso que disfarçadamente escorrega para um período e ali fica, encolhido, como um selvagem bisonho entre gente civilizada.

Essas coisas sumamente desagradáveis parece que têm o poder de passar uma esponja sobre aquelas amabilidades que fácil e generosamente nos foram prodigalizadas.

E quando o termo fatal, que parece ali estar a gritar como um condenado em sua camisa de força, foi introduzido no discurso sem nossa autorização, é mesmo para a gente lamentar-se e clamar contra... sua sorte.

Há indivíduos que passam a vida a assumir responsabilidade pelos atos dos outros. Conheci um desses editores responsáveis. Era um homem macilento e triste, um pobre-diabo que possuía, entre suas mazelas, uma mulher bonita, mãe de onze filhos.

Mas eu me quero referir apenas àquilo que levianamente se introduz nos artigos que um desgraçado escreve.

Como todas aquelas tentações — o belo tipo, as entrelinhas, os grifos, o papel de uma brancura que acaricia a vista — se tornam feias com a introdução do termo funesto!

Ah! o birbante que ali está a causar um grande embaraço no período e que vai provocando por toda a parte, entre os leitores, gestos de indignação!

O maroto que velhacamente se apodera do lugar alheio, como aqueles patifes usurpadores de outros tempos!

E tudo por causa da simples troca de uma letra modesta, coisa que parece insignificante, mas que tem o poder de transformar as palhas em pulhas, as hastes em hostes, os corpos em cornos.

Imagine-se o desespero de uma poetisa que, tendo terminado um soneto com esta chave: "Ando a esperar um derradeiro porto", tenha depois visto o verso publicado assim: "Ando a esperar um derradeiro parto".

Solteira, hein? sem nunca ter tido filhos, como convém a uma poetisa...

Afinal a coisa ainda se pode justificar — pode tratar-se, por exemplo, de um parto intelectual. Em todo o caso é uma coisa desagradável. É melhor a gente não esperar partos.

A mudança das letras! A mudança das letras tem até enriquecido a língua com palavras novas e... "estrambólicas", como muita gente diz, justamente porque um dia, na composição, foi mudado em *l* o *t* de "estrambótico".

É grave! Por vezes aparecem por aí além coisas picantes, principalmente nos anúncios de colchoarias ou nas notícias em que há certos nomes de indivíduos pérfidos, nomes que, pela simples queda de uma letra, podem ser lidos de maneira pouco séria.

O estimável leitor já viu sua respeitável rubrica transformada em qualquer coisa ridícula ou indecente?

Calculo que não deve ser muito agradável.

Mais desagradável, porém, é um sujeito receber atestado de estúpido porque a safardana de uma consoante embirra em fazer permutas torpes com suas desavergonhadas colegas.

É o diabo!

E o senhor também rabisca para a imprensa, hein?

Vou jurar que tem tido suores frios e tem chorado muitas vezes.

Acontece, porém, que, generalizando-se a fatal troca dos caracteres, contraímos pouco a pouco o hábito de justificar os disparates que surgem por aí. Como não é fácil separar o joio do trigo, somos insensivelmente levados a afirmar com otimismo que todos escrevem bem e que se por vezes um vocábulo claudica e briga com a sintaxe, o defeito que ele possui é proveniente de algum cochilo na "caixa".

De maneira que nós todos somos uns rapazes de muito valor, leitor amigo.

E assim se compreende perfeitamente que às vezes atirem sobre nós aqueles aparatosos e irrefletidos qualificativos — "talentoso", "mavioso" (tratando-se de poetas), "aplaudido" e, em último lugar, "esperançoso".

É um ofício suave apesar de tudo, não é verdade?

R. O.
In *Paraíba do Sul* — Paraíba do Sul, RJ, 27 de maio de 1915

XI

Escrevi há tempos em dois jornais hebdomadários que se publicavam por aí além.

Eu trabalhava por necessidade.

Aliás não me sujeitaria talvez a pertencer a duas folhas que pensavam (ou diziam pensar, o que vem a ser o mesmo) de maneira inteiramente diversa. Uma elogiava tudo incondicionalmente. Outra fazia uma oposição sistemática a todas as coisas.

Com um bocado de diplomacia, conseguia eu sustentar-me de um e de outro lado. Equilibrava-me. Estava mais ou menos como os papagaios — se me soltava dos pés agarrava-me com o bico. Afinal estava trepado, o que já valia alguma coisa.

Minha tarefa, em ambas as partes, era suavíssima.

Fazia crítica, crítica de tudo — de modas, de cortes, de política, de letras, da vida alheia etc. Coisa que me caísse debaixo da pena era coisa criticada.

Toda a literatura de cordel que por aí aparecia era por mim louvada com exaltação ou impiedosamente escangalhada.

Era um bom crítico.

A senhorita Gertrudes do Espírito Santo estreou no mundo das ideias do modo mais lisonjeiro que se pode imaginar.

Moça, bonita, simpática, com muitas relações na grande roda e alguns protetores na imprensa, ela possuía todos os predicados necessários para tornar-se uma boa poetisa.

Para que se calcule o mérito dessa encantadora rapariga e os meus talentos de crítico literário, peço permissão para transcrever aqui o extrato de dois artigos que, no mesmo dia, para os dois jornais, rabisquei às pressas sobre o primeiro livro da senhorita Gertrudes, baseado nas informações de um amigo.

1º artigo (o do jornal otimista) — Mlle. Gertrudes do Espírito Santo, esse belo espírito que a elite de nossa terra justamente admira, teve a gentileza de oferecer-nos um exemplar de seu primeiro livro de versos denominado *Suspiros*.

O debute da inteligente patrícia, que era ansiosamente esperado por todos que têm tido ocasião de extasiar-se com as belezas de seu estro, não nos pode passar despercebido.

Individualidade em destaque em nosso meio literário, Mlle. Gertrudes do Espírito Santo, que, por sua qualidade de verdadeira artista, faz as delícias de seus inúmeros admiradores, reuniu num belo volume, magnificamente impresso em ótimo papel, cerca de dezenove sonetos, várias baladas e outras produções de igual valor. Não sabemos o que mais admirar naquele precioso *bouquet* de metros adoráveis: se a beleza da forma, se a variedade dos assuntos, que na verdade são magníficos. Há nuances encantadoras naquele remarcável trabalho em que a nossa distinta conterrânea se revela uma estilista impecável e um talento de escol. O livro traz um prefácio do eminente romancista, filósofo, jornalista e poeta, doutor Pancrácio Trindade e foi editado pela conceituada casa Furtado & Cia.

Não nos permitindo a falta de espaço falar mais detalhadamente acerca desse belo *Suspiros*, prometemos dizer no próximo número tudo o que pensamos do livro de Mlle. Gertrudes a quem auguramos um estrondoso sucesso.

2º artigo (o do jornal pessimista) — Mlle. Gertrudes do Espírito Santo debutou por aí com a publicação de uma coisa que se chama *Suspiros*.

Não compreendemos como uma pessoa mais ou menos sensata cometa a tolice de oferecer ao público tão grande cópia de banalidades. Constatam-se graves defeitos no livro de Mlle. Gertrudes. Em um golpe de vista, descobrem-se ali versos quebrados, erros de gramática, uma grande soma de imperfeições enfim. E que pobreza de concepção! A pseudopoetisa, que é pessoa que frequenta o bom-tom, já que não tem talento bastante para julgar as parvoíces que escreve, devia ao menos ter tido a feliz lembrança de consultar uma pessoa competente e caridosa que com franqueza lhe dissesse que aquela mal arranjada esquiça não vale mesmo nada. Não se pode acordar à "autora" de semelhante livreco uma palavra de incitamento. No fundo todos aqueles sonetos e baladas mancas são de uma chatice lamentável. De resto, não se podia esperar outra coisa de uma criatura como Mlle. Gertrudes do Espírito Santo, que até hoje só a muito custo tem conseguido publicar por aí umas pieguices baratas. Mas o que admira, o que não tem lugar, é ver o senhor Pancrácio Trindade tecer elogios a tais tolices.

A exiguidade desta coluna não nos permite falar detalhadamente sobre a pobre brochura de Mlle. No próximo número diremos dela tudo o que pensamos com a franqueza e a imparcialidade que nos caracterizou.

É ocioso acrescentar que nunca mais escrevi uma linha sobre os *Suspiros* de Mlle. Gertrudes. E não foi por falta de oportunidade que ainda hoje ela suspira.

Como veem os leitores, não poupei à sonetista os encômios que convêm a uma rapariga bonita, nem as acres censuras que todo o crítico que se preza deve atirar a um mau poeta, embora o poeta vista saias e a gente não tenha lido sua obra.

A coisa mais fácil do mundo é fazer crítica, fiquem sabendo, principalmente crítica literária.

Eu, pelo menos, acho facílimo. As duas amostras que apresento são um ótimo exemplo. Examinem os senhores.

Retirem dali os chavões, galicismos e as tolices, e vejam o que resta...

R. O.
In *Paraíba do Sul* — Paraíba do Sul, RJ, 3 de junho de 1915

XII

Muito se tem escrito sobre os criados, especialmente sobre as criadas. Homens sérios e sujeitos pândegos, escritores teatrais e poetas líricos, indivíduos profundos e criaturas frívolas, alguma tinta têm gasto com essa interessante gente que é encarada de mil maneiras diversas — elogiada às vezes, vilipendiada ou ridicularizada outras, exagerada sempre.

O tipo do servidor inteligente, discreto e manhoso, divulgado por todas as comédias de baixa extração que andam por aí além, popularizou-se. Nos teatros da roça é infalível. Os tabeliães, os advogados rábulas, os promotores públicos recém-formados, todos os literatos de aldeia, enfim, aproveitam-se sempre com êxito em suas peças.

Isso vem de tempos imemoriais. O velho Alencar serviu-se dele, com pouca sorte. França Júnior pinta-o como cozinheiro de uma "república" de estudantes — um molecote, esperto, cínico, que sabia de cor pedaços de frases latinas e empregava os recursos de seu espírito em encobrir as maroteiras dos amos.

O gênero presta-se aos dois sexos.

A criada tem apenas a diferença das saias e outras variantes muito pouco sensíveis. Possui as mesmas diabruras e aplica sua sagacidade em proteger alguma pretensão ilícita da patroa — namoro sem o consentimento dos pais, ou adultério... sem o consentimento do marido. Nos teatrinhos particulares, havendo falta de dama, pode, com pequenas modificações, ser substituída por um ator.

Esses criados estão muito explorados, e é possível que dentro de um século hajam desaparecido da cena.

A criadita cantada pelos sentimentalistas é coisa inteiramente diversa. Tímida, tem sempre a vista baixa, veste roupas claras e põe avental branco, anda num passinho rápido de quem se esquiva, fala pouco e deixa-se namorar modestamente por um soldado sério e amável, de boas intenções. Se me não engano, François Coppée conheceu-a.

Parece que aqui ainda não foi explorada. O "Bois de Boulogne", o cenário das francesitas, poderia talvez ser substituído pela Glória. Mas as figurantes de cá não são de uma castidade irrepreensível e de ordinário são pretas. Muito pouco poético...

Há a criada flagelo — rebenta os vasos, despovoa as dispensas, diz palavras grosseiras aos patrões, mete carvões na sopa, revela segredos de profissão diante das visitas e tem um primo cabo de bombeiros. Cultivada com carinho por Paulo de Kock, que também tratou das outras, das boas, mas sobriamente.

Aqui tornou-se propriedade quase exclusiva dos caricaturistas.

A criada de quarto também tem sido muito comentada. E, realmente, ela o merece. Traz-nos o café às cinco horas da manhã, pouco tempo depois de nos termos deitado; esconde-nos os sapatos, com certeza temendo que os ladrões os roubem; guarda as cartas que nos são enviadas, com receio talvez de que elas nos tragam alguma notícia má; e, interessada por nossa saúde, tem sempre o cuidado de fechar o registro da luz quando vê que entramos pela noite a trabalhar. Exemplo de comentador: Mark Twain. Tratou dela magistralmente, fez-lhe a psicologia; mas se morasse aqui teria feito trabalho mais extenso.

Passepartout e Conseil.

Há o criado perfeito, correto, impecável, absolutamente identificado com o amo. Exemplos:

Parece que são criados ideais que só existiram na cabeça de Júlio Verne.

Esquecia-me: há também a Nanon, de Balzac, a Felicité, de Flaubert, e outras em pequeno número, que infelizmente não deixaram descendência.

Há o criado de café... Mas perdão! O criado de botequim não é criado — o criado de botequim é *garçon*, e não é justo que se misture o joio com o trigo. Era dele que ia falar, mas, como a coluna está completa, peço licença para não dizer mais nada.

R. O.

In *Paraíba do Sul* — Paraíba do Sul, RJ, 17 de junho de 1915

XIII

Entre as dádivas amáveis que Jeová fez ao povo egípcio, para que um faraó desumano consentisse na ida da gente eleita para a terra de Canaã, não havia — parece-me — os criados de botequim. E, entretanto, estou certo de que eles poderiam constituir a oitava série daqueles presentes divinos, que, segundo a Bíblia, serviram para determinar o Êxodo.

Interessantíssimas criaturas os criados de botequim!

Do balcão para as mesas, das mesas para a cozinha, da cozinha outra vez para o balcão e para as mesas, vão, vêm, correm, galopam, rebentam as vasilhas, tropeçam nas cadeiras, piscam os olhos uns aos outros, dão cotoveladas nos fregueses, tudo sob as ordens do patrão, que dirige as manobras, muito grave.

Quando aparecem, com uma fúria de tufão, transportando uma cordilheira de louça que se agita com fracasso imenso, trememos. Quando dispõem as xícaras a nosso lado e atiram a cafeteira sobre a mesa, suamos. Quando se acercam de nós amavelmente e encetam conosco uma conversação que não tem fim, gelamos.

Falam uma língua semelhante à nossa, uma algaravia em que as palavras "média", "galão", "mosquear" etc. têm acepções especiais.

Conhecem, não obstante, muito bem o português — e ai daquele que perpetrar a tolice de dizer qualquer coisa estranha a seus ouvidos apurados!

Pede-se um copo d'água; e eles corrigem logo, rasgadamente:

— Um copo com água!

Como quem diz:

— Não seja burro!

São dotados de uma sagacidade imensa. E são loquazes, muito loquazes e amáveis. Têm sempre o cuidado de arranjar as coisas que estão arranjadas, por amabilidade talvez.

Imaginem os senhores que, depois de uma caminhada estafante, nadando em suor, com os pés metidos em sapatos que nos apertam os calos, entramos em um café para descansar um bocado.

Logo, a escangalhar-nos os ouvidos, um vozeirão ressoa:

— Quarta à esquerda!

E um criado chega, armado de uma bandeja onde há todos os instrumentos de suplício desejáveis: xícaras, colheres, açucareiros etc.

Começa por colocar as xícaras (duas ou mais se vamos sós, ou se vamos acompanhados) sobre a mesa, que felizmente não se quebra porque, por previdência, ordinariamente é feita de pedra ou de ferro.

Outro demônio aproxima-se conduzindo cafeteiras, bules, outros vasos ardentes, e pergunta-nos:

— Simples?

Quando acaba de falar, está cheia a xícara, às vezes o pires, não raro a nossa roupa.

Chega um terceiro, encarregado de nos entreter com sua agradável companhia. Se somos frequentadores da casa, faz-nos confidências. Fala-nos sobre a mesquinhez de seu ordenado, a doença de olhos de uma parenta, os lucros do patrão, uma chusma enfim de coisas deleitáveis e instrutivas que ouvimos com muito interesse. Se somos desconhecidos, o homem permanece em silêncio, mas procura por todos os meios agradar-nos.

Passa o guardanapo sobre a mesa, puxa a bandeja para um lado, aproxima-a de nós, torna a afastá-la, descobre o açucareiro, cobre-o, retira-o para servir outro freguês, volta a trazê-lo.

Depois vai colocar-se a pequena distância, risonho, com o guardanapo debaixo do braço.

Imediatamente percebe que as xícaras não estão dispostas com uma simetria irrepreensível e que falta aí uma colher.

E recomeça a arranjar e a desarranjar tudo. Endireita a bandeja duas, três, quatro vezes, até que por fim, depois de muito cogitar, resolve-se a suprimi-la.

Agora a grande preocupação é espanejar o mármore e cobrir e descobrir o açucareiro.

Mas outro criado intromete-se no arranjo. E, naturalmente para nos distrair com a contemplação de um objeto artístico, põe-nos ao lado uma espécie de torre de Piza feita de bandejas e xícaras superpostas com muita habilidade.

A arrumação continua, agora que é preciso concluir a construção da torre.

Depois trazem-nos duas cafeteiras e outros utensílios de cozinha, que nós não pedimos mas que os homens naturalmente julgam ser ali necessários.

Metemos a mão no bolso, atiramos um níquel aos monstros.

E, enquanto um vai buscar o troco, o infatigável arrumador continua a abominável tarefa — agitar as xícaras, mexer e remexer as colheres, tapar e destapar o açucareiro, a fim de entornar o açúcar, o que faz que se tornem indispensáveis espanadelas e mais espanadelas.

Afinal, antes que nos chegue o troco, o desalmado, a uma esfregação mais rija de guardanapo, atira-nos sobre o fato um copo d'água.

Está concluído o que eles, em sua extraordinária gíria, chamam a "amolação de um freguês".

Note-se que tudo é feito com uma celeridade que revela muita perícia e muita malvadez. E sempre risonhos, como se nos estivessem causando um grande prazer.

Estão de tal maneira habituados a executar os mesmos movimentos que, quando não há vítimas a "amolar", esfregam as mesas limpas, para afugentar as moscas.

E repetem tantas vezes as mesmas palavras que acabam por não saber dizer outra coisa. Já ouvi um, ao deitar cerveja em um copo, perguntar muito sério:

— Simples ou com leite?

São terríveis. Ontem, por causa deles, fui ao enterro de um amigo, que morreu de uma lesão cardíaca.

R. O.

In *Paraíba do Sul* — Paraíba do Sul, RJ, 1º de julho de 1915

XIV

O literato em esboço é um sujeito que tem sempre no cérebro um pactolo de ideia e que ordinariamente não tem na algibeira um vintém.

É poeta na acepção vulgar da palavra — é desocupado. Anda com a cabeça no ar, como convém a um indivíduo que faz versos. Através da fumaça branca de seu cigarro percebe vagamente alguma coisa muito brilhante e muito grande a acenar-lhe. É afoito, ri muito, gesticula em excesso, fala alto, principalmente a respeito de sua pessoa.

Agrada-lhe falar de sua pessoa.

Não almoça todos os dias, mas todos os dias escreve algumas tiras.

Explora tudo. Com a agilidade de um símio, passa das complicadas e impenetráveis veredas de Gabriel d'Annunzio às largas estradas que Balzac abriu.

Não tem ideia fixa... perdão, tem uma ideia fixa, uma ideia que o persegue, que o atormenta, que o não deixa um instante — está plenamente convencido de que tem valor, um valor incalculável, e sente viver num desgraçado planeta que não o admira. Lamenta a imbecilidade dos homens, que lhe não erguem altares.

Porque ouviu dizer alguns que é preciso ser audaz para vencer, leva a audácia ao extremo. É arrogante, sentencioso, decisivo.

Não dá sua opinião sobre coisa nenhuma — afirma, preleciona, dogmatiza. Não admite que se lhe contraponham argumentos. Intolerante como S. Policarpo.

Fala em Arte com unção, afetando assim uns modos de sumo pontífice em brochura. Está sempre a referir-se aos contos que publica nessa gazeta, aos sonetos que tem mandado àquela revista, às crônicas que lhe têm rendido um êxito considerável, a romance que elabora. Segundo sua asserção, os jornais que lhe estampam os produtos são publicações muito bem orientadas redigidas por cintilantes talentos. Tem no fundo da mala e na gaveta de sua banca de trabalho vastos artigos repletos de elogios a suas lucubrações e cartas panegíricas assinadas por grandes homens, imensos. Por modéstia, não ostenta essas provas de seu mérito.

Diz: "O Ruy tem merecimento, não há dúvida" — como quem diz: "É um menino que promete".

Não vive só. Detesta o isolamento que o obriga a sopitar a ânsia de andar apregoando as concepções do seu potente cérebro.

Ordinariamente pertence à camarilha de algum corifeu intelectual, que recebe pomposo nome de *Mestre*, criatura sobrenatural, possuidora de predicados que não podem ser compreendidos pela percepção romba do vulgo, entidade impecável que está infinitamente distante dos aguilhões da crítica quase sempre manejadas por indivíduos invejosos.

Se um simplório qualquer pronuncia o nome de augusto do *Mestre* irreverentemente sem bater nos peitos, sem dobrar os joelhos, sem agitar o turíbulo, ele, o dogmático, o altivo grande homem em gérmen, esmaga, anatemiza, fulmina o herege estúpido. Forma, com outros caudatários desse poderoso Paxá das letras, uma espécie de cenáculo, uma enérgica instituição que tem dois objetivos — exaltar condicionalmente as produções de seus membros e vilipendiar sistematicamente todas as obras de indivíduos estranhos à seita.

Assim, cada um dos sócios da comunidade encontra sempre quem o enalteça, despendendo grande cópia de adjetivos ruidosos. O sócio elogiado deve por amabilidade e por gratidão retribuir todos os encômios recebidos, afirmando que o sujeito que o honrou é simplesmente um gênio.

Para isso escreve um artigo no qual introduz sagazmente vários sinônimos dos qualificativos que lhe foram aplicados.

É inútil dizer que o artigo será cortesmente e generosamente recompensado.

Por semelhante processo, com modo, suave, todos são grandes, pelo menos a seus próprios olhos.

Entretanto, é comum observar-se que uma criatura que hoje, em público, faz apologia de um colega, pode amanhã asseverar convictamente, entre íntimos, que o mesmo colega é uma cavalgadura...

Coisas da vida! Dizem que há pessoas que se parecem com os cataventos.

O intelectual embrionário gira, e gira muito. Questão de conveniência.

Não me parece fácil fazer-lhe a psicologia. Mas estou convencido de que se Theophrasto fosse vivo, poderia acrescentar algumas páginas a seus *Caracteres*.

R. O.
In *Paraíba do Sul* — Paraíba do Sul, RJ, 8 de julho de 1915

XV

Encetou-se na imprensa uma grave polêmica entre dois campeões letrados. Trata-se de saber qual a parte do Brasil que produz mais homens de mérito.

O sr. Humberto de Campos, do Pará, deu a primazia ao Norte.

O senhor Carlos Maul, que é *cá de baixo*, segundo sua própria declaração, engalfinhando-se àquele, cobriu algumas colunas do ABC com uma chusma de períodos em que lançou ridículos a valer sobre os versejadores choramingas do Maranhão e de outras regiões *lá de cima*. (A expressão é dele.)

Não parece aos senhores que a discussão seja estéril?

Perder-se uma pessoa em conjetura acerca da capacidade intelectual dos habitantes deste país inefável, que encerra todas as grandezas possíveis, segundo nós mesmos julgamos é — desculpem-nos — uma inocente ocupação para desocupados.

O senhor Maul apenas conseguiu divisar no Norte o vulto de Coelho Neto. É possível que, usando lunetas e respigando bem, encontrasse outros. Também a trimúrti de glórias que apresentou para derrocar asserção do poeta paraense poderia destruir-se, talvez, com o acréscimo de outros nomes. Homens ilustres não nos faltam. Mas fazer a estatística de todos os gênios que possuímos não é coisa fácil, tão numerosos eles são.

O melhor é não fazer a estatística. Acreditamos piamente que o senhor Humberto de Campos tem razão quando diz que os setentrionais possuem carradas de talento.

Pensamos, como o senhor Maul, que os meridionais têm talento em abundância. Estamos plenamente convencidos de que "cá e lá más fadas há".

Boas fadas é que devia ser. Fadas ou Musas. Qualquer coisa que lembre intelectualidade.

Não seria mau, portanto, alvitrar aos contendores uma conciliação, um acordo suave. Para que não apareça, no decorrer da pugna, qualquer calcanhar de aquiles que acaso possua algumas de nossas glórias, ponha-se termo à questão declarando que todos os brasileiros são gênios.

Avalie-se a substância cinzenta contida na cabeça de um gaúcho aproximadamente igual à que há no crânio de um botocudo do Amazonas; diga-se que as panelinhas literárias não existem ou que, se existem, são formadas por estrangeiros; invoquem-se os nomes sagrados de nosso querido Fulano e de nosso imortal Beltrano (um do Norte, outro do Sul); toque-se o hino nacional... e viva a pátria, que tem tantos filhos gloriosos.

Tudo é bom quando acaba bem.

O que nos não agrada é ter o senhor Carlos Maul, numa deliciosa pilhéria, aventado a ideia de se desmembrar a nação, como se o desmembramento fizesse desaparecer a prioridade de uma ou da outra parte, se prioridade existe. Uma separação absoluta, a extinção de quaisquer relações... para que uns não pudessem julgar o mérito dos outros... Santo Deus! Que ideia infeliz!

Onde iriam os desgraçados setentrionais fazer *Avenida* e receber as balas que patrioticamente se permutam por ocasião dos comícios? Quem iria fazer discursos bonitos às cobras do Amazonas e às onças de Pernambuco? Para onde mandariam os remotos estados *lá de cima* suas rendas modestas que são oferecidas com tanto gosto aos *de baixo*?

Quem no Ceará abriria açudes e arrancaria do poder os governadores que se afastassem das boas graças presidenciais?

Para onde se enviariam as laranjas da Bahia, os couros curtidos de Sergipe, a farinha d'água do Maranhão, a goiabada de Pesqueira, o sururu de Alagoas?

Não. Por Deus, patrícios!

Tudo, menos o desmembramento.

R. O.

In *Paraíba do Sul* — Paraíba do Sul, RJ, 22 de julho de 1915

XVI

Carta a M. L.

Caríssimo Rodolfo

Isto não é precisamente uma carta — é um bilhete, um bilhete feito à pressa a propósito do belo artigo que, sobre alguns períodos por mim rabiscados, publicaste no penúltimo número deste jornal.

Começo por agradecer-te os qualificativos gentis que lançaste sobre as niquices que por vezes tenho deitado nesta coluna digna de melhor sorte — ser preenchida com algum artigo de revista estrangeira, por exemplo, ou com anúncios de casas comerciais, o que seria menos maçador para o público e mais vantajoso para a folha, que é, de certo, uma "casa" também...

Aviso-te de que não tenho nenhum desejo de sustentar contigo uma polêmica, mesmo porque o assunto que principiamos a debater não tem lá grande importância para nós. Demais numa palestra tornar-se-ia coisa muito enfadonha. Tínhamos de repisar o mesmo terreno, bater muitas vezes sobre as mesmas teclas, o que seria um desastre para teu desventurado amigo, que, a par de outros defeitos, tem uma pobreza de imaginação lamentável.

Não, quero apenas dar-te uma explicação e defender-me de uma pequenina censura que me fizeste.

Quando, há quinze dias, contei aos leitores do *Paraíba* a discussão travada entre dois poetas sobre a quantidade de talento que existe na cabeça dos homens deste adorável país, nada disse a respeito das aptidões dos dois antagonistas. Limitei-me a dizer que eram dois "campeões letrados". Não há dúvida de que o são. Cada um deles tem pelo menos um livro. Creio que um cidadão que escreve um livro pode receber, sem se molestar, o labéu de letrado.

A Academia não reconhece senão aqueles que haviam fabricado alguma obra.

Vais dizer-me, talvez, que isso não é razão para que toda a criatura que forje um opúsculo esteja em condições de juntar a seu nome o qualificativo em questão. Mas eu não sou a Academia, meu caro, e, como as faculdades de meu espírito não estão suficientemente apuradas para fazer a reparação de que falas, ingenuamente confesso que não hesitaria em chamar homem de letras ao Domingos Barbosa, aquele risonho velhito que de vez em quando aparecia pela nossa aldeia a vender seus produtos intelectuais, quase sempre coisas de títulos graves — *A heroica alagoana*, *O brado da consciência*, *A filha de mestre Brás* etc.

Tu te insurgiste contra o ter eu chamado "campeão" ao pouco amável poeta que arrastou pela rua das amarguras todo o setentrião do país.

Não atino com o motivo de te haveres alarmado. Encontrei dois homens empenhados numa disputa e disse que tinha visto dois "campeões". Poderia ter dito "adversários, combatentes, contendores", qualquer coisa por aí além. Parece-me, entretanto, que com a substituição do funesto vocábulo a ideia não sofreria nenhuma modificação sensível. Foi o "campeão" que primeiro me escorregou do bico da pena. E lá ficou.

Desagradou-te, o que me desgosta. Mas "tu leste o que não estava em meu coração". Não quis de forma nenhuma pôr em evidência o mérito ou o desmérito de qualquer das partes.

Havia jogos atléticos em Liliput. Creio que já vi uma fábula de Goldsmith, se me não engano, sobre as aventuras de um gigante e anão. E não julgo ser necessário falar de Tartarin de Tarrascon ou do anacrônico D. Quixote, esse usadíssimo bordão que todos nós manejamos a cada passo.

Repito, porém, que não tive o intuito de comparar o homem da *Ave* ao herói de Daudet ou a qualquer outro herói matador de sarracenos ou de moinhos. Não o coloquei tampouco na atitude de um jóquei vencedor de um páreo animado, o que, nesta terra de esportes, é uma bela atitude, uma atitude que vale bem a de todos os brutamontes mata-moiros possíveis.

Nada disso. Penas de pavão não foram postas por mim em nenhum corpo de gralha.

Há em tua carta uma injustiça. Disseste que eu nunca tinha lido o senhor Maul e deste-me informações sobre o senhor Humberto de Campos, como se o poeta nortista fosse para mim uma personagem inteiramente desconhecida.

Ora, eu não quero ficar humilhado diante dos leitores. Li a *Poeira* um bando de vezes. Conheço tudo aquilo — Laocoonte, Santa Técia, muitas coisas belas. Em que pese aos inimigos do paraense, sinceramente confesso que o admiro.

Quanto ao vate de Petrópolis, também o conheço — li uma página de seu *Ave Germânia* através da vitrina de um livreiro.

O que me admira em extremo, porém, é me haveres censurado de "concorrer inglória e involuntariamente para realizar o que só por meio das *igrejinhas* o poeta petropolitano há conseguido — uma referência à sua pessoa".

Mas — por Deus, Rodolfo amigo! — tu cometeste a mesma falta... voluntariamente. Levaste mais algumas penas à gralha que pretendeste depenar.

Parece-me que já não tenho nada a dizer. Meu bilhete está findo.

Queiram os deuses que aceites minhas explicações. Adeus, caro Rodolfo.

Teu

R. O.

N.B. Tenho meditado sobre o conselho que me deste de tomar um banho de água benta. Preciso uma pia muito grande, principalmente agora, que somos dois ao banho: tu e eu.

R. O.
In *Paraíba do Sul* — Paraíba do Sul, RJ, 5 de agosto de 1915

Traços a Esmo

I

Leitor amigo:
Neste modesto canto do jornal, discreteemos, se te agrada. Mas, antes de entabularmos conversa, não seria mau que nos conhecêssemos.

Eu já sei quem tu és. Não é preciso que me digas teu nome, tua profissão, algumas mazelas que por acaso — quem não as possui? — te ornam o caráter. Mas tu, decerto, não queres palestrar com um desconhecido. Infelizmente não tenho quem me apresente. Estou aqui de passagem. Sou um hóspede nesta folha. Quando me der na telha, arrumo a trouxa e vou-me embora. Em minha rápida conversação contigo, meu interesse é muito limitado. Se tiveres paciência de ouvir-me, bem; se não, põe o teu chapéu e raspa-te.

De qualquer forma, terás pouco a perder. Não te quero enganar. Não te venho fazer elogios. Podes estar descansado. Mesmo porque nem sei se me seria fácil encontrar em ti matéria para elogio. Não direi, por exemplo, verdadeiro amigo, que o quilo que usas tenha exatamente mil gramas e que as tuas transações, vistas de perto, não possam ser censuradas. Não direi isso.

Não direi, pobre matuto desengonçado, que sejas resoluto, forte, vivo, esperto. Eu mentiria se o fizesse. És apenas um pobre homem derreado ao peso da enxada, sofrivelmente achacado, otimamente obtuso. És o representante de uma raça condenada a desaparecer, absorvida por outras raças mais fortes, quando o país povoar-se. És o homem do deserto e acabarás quando o deserto acabar.

Não direi, rapariga bonita, que aplauda incondicionalmente os teus vestidos espalhafatosos e o pendor que possuis para só julgar coisas sérias, dignas de tua atenção, o pó de arroz, as fitas, o sapato à Luís XV, a saia escassa de pano. Não te quero fazer a corte. Tens boa aparência, sim, mas não tens aptidão sequer para arear um tacho ou remendar uma camisa. Não esperes as minhas gentilezas: não tenho isso.

Prefiro dizer-te francamente o que penso de ti, leitor amigo. Talvez assim seja melhor para nós ambos. Para ti, que procurarás corrigir-te; para mim, que ficarei tranquilo com a minha consciência. Podemos ser bons amigos. É até provável que assim aconteça. Se não acontecer, paciência. Se eu te viesse cantar loas, dizer que és um belo rapaz desempenado, honesto, inteligente, trabalhador, cheio de virtudes em suma, podia muito bem ser que tu, não possuindo nenhuma das qualidades mencionadas, mas tendo uma pequena dose de bom senso, me mostrasses a porta, indignado. Eu seria um reles adulador, e tu terias razão para pôr de molho tudo quanto eu dissesse de hoje em diante.

De resto não tens nenhum motivo para esperar de mim outra atitude. Não desejo ser-te agradável; prefiro ser-te útil. Sou assim uma espécie de vendedor ambulante de sabão para a pele, de unguento para feridas, de pomada para calos. Talvez não encontres virtude em meus medicamentos. Pode ser que os calos de tua consciência continuem duros e não sintas melhora na sarna que porventura tenhas na alma, doenças que te não desejo. Em todo o caso, teu prejuízo será pequeno. O remédio nada te custa. Se a doença te mata, tanto pior para ti e para teus credores, mas terás a satisfação de dizer que recorreste a uma botica. Sempre será uma consolação, que talvez te sirva para alguma coisa.

Teu espanto em ver-me aqui é perfeitamente razoável. Naturalmente, esperaria encontrar nesta coluna alguém que tivesse, senão grande talento, pelo menos uma certa habilidade para forçar as paredes de teu crânio e introduzir qualquer coisa na massa que porventura ele encerre. Infelizmente, não foi possível encontrar um número considerável de indivíduos nas condições exigidas.

No páreo que se fez, para escolher o pessoal desta casa, houve candidatos que se portaram lamentavelmente. Eu, que fui o último a alcançar a meta, cheguei cansado, deitando a alma pela boca, positivamente estropiado. Não obstante, como os concorrentes eram poucos, necessário se fez conceder a todos prêmios de animação. Os que melhor correram estão ali pelo artigo de fundo e circunvizinhanças. Eu e alguns que me venceram por uma pequena diferença de cabeças escondemo-nos bisonhamente por estes recantos. Não esperes, pois, encontrar nestas crônicas coisas transcendentes. A profundidade assusta-me e é muito provável que te assuste também a ti, leitor amigo. Fiquemos calmamente à superfície.

Se entre as coisas que te vou dizer, da semana vindoura em diante, encontrarmos algum pretexto para rir, ficarei satisfeito. Porque enfim, enquanto rires, teu espírito estará tranquilo. Pelo menos um instante, ficarás melhor, mais leve, esquecerás teus males.

E quem sabe? Pode ser até que, durante dez minutos, te esqueças de fazer mal aos outros.

J. Calisto
In *O Índio* — Palmeira dos Índios, AL, janeiro de 1921

II

Não é nenhuma novidade dizer que as necessidades de um homem hoje são coisas muito complexas. Antigamente, um cidadão vivia com duas ceroulas, três camisas, uma casa esburacada, um banco, uma rede, uma mesa, um pote, um curral de vacas, um tabaqueiro, e um lenço. Às vezes também possuía um chapéu de couro e um par de alpercatas. Era pouco. Entretanto, era quanto bastava para chegar-se aos noventa anos sem precisão de óculos. É verdade que naquele tempo ainda não havia o costume de ler coisas impressas, o que, segundo está provado, danifica a vista de uma forma assustadora. Cada vez vamos ficando mais estragados dos olhos na flor da idade. A continuarem as coisas assim, não estará longe o dia em que as crianças já nascerão de *pince-nez*.

Santa simplicidade! Como vai distante aquele tempo!

Hoje são-nos precisas tantas coisas que para fazer um catálogo delas não seria bastante a existência de uma criatura. Necessitamos o jornal, o cinema, o teatro, o colarinho, o amor, o guarda-chuva, a filosofia, o bonde, a eletricidade, o francês, o jogo do bicho, a literatura, o automóvel e as mensagens do presidente Epitácio.

Em matéria de necessidades, o homem moderno abrange todas as latitudes. Tem a cabeça em um polo, os pés em outro, o equador passando-lhe mais ou menos pela altura do umbigo.

Está em todas as longitudes. Seus braços, fantasticamente longos, enlaçam o mundo. O que se inventa hoje na Dinamarca é de uso comum amanhã na Terra do Fogo. Calçamos os sapatos de John Bull e meditamos os discursos de Lenine. O ianque acotovela o chim, o esquimó pisca o olho ao patagão.

Somos todos vizinhos, sabemos o que há na casa dos outros, bisbilhotamos, apalpamos, apoderamo-nos sem-cerimônia daquilo que nos falta. Nem sempre o objeto que se inventa corresponde a uma utilidade imediata — vai criar muitas vezes utilidades futuras.

Meu bisavô viveu muito bem sem o telefone, e nunca ouvi dizer que ele lamentasse não conhecer os livros do príncipe Kropotskine. Já eu não posso dizer o mesmo. Sem poder privar-me dos utensílios que eram familiares àquele respeitável macróbio — as ceroulas, o lenço, a mesa de jantar —, entrei a usar uma infinidade de coisas que nem eu mesmo sei para que servem. Não posso atinar, por exemplo, com o préstimo deste trapo que amarro ao pescoço; também não sei que vantagem me deixa passar meia hora lendo a seção telegráfica de um jornal para afinal ficar sabendo que foram cinco, e não quatro, como se tinha dito a princípio, os *sinn-feinners* que, emboscados nas vizinhanças de Cork, sapecaram a pele de meia dúzia de soldados britânicos.

O leitor está vendo, pois, que a existência de um homem hoje é coisa extremamente complicada. Só para aprender uma pessoa a servir-se dos muitos trastes que existem — que trabalhão! Para saber tomar a atitude conveniente a cada ato da vida — que aprendizagem penosa! A civilização impõe-nos tiranicamente uma caterva de noções, que, bem ou mal, temos de adquirir. Precisamos saber fazer a barba, abotoar os sapatos, escrever uma carta, mandar parar um bonde, morder um amigo, dançar o tango, escovar os dentes, elogiar discretamente um sujeito que nos pode ser útil. Tudo isto requer uma iniciação demorada.

Mas, dentre todos os conhecimentos que a um cidadão se exigem, o essencial é este — saber mentir.

Acham os senhores coisa fácil? Engano. Dificílima é ela. Mentir mal todos nós sabemos. Não há virtude nenhuma nisto. Mas a mentira correta, o carapetão artístico, ia quase dizer a mentira-verdade, em que até a pessoa que a diz acaba acreditando, não é para toda a gente. O mentiroso vulgar, o parlapatão incoerente, que hoje afirma uma coisa, amanhã outra, esse não tem valor nenhum. À primeira patranha que nos larga, conhecemos logo e dizemos com os nossos botões:

— Que sem-vergonha cabeludo!

O outro é de alto lá com ele; vão duvidar dele, serão capazes. Não diz a mentira abruptamente: insinua-a com jeito em uma conversação animada, viva, colorida, que é um deleite, para quem ouve.

Entre o caçador que mata setenta tatus em um dia e o comerciante que tem lábias para convencer o freguês de que o gato é lebre — que distância enorme! O primeiro fala assim:

— Nem vocês imaginam como aquilo estava. O mato fervilhava de bichos. Era só a gente pegá-los vivos e jogar no saco.

O segundo conversa ponderadamente:

— V. ex^a não acredita, minha senhora, como esta maldita baixa de câmbio nos tem causado prejuízo. A mercadoria importada chega-nos pelo duplo do que poderia custar. Veja vosselência que, tendo-nos chegado pelo último paquete o artigo que lhe estou a mostrar...

E lá impinge um objeto com cento por cento de lucro.

A diferença que há é que a mentira do primeiro é patente; a do segundo é disfarçada.

Um mente por necessidade orgânica; o outro por necessidade social.

A do primeiro é a mentira-instinto; a do segundo é a mentira-inteligência.

O mentiroso instintivo mente sem saber para que, mente por mentir; o mentiroso inteligente mente com um fim determinado, por interesse.

Um é irrefletido, inconsequente, comete erros palmares; o outro tem a memória alerta, não cai em contradições.

Um exemplo do mentiroso por instinto é aquele caso do homem do macaco. O símio começou com uma cauda de nove metros e acabou com um rabo vulgar de cinquenta centímetros.

Exemplifiquemos o mentiroso por inteligência: O senador Cox é apresentado candidato à presidência dos Estados Unidos pelo partido Democrata — e perde; o senador Harding é apresentado candidato à mesma presidência pelo Partido Republicano — e ganha. O senador Cox manda ao senador Harding um telegrama muito expressivo, em que se congratula vivamente com ele por aquela vitória. É uma mentira requintada, filha da cavilação, porque enfim o senador Cox sente desejos de apertar as goelas do senador Harding.

Outro exemplo: O aviador Hearne sai de Buenos Aires com destino ao Rio de Janeiro — e fica em caminho; o aviador Edu Chaves sai do Rio de Janeiro com destino a Buenos Aires e chega ao ponto demandado. Os argentinos oferecem festas magníficas ao aviador Edu Chaves; os jornais brasileiros lamentam que o aviador Hearne não tenha concluído o "raid".

Entre o mentiroso refletido e o mentiroso impulsivo, estende-se toda uma escala de mentirosos não muito bem caracterizados, na qual pode perfeitamente enfileirar-se o resto da humanidade que não estiver compreendido em uma daquelas duas classes.

Há o potoqueiro, indivíduo que exagera os dotes que julga possuir e todos os dias descobre a pólvora.

Há o envenenador da vida alheia, o caluniador, o maldizente.

Há o contador de caraminholas inofensivas, passador dos níqueis falsos da mentira, a quem a gente não liga importância, porque afinal aquilo quase nada representa dentro da grande massa circulante.

Há, raríssimas vezes, o que mente por altruísmo, mentiroso sublime que tem estátuas com altares.

Há enfim a grande multidão dos mentirosos inconscientes, criaturas que mentem porque falam, porque beberam a mentira no primeiro leite: Veem um menino feio como os sete pecados e, se o pai está presente, dizem logo:

— Que linda criança!

— Tem a senhora uns bonitos brincos, vizinha, mente uma.

— Estão às suas ordens, minha querida, mente a outra em resposta.

Mas que estou eu a fazer! Falar de mulheres em semelhante assunto é uma coisa perigosíssima. Eu me arriscaria a não mais acabar de rabiscar esta crônica. No sexo frágil é comum casar-se a mentira-instinto à mentira-inteligência, o que perturba profundamente a classificação que acima fizemos. Pode mesmo acontecer que se encontre em um só exemplar feminino todos os tipos de que falamos. De sorte que tenho de fazer uma restrição. A classificação que adotei não se refere à espécie humana em geral, mas apenas aos homens. Para as senhoras seria necessário estabelecer uma infinidade de classes e subclasses, tendo às vezes entre si diferenças insensíveis à percepção de um pobre homem como eu. Afoitar-se uma pessoa a estudá-las seria encontrar a cada passo casos graves, particularidades extravagantes, coisa a que me não quero aventurar, com a certeza que tenho de que em pouco tempo acabaria positivamente maluco.

Assim, as linhas insulsas que aqui ficam nada adiantam à minha gentil leitora.

O leitor, esse, encontrará provavelmente qualquer coisa aplicável à sua estimável pessoa.

Em qual das classes estará ele incluso? Será um mentiroso impulsivo, um doente incurável? Será um loroteiro vulgar, arrotador de bazófias? Será um frio calculador de carapetões graves, sérios, medidos a compasso, polidos, limados, lustrados, sem uma falha, sem uma rachadura que os denuncie? Será um embusteiro, um intrujão sem escrúpulos? Será um frívolo papagaio loquaz, um inócuo soprador de bolhas de sabão? Que será o leitor?

E eu! Que espécie de mentiroso serei eu? Quantas mentiras não estarão pregadas nesta coluna?

J. Calisto
In *O Índio* — Palmeira dos Índios, AL, fevereiro de 1921

III

O Brasil pode gabar-se de possuir uma coisa como em nenhuma parte talvez exista: canções belicosas.

Numa terra em que os próprios discípulos de Marte se orgulham de nossas "conquistas pacíficas", tais cantatas não deixam de causar uma certa surpresa. Gente de espinhaço mole, pernas bambas, cachaço envergado, cantando hinos guerreiros! E que hinos!

De algum tempo para cá, depois que nos deu a telha de fazer a fita de entrar na guerra — fita inócua, para uso interno, porque afinal ninguém foi nisso — as cantigas pululam. É um cogumelar de patriotadas de fazer cair o queixo. Bojudas, infladas de palavrões difíceis; desenxabidas, como aquele maluco hino à paz com que um deputado versejador abiscoitou um prêmio; cabeludas, incompreensíveis — as patriotices rimadas são a causa das enxaquecas de muita gente que tem ouvidos para ouvi-las, mas não tem estômago suficientemente forte para digeri-las.

As canções patrióticas! Já leram acaso alguma delas? Já tiveram ocasião de fixar os olhos nas palavras que elas contêm e, o que é mais, procuraram agarrar a ideia que as palavras deveriam encerrar? Qual! Não fizeram isso. Têm ouvido cantar aquilo ao som da música pela rapaziada do 384, mas talvez não lhes tenha chegado ao ouvido senão um som confuso de vozes de mistura com o ronco do trombone e o guincho do clarinete. Pois eu me dei ao trabalho de tomar uma dessas injeções de patriotismo, em dose mínima, por precaução, que aquilo é como o

914: não deve ser tomado tudo de uma vez. Seringuei-me moderadamente com parcimônia, como recomendava o presidente Venceslau, naqueles bons tempos em que o Brasil tinha dinheiro. E ainda assim a reação foi tremenda. Arranjei um resfriamento que me ia deixando a saúde positivamente estragada. Que coisas extraordinárias havia naqueles versos, santo Deus! Não lhes direi tudo, que o espaço me não chega para tanto. Repetir-lhes-ei apenas um pedaço de estrofe, a melhor de todas:

"Amor febril

Pelo Brasil

No coração

Não há quem passe".

Entenderam? Eu também fiquei no mesmo. Vamos modificar a ordem em que aquilo está feito, a ver se será possível extrair-se dali um pensamento qualquer.

"Não há quem passe amor febril no coração pelo Brasil".

Entenderam agora? Nem eu.

"No coração, não há quem passe amor pelo Brasil".

Eu cada vez percebo menos. Isto faz-me lembrar um coronel sertanejo, meu conhecido, que tinha a mania de falar empregando apenas os substantivos. Para ele, preposições, adjetivos, o próprio verbo, nada valiam. Só o nome. Saía-lhe assim uma linguagem telegráfica, que ninguém entendia. Certa vez, em tempo de seca, mandou ele um portador a Bom Conselho comprar víveres. O emissário, que iria montado em um burro, recebeu a ordem de fazer a viagem nestes termos, dignos de um lacedemônio:

— Dinheiro, burro, feijão, Bom Conselho, rapadura.

Pois, aquela história de dizer que "pelo Brasil não há quem passe, amor febril no coração", não está muito longe do recado do coronel. Faz até raiva ouvir afirmar assim peremptoriamente uma coisa que ninguém entende. Dá vontade de gritar, só para moer:

— Ora essa! Por que não passa? Pois passa, sim senhor. Era o que faltava a gente não passar o amor no coração.

Ora, com esforço e penetração, pode-se conjeturar que o sujeito da cantiga teve a intenção de dizer que outros homens não têm ao Brasil um amor tão grande como têm os soldados. É preciso adivinhar, porque o fabricante da estopada não disse nada que a isto se parecesse.

Um grande amor ao Brasil. Muito bonito, pois não. Mas um amor febril. Entra na cabeça dos senhores que um cidadão possa votar a seu país um amor febril? Amor assim dedica-se a uma mulher, e assim mesmo em certas e determinadas circunstâncias. De ordinário, não se observa no amor nada de febril. A febre nele é intermitente e nunca se manifesta à luz meridiana; de sorte que todos nós a experimentamos, mas quase nunca temos ocasião de examiná-la nos outros. Ainda assim, o estado de exaltação vai-se atenuando com a idade, até desaparecer de todo.

Agora imaginem os senhores um pacato burguês que paga imposto e vai a sessão do júri doidamente apaixonado, metendo os pés pelas mãos, suspirando e desandando a cabeça, a exigir com ânsia, a reclamar com ardor o objeto de sua maluqueira.

E qual é o objeto?

O Brasil. É incrível, mas é o Brasil.

Está-se a ver o patriota ardente revirando o olho, a gemer nos paroxismos de seu amor febril:

— Ai patriazinha de meu coração! Estou que já não posso mais...

Ora isto é positivamente imoral. Patriotadas assim não se traduzem em loas — cantam-se no Pernambuco Novo.*

J. Calisto
In *O Índio* — Palmeira dos Índios, AL, fevereiro de 1921

IV

O Brasil é um país fundamentalmente carnavalesco. Palmeira é uma cidade essencialmente brasileira. Grande parte dos defeitos e das virtudes que no brasileiro se encontram, em geral, o palmeirense possui, em particular. Reproduz-se entre nós, em ponto pequeno, o que o país em ponto grande produz.

A nação é um cinematógrafo; a cidade é um cosmorama. Menos que um cosmorama, talvez: um estereoscópio. Na essência, exibição de figuras. Coisas de ver, de mostrar, exposição de objetos bonitos.

Por cima e por baixo, o mesmo fenômeno, com diferença de gradações: estopa pintada de preto, a fingir casimira.

A pátria é um orangotango; nós somos um sagui. Diversidade em tamanho, inclinações idênticas. Imitações, adaptações, reproduções — macaqueações.

---

*Pernambuco Novo, rua das prostitutas em Palmeira dos Índios — Alagoas.

O que o Rio de Janeiro imita em grosso nós imitamos a retalho. Usamos um fraque por cima da tanga, alpercatas e meias.

De resto, nenhum pensamento, nenhuma ação, muito falar. Temos a idolatria da palavra, vazia embora. É, comparando mal, coisa semelhante ao culto do selvagem que adora a feição material de seus grosseiros manipanços de pau. A ideia escapa-lhes. Nossa preocupação máxima é falar bonito.

O país é preguiçoso. Dormir é a grande felicidade da vida. Coerentemente, a cidade dorme ou sonha acordada. Acordada? Engano. Vive numa modorra. De longe em longe estira os braços, espreguiça-se num bocejo, esfrega os olhos — e volta a mergulhar a cabeça nos travesseiros.

Positivamente despertos só estamos durante o carnaval. Pudera! Se o entrudo é a instituição nacional por excelência!

O carnaval! Vai começar o riso nervoso, a gargalhada estridente que dura três dias. Não fosse o Brasil a boa terra que é, radicalmente carnavalesca!... Cantigas, danças... saltos, esgares exagerados, piruetas, pilhérias... Reeditam-se os fados que se gemeram há dez anos; choram no pinho as tocatas que há dez anos se ouviram. A Palmeira é uma cidade essencialmente brasileira. O povo a rir sem saber de que, o violão a sapecar as cantigas dolentes da Mouraria! A música é triste, o canto é lúgubre, mas — que diabo! é necessário que se cante e que se toque alguma coisa. A festa é de alegria. Canta-se, embora a soluçar. A regra é imitar, imita-se. Mas quê? As cantilenas exóticas de além-mar. Não é em vão que o país, em escala descendente, começa no orango e acaba no pequenino sagui irrequieto, com um cordel amarrado à cintura. Bem se vê que a alegria que por aí vai é convencional, importada, comprada às dúzias, juntamente com tubos de lança-perfume e rodelas de serpentinas.

Senhores foliões — um conselho: acabai com essas cantarolas fúnebres. Sentimentalismo, pieguice na festa da pândega — que horror! santo Deus dos bobos! Sede lógicos em vossa insensatez. Tendes disposições para farsantes? Concordo convosco. É uma tendência como outra qualquer. Mas ao menos sede farsantes completos, não mistureis alegrias com tristezas. Sobretudo, não observeis nenhuma circunspecção. É uma advertência de muito valor. Se a coisa é para fazer tolices, fazei tolices, amigos, quebrai a louça, derramai os copos, ponde uma barba de espanador e saí pela rua a dar vivas à República. Um homem que deita à cabeça um chapéu vermelho de papelão e enrola ao pescoço um cipoal de tiras de papel de cor está, de fato e direito, isento de qualquer responsabilidade em matéria de senso comum. Ninguém é obrigado a ter juízo. Se estais tristes, ficai em casa; se estais doentes, deitai-vos, tomai tisanas.

Outro aspecto interessante do carnaval aqui fornecem-nos os truculentos cordões que marcham pela rua a vociferar quadrinhas sem pés nem cabeça. Até aí a índole nacional se revela — juntar palavras sem sentido.

A gente mais elevada canta as insípidas pieguices de outras bandas; mestre Manuel Simão e sua grei levantam a poeira da estrada, a gritar com energia: "São essas fé que me faz a contemprá"...

Ora aí está por onde andamos nós. Em cima fadinhos insulsos: embaixo o clube Bela Rosa.

E em tudo somos assim. Ou repetimos desajeitadamente o que os outros fizeram ou, se queremos ter alguma originalidade, não passamos do que pode produzir a mentalidade rudimentar de mestre Manuel Simão.

J. Calisto
In *O Índio* — Palmeira dos Índios, AL, fevereiro de 1921

V

(Carta de um jurado a um cavalheiro de importância)

"Ilmo. sr.

Hoje, vésperas da sessão do júri, permita-me que, com o devido respeito, eu lhe venha oferecer os meus trabalhos profissionais.

Tem v. s. diante de sua pessoa, de pena em punho e chapéu respeitosamente colocado debaixo da mesa, um cidadão brasileiro em pleno gozo de seus direitos políticos, casado na igreja, vacinado pela varíola, jurado de profissão. Ser-me-ia grato se os meus serviços lhe pudessem ser úteis.

Não ignoro que v. s. deseja, com a influência de que dispõe, aliviar a cadeia pública desta cidade de alguns pacíficos rapazes que ali se encontram injustamente detidos. Não me sinto capaz de aqui traduzir o entusiasmo que as altruísticas disposições de v. s. despertam no ânimo deste seu criado. Eu também sou, ilmo. sr., um fervoroso adepto da absolvição dos réus. Tanto que não há notícia de que eu tenha contribuído para condenar-se um homem, salvo alguns casos secundários de presos desconhecidos, exceções que de forma nenhuma podem influir no modo de apreciar minha individualidade de juiz de fato, consciencioso. Cumpre-me dizer-lhe que, uma vez empenhada a minha palavra de homem honesto, dificilmente recuarei no caminho que o dever me traça. Salvo motivo imperioso, sempre me tenho desembaraçado com lisura e honra dos compromissos assumidos para com os amigos que me distinguem com suas amáveis incumbências. Pode, pois, v. s., ficar certo de que, confiando-me seus protegidos, saberei julgá-los com a imparcialidade e a justiça a que têm direito, graças ao apoio que lhes dispensa um cavalheiro tão bem relacionado.

Devo acrescentar, sem de modo nenhum pretender vangloriar-me, que possuo uma longa prática do ofício, tendo destarte perfeita familiaridade com o ambiente.

Minha natural desenvoltura e grande conhecimento da matéria permitem-me frequentemente exercer influência sobre o ânimo de meus companheiros, sendo-me relativamente fácil, durante os debates, levá-los com bons modos a pensar comigo. V. s., com a argúcia que lhe é peculiar, compreenderá a diferença que existe entre um homem assim identificado com a profissão e um recruta que trabalha pela primeira vez, meio assombrado, mete os pés pelas mãos, confunde as coisas, baralha os quesitos, põe a branca quando deveria deitar a preta e acaba estupidamente mandando para as grades um réu que ali está apenas para salvar as aparências. São mais três meses de esforços, pedidos, amuos de gente que deseja vender seu peixe caro, sem contar a raiva que aquilo faz.

É, pois, oportuno submeter a seu esclarecido critério o alvitre de se não fiar em indivíduos que não têm a idoneidade precisa para julgar certos casos complicados, em que é necessário afirmar isto, negar aquilo, até chegar ao resultado que se deseja. Utilizando-se de meus serviços, pode v. s. ficar tranquilo, com a certeza de que não irá atirar seus estimáveis protegidos às mãos ineptas de um sujeito desastrado.

Para que não pense, ilmo. sr., que está a tratar com um reles mercadejador de justiça, devo dizer-lhe que a minha consciência se encontra atualmente em relativo sossego, tendo funcionado em ótimas condições nos mais difíceis processos. Assim, qualquer escrúpulo de sua parte em entender-se comigo seria desprovido de fundamento.

Graças a um paciente exercício de vontade, encontro, sempre que as circunstâncias exigem, meios de levar minha razão ao bom caminho, sendo-me fácil convencer-me da inocência de um réu com quem me haja comprometido.

Com o tirocínio que possuo, vejo frequentemente, sem afastar-me dos autos, sem prescindir da prova testemunhal, motivos de sobra para absolvições.

Vou dar-lhe um exemplo, para que possa, sem esforço, apreender a verdade do que lhe disse. Particularizemos, tomemos um caso concreto, para maior comodidade na demonstração.

Manuel Tavares assassinou um homem e está preso. É grave!

Manuel Tavares assassinou um homem dormindo, segundo consta. É gravíssimo! dirão.

Pois não, senhor. Não acho ali motivo para condenar-se uma criatura. Vejo apenas duas proposições duvidosas, que nada de positivo afirmam a respeito da culpabilidade do indigitado autor do homicídio em questão. Analisemos ponderadamente a primeira sentença:

"Manuel Tavares assassinou um homem." Fica-se na incerteza sobre se foi Manuel Tavares o assassino ou o assassinado. Sendo "assassinar" um verbo transitivo, tanto lhe pode servir de agente Manuel Tavares como "um homem." Em casos assim ambíguos, a colocação das palavras em nada influi quanto ao sentido delas. Ninguém nos pode afirmar se o período está em ordem direta ou em ordem inversa. Dizem que "Manuel Tavares" é o sujeito. Por quê? Porque está preso? É absurdo. Não há em gramática nenhuma regra que nos autorize a dizer que o agente da ação é o que está na cadeia. Alteremos a ordem em que aquilo está, invertamos os termos da oração, e teremos: "Um homem assassinou Manuel Tavares." A dúvida permanece.

Tomemos a segunda proposição.

"Manuel Tavares assassinou um homem dormindo." Quanta incerteza! quanta ambiguidade! Admitindo mesmo que tenha sido Manuel Tavares o assassino, fica-se sem saber se era ele que estava dormindo ao dar-se o crime ou se era a vítima que dormia. A responsabilidade de um homem que dorme não pode ser igual à de um cidadão que tem os olhos abertos. Tudo isto é muito vago, muito nebuloso.

Aceitemos, entretanto, que Manuel Tavares seja um criminoso, o que não está demonstrado; concedamos que ele estivesse acordado na hora do crime, o que é duvidoso. Ninguém ignora que o homem encontrado morto estava em péssimo estado de conservação. Não tinha carne, não tinha os cabelos todos, não tinha canelas, faltavam-lhe muitos ossos das mãos e quase todos os ossos dos pés. Possuía apenas um pedaço de crânio e havia nele uma ausência absoluta de costelas. Não havendo testemunhas de vista, ninguém em boa fé poderá asseverar que a vítima, na ocasião do crime, estivesse em plena posse de todas as partes que lhe faltavam ao ser encontrada.

Não pode, pois, Manuel Tavares ser responsabilizado pela eliminação de uma criatura completa. Na pior das hipóteses, ele terá roubado a existência a um ser extremamente reduzido.

Será um criminoso, se quiserem, mas um criminoso a prestações, de eficiência homicida muito contestável.

Quem mata um homem inteiro não pode, logicamente, ser equiparado a quem se contenta com matar a quarta parte de um homem. É um assassino com setenta e cinco por cento de abatimento.

Aí fica, ilmo. sr., a opinião que uso, de acordo com as circunstâncias, para julgar os casos sobre que tenho a honra de pronunciar-me.

Devo dizer-lhe que não sou exigente no artigo remuneração, porque, como v. s. não ignora, a consciência é cotada hoje por preço excessivamente baixo, graças à concorrência. Pelo que fica dito, v. s. terá toda a vantagem em depositar em mim a confiança que nunca me foi negada por meus inúmeros clientes.

Creia-me, ilmo. sr., um seu criado e admirador muito sincero

Fulano de Tal, juiz de fato.

— — — — —

— Esta carta foi-nos confiada por um cavalheiro de influência, que nos deu autorização para publicá-la. O original encontra-se em nosso poder.

J. Calisto
In *O Índio* — Palmeira dos Índios, AL, fevereiro de 1921

VI

Amo as crianças. E, porque as amo, entristece-me a ideia de que serão grandes um dia, terão barbas ou cabelos compridos, como toda a gente. Serem como eu e como tu, leitor, terem paixões também, os mesmos defeitos que nós temos...

É triste!

Sofro com o sofrimento delas. E é por isso que detesto o livro infantil. Detesto-o cordialmente.

Aquelas coisas maçadoras, pesadas, estopantes, xaroposas, feitas como que expressamente com o fim de provocar bocejos, revoltam-me. Espanta-me que escritores componham para a infância pedantices rebuscadas, que as livrarias se encarregam de fornecer ao público em edições que, à primeira vista, causam repugnância ao leitor pequenino; embasbaca-me que professores reproduzam fonograficamente aqueles textos indigestos; assombra-me ver aquilo adotado oficialmente.

Odeio o livro infantil. E odeio-o porque sei que a criança o não compreende. Abram uma dessas famosas seletas clássicas que por aí andam espalhadas. Ainda guardo com rancor a lembrança de uma delas, pançuda, tediosa, soporífera, que me obrigaram a deletrear aos nove anos de idade. Li aquilo de cabo a rabo, e no fim só me ficou a desagradável impressão de haver absorvido coisas estafantes, cheirando a mofo, em uma língua desconhecida, falada há quatrocentos anos por gente de outra raça e de um país muito diferente do meu. O que me aconteceu a mim deve ter acontecido aos outros.

Quem se não lembra com enjoo do compêndio sebáceo dos tempos escolares, salpicado de tinta, amarrotado, com as páginas despregadas, páginas que, quando se iam, nos deixavam uma consoladora sensação de alívio?

A gramática pedantesca, cheia de nomes gregos, de sutilezas que o leitor não compreende; a história do Brasil de perguntas e respostas, feita especialmente para que o estudante só responda ao mestre quando o quesito seja formulado com as mesmas palavras que estão no livro; a geografia presumida, a exibir uma erudição fácil, recheada de termos como estereografia, hipsografia, vulcanografia, potamografia e outras grafias de má morte; todas as letras inodoras, incolores, desenxabidas, enjoativas, perfeita literatura de água morna — para que serve tudo isso, não me dirão? Leva-se a melhor parte da vida a ler aquilo e fica-se sem saber coisa nenhuma. Na idade em que a inteligência começa a despertar, confusa, obrigá-la a embrenhar-se pelas complicadas asperezas dos lusos clássicos — que horror, santo Deus!

Cabecinhas loiras pendidas tristemente sobre calhamaços vetustos; pequeninas mãos a borboletear irrequietas, volvendo as folhas de alfarrábios seculares; bocas frescas, lábios de rosa, papagueando os medonhos arcaísmos de além-mar; olhos vivos, brilhantes, misteriosos, cerrando as pálpebras ao peso de pavorosos narcóticos impressos — como vos lastimo!

Ou eu me engano muito, ou os autores ou colecionadores de semelhantes judiarias são malucos. Malucos ou perversos, que escrevem com a ideia preconcebida de embrutecer a infância. Parece até que nunca foram pequenos, tão grande ignorância revelam da psicologia da criança.

Aí está o motivo por que, entre nós, de ordinário se odeia o livro. São reminiscências daqueles maus tempos em que nos habituaram a confundir a escola com o cárcere e nos forneceram a noção de que o professor é uma espécie de lobisomem. Se ainda toleramos o jornal, é que nunca o vimos entre os instrumentos com que nos martirizavam. Não me espanta que uma criaturinha comece a mastigar um desses infames volumes aos seis anos, e aos doze, depois de haver lido e relido aquilo centenas de vezes, tenha tudo de cor, sem compreender uma linha.

Voto ao muito ilustre educador Abílio Borges uma profunda aversão. Nunca perdoarei àquele respeitável barbaças as horas atrozes que passei a cochilar em cima de um horrível terceiro livro que uns malvados me meteram entre as unhas.

A admiração que eu devia ter à figura culminante da Renascença portuguesa esfriou desde que aprendi a soletrar, e até hoje ainda não me foi possível convenientemente acendê-la. É que almas danadas me obrigaram a ler Camões aos oito anos.

O descobrimento do caminho da Índia aos oito anos! É, positivamente, um abuso. Aquela mistura de deuses do Olimpo, pretos africanos, o Gama ilustre, o gigante Adamastor, o rei de Melinda, a linda Inês e seu gago amante, tudo, a meter-se atrapalhadamente num pobre cérebro em formação — com franqueza, é demais! Perdoem-me as cinzas do zarolho gênio, mas eu não sei se o meu ódio a ele era menor que o que me inspirava o Barão de Macaúbas.

A escola primária! Não me é agradável a recordação dela. Os romances idiotas de Escrich me serviram muito mais que as gramatiquinhas e as historietas de tolices que me obrigaram a absorver.

Os livros infantis! Que livros! São paus de sebo a que a meninada é compelida a trepar, escorregando sempre para o princípio antes de alcançar o meio, porque afinal aquilo é um exercício feito sem o mínimo interesse de chegar ao fim.

J. Calisto

In *O Índio* — Palmeira dos Índios, AL, março de 1921

VII

Conhecem a vendedora de bilhetes, a gentil vendedora de bilhetes de loterias?

Quem não a conhece? É uma rapariga amável, de sorriso nos lábios, bolsa pendente do braço, perfumada, branca de pó, com um papel machucado na mão e um lápis.

Ao vê-la, de longe, trememos. E perguntamos aos nossos botões se a sangria será forte.

Não há meio de resistir. Tão bonita, tão delicada, a cútis tão fresca, tão leve e saltitante num esvoaçar de rendas — quem há bastante rude para atirar um áspero não? A cédula escorrega suavemente, lubrificada pelo brilho que vem daqueles olhos tentadores.

Como é galante a vendedora de bilhetes! Tem mil modos diferentes para vencer a fraca resistência que por acaso tenhamos a pretensão de opor. De que maneira nos aborda! Com que graça nos apresenta a lista e nos mete o lápis entre os dedos!

— Ora essa! Um só! Que lhe custa deitar seu nome em um número? Feche os olhos e escreva.

E a gente escreve. Que importa lá saber que pôs ela na rifa? Um ferro velho de engomar, como sempre acontece, uma saia branca, um par de fronhas ou qualquer coisa assim.

Apenas é preciso notar que não sabemos o que fazer do ferro, as fronhas são enxovalhadas e a saia não nos serve, porque apesar dos triunfos do feminismo, ainda não chegou o tempo de gente barbada vestir saias. Demais, ainda que desejássemos, não a poderíamos usar, pois, curta e estreita como é, nos deixaria positivamente indecentes, com as canelas à mostra e os ângulos de nosso corpo a furar o tecido, o que revoltaria o natural pudor que há em nós. É bom dizer que tais objetos são oferecidos ao público apenas pelo triplo ou quádruplo do que poderiam custar se prestassem para alguma coisa.

Acham muito? Mas quê! Se a alegre vendedora de bilhetes não vive senão de impingir à gente coisas imprestáveis pelo preço que lhe vem à cabeça! Máquina de costura com roda sem dentes é máquina rifada. Cadeiras de missa, chapéus de outras eras, almofadões, sapatos em terceira mão, quase em terceiro pé, sempre recusados, flores de papel, toalhas, rosários, quadros, enfeites para paredes, bagatelas — vai tudo para a loteria. Há uma série de trastes em porta que não acaba nunca. É porta-pente e porta-escova, porta-alfinete, porta-camisa, porta-relógio porta-panela, porta-moringa, porta-gaitas, porta-pipocas etc. Parece até que já houve quem se lembrasse de fabricar um porta-vaso noturno.

Depois que se introduziu por estes recantos o péssimo costume de bordar a máquina, invadiu-nos uma inundação de pequeninos trapos com desenhos extravagantes, de embasbacar. Aquilo é um Apocalipse, uma atrapalhada mistura de coisas extraordinárias — flores incríveis, folhas de cores berrantes, iniciais tremendas, animais fabulosos, entre palmas e buraquinhos, cobras e lagartos, patos, socós e mergulhões, como diz nosso amigo João Pavão. São paninhos, lenços, bolsas, aventais, camisas, golas, babadouros, guarnições para cadeiras, uma récua enfim de retalhos recortados nos feitios mais disparatados deste mundo.

Vai tudo para a loteria.

Se, por felicidade, somos premiados, ficamos positivamente confusos, virando e revirando entre os dedos um retângulo de crochê, filé, ou qualquer nome assim, que nos chega às mãos, envolto em papel de seda.

— Que será isso, santo Deus? perguntamos ansiosamente, procurando adivinhar o préstimo daquela charada cheia de fitas e passarinhos. Será um porta-alfinetes ou um porta-ceroulas?

Ora aí está o que nos impinge a gentil vendedora de bilhetes, branca de pó, saltitante e perfumada, sorridente e coberta daqueles mesmos adornos em que há flores estapafúrdias, buraquinhos, palmas e lagartixas.

Conhecem-na? Se a conhecem! Quem há que não tenha sido vítima daquelas pequeninas garras cor-de-rosa, brunidas, lustradas, pontiagudas? ... É ela que entra nas comissões que passam ingressos de teatros, que arranjam prendas para leilões, espórtulas para festas.

É terrível!

Como ela só conhecemos a mulher que pede esmolas para santos.

Mas não confundamos. A mulher dos santos é diferente, sob muitos aspectos. Aproveitá-la-emos para assunto de outra crônica, que isto se vai tornando longo, e o leitor já deixou escapar alguns bocejos pouco lisonjeiros para o

J. Calisto
In *O Índio* — Palmeira dos Indios, AL, março de 1921

VIII

A mulher que pede esmolas para santos é, ordinariamente, velha. Roupas fartas, humor atrabiliário, uma expressão de dignidade imensa, não raro um molho de cabelos e uma verruga na venta.

Anda pelas ruas, pelas feiras e pelas estradas, penetra familiarmente o interior das casas, conhece remédios que, com a ajuda de Deus, não têm rival em substância, sabe histórias, casos para contar a propósito de tudo, cura de quebranto, dor de cadeiras, espinhela caída, com benzeduras e rezas. Tem orações para todas as moléstias.

Arroga-se uma grande importância, emprestada pelas figuras de barro, de madeira, de gesso, de papel, que lhe povoam o oratório pequeno, pintado de amarelo, com duas sentinelas de cera à porta, espetadas em gargalos de garrafas.

Por aqui, por ali, anda às pressas, a explorar a superstição alheia, agarrada a uma caixa de pau ou de folha, que tem ao fundo uma estatueta grosseira ou uma litografia desbotada, entre flores de papel e de lata, sujas, poeirentas, torcidas, requeimadas ao sol.

É de ver a atitude impagável com que apresenta aquilo aos fiéis que a rodeiam. Respeitosos, de chapéu na mão, estes se chegam com gestos gravicômicos, chuchurreiam um beijo aos pés da imagem que ali está e, curvados, piedosos, depositam um níquel na sacola que se escancara a um lado.

É uma profissão rendosa.

Entre os múltiplos retratos de personagens celestes que lhe enchem o altar, a mulher que pede esmolas possui sempre um santo de resistência, espécie de oráculo da vizinhança, hábil e conhecido fazedor de milagres, com uma grande autoridade que lhe dá a velhice. Muitas vezes vem de outras gerações, pertenceu a uma avó ou bisavó da proprietária atual, que também explorava a indústria santeira, com algum êxito; já naqueles tempos remotos se revelava um razoável milagreiro. Com os anos, naturalmente, cresce-lhe a virtude. Contam-se fatos a respeito dele, citam-se exemplos, que são espelhos, dizem. É a ele que, naquelas redondezas, se recorre em caso de necessidade. Fazem-lhe oferendas, compram-se os seus favores com laços de fita, toalhas bordadas, velas de sebo, dinheiro. As promessas cumprem-se, que ele quase nunca deixa de tomar em consideração a súplica dos crentes. Dor de dentes, engasgos, reumatismo, abscessos, feridas, torcicolos, mal de empalamados, doenças de olhos, dentições complicadas, tudo é motivo para importações ao orago e consequente paga à criatura que dele vive.

O santo recebe ex-votos dos fiéis curados — muletas abandonadas, cabeças de barro, pernas, braços, seios, outros órgãos. Isto, porém, oferece-se de preferência, por não ter valor nenhum, à santa cruz de beira de estrada, também milagrenta, sempre enfeitada de ramos e de flores, erguida num chão muito limpo, varrido à vassourinha.

A mulher que pede esmolas faz festas com uma parte do dinheiro arrecadado. São novenas em que se cantam coisas terríveis, numa língua atrapalhada e esquisita, benditos medonhos. No terreiro da casa, botequins de folhagem, onde se vendem doces e cachaças. A zabumba a atroar, acompanhando a irritante música dos pífaros. O foguetório estalando no ar. E o povaréu agrupado em torno da mesa do leilão: onde se erguem montanhas de frutos, pencas de ovos pintados, bolos, guloseimas, trabalhos de paciência, como a clássica e ingênua caixinha de segredo, enfeitada de papel de cor e cheia de castanhas assadas. Embaixo, o guinchar de bacorinhos amarrados, de mistura com galinhas, patos e outros bichos.

É aí que a mulher que pede esmolas para santos encontra uma de suas principais fontes de receita. Aquilo deixa muito. Olá se deixa! E reproduz-se com frequência, porque, além dos trabalhos do mês mariano, que rendem bastante, ela festeja o S. Sebastião em janeiro, S. José em março, o divino Espírito Santo em maio, Santo Antônio, S. Pedro e S. João em junho, S. Francisco em outubro, Nossa Senhora da Conceição e Santa Luzia em dezembro, além de outros menores.

É uma profissão recomendável nestes tempos de crise, quando tudo está em apuros, o comércio meio escangalhado, a lavoura quase morta.

Muito rendoso meio de vida.

É só arranjar uma caixa, um oratório, meia dúzia de estampas e uma verruga no nariz, coisa que dá certo respeito e importância a uma pessoa que deseje dedicar-se à prática da exploração do carolismo.

J. Calisto
In *O Índio* — Palmeira dos Índios, AL, março de 1921

IX

Semana santa. Tempo de vestidos escuros, de escapulários vermelhos, de cataduras sombrias. Enchem-se as ruas de vultos negros, macambúzios, solitários, aos grupos, que lá vão chorar algumas horas o drama da Paixão. Há em tudo uma expressão de tristeza muito característica. Sente-se um cheiro esquisito, que vem das roupas desenterradas do fundo de arcas antigas, odor indeterminado, complicada combinação de mofo, cânfora, naftalina e rapé. Macróbios soturnos passam, trôpegos, trêmulos, na morna calma das tardes abrasadoras. A voz dos sinos emudeceu. Ao grito áspero e irritante da matraca, sombras acorrem, pesarosas, compungidas, a vista baixa, o rosário entre os dedos, como convém a criaturas que sabem sofrer quando o tempo é de pranto. Procissões vagarosas desfilam, lúgubres, envoltas na poeira tênue que o sol doira. Dentre o negror pesado dos trajes avultam as manchas rubras das opas. As imagens, no altar, cobriram-se de crepe. As naves dos templos enchem-se, esvaziam-se, num vaivém contínuo. À luz oscilante dos círios, surgem rostos bisonhos, meio velados, em que se estampa não sei quê de funesto. Num doce rumor, ouve-se o ciciar de preces apressadas. Por vezes as ruas estão ermas, lôbregas, num silêncio que aflige. Cerraram-se as portas. Dir-se-ia que a vida desertara a cidade.

Aí está a semana santa externa.

Olhemo-la internamente.

É a época das indigestões. Não se espantem. É durante a quaresma que mais se come. E com razão — a quaresma é tempo de jejum.

Sabem os senhores hereges, que nunca fizeram penitência, a terrível coisa que é o jejum? Não sabem.

Pois eu digo. Levanta-se uma alma piedosa pela manhã, executa uma razoável quantidade de rezas, limpa os dentes, se tem este costume, lava os olhos, senta-se à mesa e ingere uma certa porção de café, uma porção regular, pois isto de jejuar sem café está banido, que ninguém é de ferro.

Às onze horas o penitente almoça um quilo de bacalhau, três pratos de arroz com feijão, uma travessa de folhas de bredo, algumas dezenas de bananas, mangas e outras frutas, café e... só. Alguns engolem também uma traíra do açude, mas isto não é obrigatório. Mesmo sem ela, fica-se bem jejuado.

Devora-se tudo com fé. Para que a cerimônia tenha valor é preciso haver uma firme intenção no ânimo de quem a pratica.

Depois do almoço, que finda às duas horas da tarde, dorme-se. Enquanto se ronca, proibição completa de mastigar qualquer coisa.

Às sete da noite, acorda-se e ceia-se. A ceia, em qualidade e quantidade é igual ao almoço. Come-se tudo, menos os pratos, que são de louça e necessários se tornam para o serviço do dia seguinte. Faz-se o sacrifício de não jantar, por dois motivos: primeiro porque o jantar quebra o jejum; segundo porque seria difícil encontrar onde colocá-lo.

Dura coisa é o jejum. Quem nunca o experimentou pensa, talvez, que ele seja fácil.

Engano. Não é todo estômago devoto que resiste impunemente a quatro pratadas de feijão com coco e uma banda de curimã assada. Nem toda alma crente tem capacidade para ingerir uma ingente bacalhauzada gordurosa com meio quilograma de cebolas e profusas rodelas de batatas.

Antigamente, nos bons tempos de ascetismo, era possível a um cidadão dispéptico penitenciar-se, moderadamente, sem esforço apreciável, com um copo d'água e um pão. Vão obrigar uma criatura assim a deglutir uma peixada de escabeche e meio cento de laranjas! É morte certa ou, pelo menos, um estrago geral nos intestinos.

"A carne é fraca." É dos evangelhos. Pelo menos foi o que me disseram, e eu não tenho motivo para duvidar. Ora, é inegável que o estômago seja feito de carne. Como exigir, pois, da fraqueza deste pobre órgão, elasticidade bastante para transformar numa jiboia o mísero bípede religioso que nós somos?

É muito! Não se morre por passar um dia sem comer. Pode-se muito bem rebentar comendo, rezando e dormindo doze horas consecutivas.

O prefeito de Cork esteve quase três meses sem alimentar-se, e estirou a canela no dia em que o obrigaram a tomar uma colher de extrato de carne. Donde eu concluo que foi o alimento que o matou e não a abstinência absoluta de comidas em que viveu durante quase um trimestre.

Ora, se uma simples colherada de inofensivo líquido que se encerra no bojo exíguo de um frasco pode matar um homem, conforme o grau de enfraquecimento em que ele tenha o organismo, que pensar da feijoada titânica, da vasta macarronada oleosa, dos monumentos de verdura, das tentadoras pirâmides de frutos que se oferecem à gula quaresmal dos fiéis!

Comparem um devoto de hoje, repleto, empanzinado, a arfar, a arrotar, ao crente antigo, que fugindo às vaidades do mundo, às tentações femíneas, à maldade dos homens, penetrava os desertos asiáticos e lá se deixava ficar anos e anos, bebendo a água dos regatos e roendo raízes. Qual dos dois se sacrifica mais?

Evidentemente, o primeiro. O eremita, todo espírito, entregue aos arroubos místicos, esquecia por completo os acepipes com que se delicia o cristão atual, guloso, com os olhos no altar e as mãos na caçarola.

O primeiro tinha necessidades muito reduzidas e limitava-se a satisfazê-las. O segundo não tem precisão de empanturrar-se e empanturra-se.

O primeiro vivia um século. O segundo arrisca-se a apanhar um estupor e rebentar antes do tempo.

Demais o anacoreta, dado à vida contemplativa, pouco ou nada trabalhava. Quando chegava a um grau de perfeição que nós, leitor, provavelmente não atingiremos nunca, a escassa alimentação que tomava vinha-lhe do céu, por intermédio de um mensageiro em forma de pássaro, que a trazia no bico. Ao crente moderno não sucede o mesmo. Milagres assim já se não fazem. Tem ele que recorrer ao vendeiro, ao padeiro, ao hortelão e, depois de uma penitência de substância, ao farmacêutico.

O místico aperfeiçoava o espírito na solidão e ainda em vida participava da graça celeste. O beato contemporâneo faz despesas, estraga a saúde e não aperfeiçoa coisa nenhuma.

Pelo que aqui fica, creio haver demonstrado que o jejum em que nada se come é mais fácil de executar que o jejum em que se come tudo. Pode ser que eu esteja em erro. Minha opinião, no assunto, tem um valor muito relativo. Penso, entretanto, haver dito muitas verdades.

E se o leitor duvida, faça como o patriota irlandês — fique dois meses e meio sem comer. Depois, se não tiver morrido, veja se lhe é possível passar igual tempo a comer sem parar.

J. Calisto
In *O Índio* — Palmeira dos Índios, AL, abril de 1921

X

Recebi pelo penúltimo correio um vasto aranzel de considerações a respeito das linhas que nesta coluna foram publicadas por ocasião da sessão do júri.

Não me foi possível saber com segurança de onde me veio a correspondência, mas tenho alguns indícios para supor que ela procede do Tabuleiro do Pinto.

Refere-se o missivista, que me não dá a honra de declarar seu verdadeiro nome, a uma carta aqui estampada, na qual certo juiz de fato oferecia seu voto a um cavalheiro de influência, mediante prévio ajuste. Pensa o bravo desconhecido que se me dirige, modestamente oculto à sombra de uma vaga inicial, que aquele maldito papel, vindo à publicidade por meu intermédio, é um documento imoral, capaz de trazer aos mais pacíficos cidadãos desta amável terra um poderoso estímulo para se tornarem criminosos.

Fico muito agradecido a quem julgando-me bastante forte para assim influir sobre a índole de meus compatriotas, deu às regras que aqui vieram à luz um valor que eu estava longe de ambicionar para elas. Agradeço-lhe também ter-me advertido, perspicaz e generoso, atirando-me de chofre verdades tão vivas que deixam literalmente ofuscados meus pobres olhos de rabiscador toupeira. Os argumentos de que o versado homem lança mão para demonstrar o que assevera são tão sólidos que eu tomo a resolução de me declarar antes de mais nada positivamente escangalhado. Não é necessário voltar a escrever-me segunda vez, a menos que não queira abusar de sua força com o propósito de reduzir-me a pó.

Declaro-me, com medo de nova investida, redondamente vencido e convencido para todos os efeitos. E se aqui exponho as razões que o meu desproporcionado antagonista superiormente joga contra as desgraçadas linhas que inconsideradamente rabisquei, é que desejo penitenciar-me declarando com honestidade ao público que sou um jumento.

Meu adversário admite que as grossas pinceladas atiradas à toa sobre o retrato que pretendi fazer do jurado não foram perdidas. Há alguma verdade ali. Mas por isso mesmo que aquilo não é mentira, fiz mal em ter escrito semelhante coisa, porque nem todos os julgadores são venais. Ora, havendo eu afirmado que alguns o são, estou indiretamente levando os bons ao mau caminho, fornecendo-lhes a apreciável noção de que um veredicto favorável pode ser vendido por bom preço.

Acho perfeitamente justo o receio de meu prudente contraditor. Sendo a honradez coisa frágil e sobremaneira escassa, pensa ele — e pensa muito bem — que o fato de saber que existem patifes — e isto é uma grande novidade, uma revelação assombrosa! — levará os homens descuidadosamente honrados a arrepiar carreira e enveredar suavemente pelo caminho da tratantada.

— Quê! dirão eles com muita naturalidade. Então é certo que há velhacos no mundo? Nós não sabíamos. Se há velhacos, é claro que nos não resignamos idiotamente a ser sérios. Sejamos safados também. É justo.

Não há nada mais lógico.

Imaginem o desgosto que sinto em haver estupidamente levado àquelas almas cândidas o pensamento funesto de que este desgraçado orbe não é habitado pelas criaturas celestes que nosso pai Jeová teve a louvável intenção de mandar para cá, mas que, lamentáveis sucessos transformaram nas misérias ambulantes que por aqui se arrastam. Meu arrependimento é grande. Eu devia ter pintado um juiz de fato de olhos azuis, de cabelos loiros, e encaracolados, vestido de anjo. Quem me lesse ficaria pensando que isto é o paraíso e, naturalmente, por imitação, penduraria às costas umas asas de trapo, amarradas a barbante, e colocaria à cabeça uma rodela de papelão coberta de lata.

Era o que eu devia ter feito. Infelizmente, sou um desastrado. Não haverá mais justiça nesta terra, porque eu cometi a imprudência de afirmar que há bandalhos entre os indivíduos que o Romão Bispo recruta.

Outro argumento que o missivista arremessa por cima de mim, inutilizando toda e qualquer resistência que eu acaso ouse tentar, é o seguinte: os réus, confiando na inocuidade do júri, entrarão desassombrados a trilhar o caminho do crime, inteiramente à vontade, como se transgredir a lei fosse a coisa mais natural deste mundo. Aqueles inocentes bandidos, que ainda não haviam observado semelhante coisa, ficam agora avisados, e os crimes se multiplicarão como se multiplicavam os pães do milagre bíblico.

E fui eu, desazado e leviano, que lhes fui levar a terrível convicção de que matar, roubar, desonrar são coisas perfeitamente normais! Dentro de minha confusão, sinto um remorso tremendo por haver garatujado aquela infame prosa. Eu, homem pacato e constitucional, emaranhar-me numa aventura assim, isto só a mim acontece. Despertar com a consciência tranquila e, à hora do correio, encontrar-me subitamente servindo de alvo a acusações tão graves, eu, criatura pacífica que nunca matei uma pulga porque tenho escrúpulo de derramar sangue humano!

Vou ser, mais ou menos, o responsável por todas as perturbações da ordem que de hoje em diante por aqui aparecerem, pois ninguém sabia que há entre nós uma impunidade absoluta, e eu tive a estupidez de fazer tão importante declaração aos senhores interessados.

A terceira arguição que o meu adversário lança contra mim é ainda mais pesada e maciça que as duas anteriores. Diz ele que procurei justificar os crimes, porque pus na boca do jurado aquelas extraordinárias palavras que se encontram no escrito em questão.

Desejaria defender-me, mas não o faço, com receio de que o ponderado homem do Tabuleiro do Pinto volte a arrasar as últimas frações deste pobre cérebro, de que arranco as linhas desenxabidas aqui enfileiradas a medo.

Explicar-me-ia, entretanto, se ele me prometesse, sob palavra de honra, não insistir em triturar-me com o peso de outro envelope como o que recebi. Dir-lhe-ia que nunca entrei em nenhum conselho de sentença, graças a Deus, e que, portanto, não posso razoavelmente responsabilizar-me pelas boas ou más ações dos beneméritos representantes da sociedade que ali figuram.

Acha aquelas ideias idiotas? Eu também as acho, francamente.

O missivista julgou-me capaz de admitir que se possa matar metade de um homem?

Não discutamos.

Quer-me parecer que houve um lamentável equívoco. Meu contendor confundiu o objeto da crônica com o autor dela. O objeto era o jurado; o autor, este seu criado que aqui está. Eu não sou ele. Logo, ele não pode ser eu. Isto me parece muito fácil de compreender. Somos duas pessoas distintas e duas pessoas verdadeiras, sem mistério nenhum.

O homem do Tabuleiro do Pinto acreditou que eu tivesse dúvida sobre se o defunto era o que estava no cemitério ou o que o senhor comissário de polícia meteu na cadeia... Acreditou, confesse...

Então tenha a bondade de desculpar-me eu estar gastando papel, tinta e paciência. Dou-lhe toda a razão. O missivista tem uma penetração admirável e raciocina com uma lógica que dá vertigens a quem o lê. Estou assombrado.

Sou um homem solenemente arrependido, pronto a fazer duras penitências para purificar-me do pecado em que escorreguei escrevendo aquela mal-aventurada crônica.

J. Calisto

In *O Índio* — Palmeira dos Índios, AL, abril de 1921

XI

Pensa-se em introduzir o futebol, nesta terra.

É uma lembrança que, certamente, será bem recebida pelo público, que, de ordinário, adora as novidades. Vai ser, por algum tempo, a mania, a maluqueira, a ideia fixa de muita gente. Com exceção, talvez, de um ou outro tísico, completamente impossibilitado de aplicar o mais insignificante pontapé a uma bola de borracha, vai haver por aí uma excitação, um furor dos demônios, um entusiasmo de fogo de palha capaz de durar bem um mês.

Pois quê! A cultura física é coisa que está entre nós inteiramente descurada. Temos esportes, alguns propriamente nossos, batizados patrioticamente com bons nomes em língua de preto, de cunho regional, mas por desgraça estão abandonados pela débil mocidade de hoje. Além da inócua brincadeira de jogar sapatadas e de alguns cascudos e safanões sem valor que, de boa vontade, permutamos uns com os outros, quando somos crianças, não temos nenhum exercício. Somos, em geral, franzinos, mirrados, fraquinhos, de uma pobreza de músculos lastimável.

A parte de nosso organismo que mais se desenvolve é a orelha, graças aos puxões maternos, mas não está provado que isto seja um desenvolvimento de utilidade. Para que serve ser a gente orelhuda? O burro também possui consideráveis apêndices auriculares, o que não impede que o considerem, injustamente, o mais estúpido dos bichos.

Muito melhor é ser-se dono de um braço capaz de rebentar um contendor, se ele é fraco, ou de uma perna suficientemente ágil para fugir, numa velocidade de léguas por minuto, se o inimigo é forte.

Ora, no estado em que nos encontramos, não só não temos energia para atacar ninguém, mas falta-nos até o vigor necessário para recuar. O que é comum é conservar-se um pobre diabo num lamentável estado de inércia, a sofrer tormentos com resignação, coragem, se quiserem, mas coragem negativa, que muitas vezes não é mais que inaptidão para evitar o perigo.

Fisicamente falando, somos uma verdadeira miséria. Moles, bambos, murchos, tristes — uma lástima! Pálpebras caídas, beiços caídos, braços caídos, um caimento generalizado que faz de nós o ser desengonçado, bisonho, indolente, com ar de quem repete, desenxabido e encolhido, a frase pulha que se tornou popular: "Me deixa..."

Precisamos fortalecer a carne, que a inação tornou flácida, os nervos, que excitantes estragaram, os ossos, que o mercúrio escangalhou.

Consolidar o cérebro é bom, embora isto seja um órgão a que, de ordinário, não temos necessidade de recorrer. Consolidar o muque é ótimo.

Convencer um adversário com argumentos de substância não é mau. Poder convencê-lo com um grosso punho cerrado diante do nariz, cabeludo e ameaçador, é magnífico.

O direito é bonito. E é só o que é, segundo penso. Mas a força é útil.

A paz de Santo Wilson, apóstolo decadente e mártir risonho, abriu falência. Venceu a paz francesa, de mandíbulas agressivas, e caninos à mostra, pronta a estracinhar a terra germânica.

Se voltarmos o olhar para baixo, para o microcosmo social em que vivemos, é o mesmo fenômeno. A razão está sempre ao lado de quem tem rijeza.

Ora, entre nós é extremamente difícil encontrar um homem forte. Somos um povo derreado. Topamos a cada passo seres volumosos, mas raramente se nos depara uma criatura sã, robusta. O que anda em redor de nós é gente que tropeça, gente que corcova, gente que arfa ao peso da barriga cheia de unto. É andar um quilômetro a pé e ficar deitando a alma pela boca.

Para chegar ao soberbo resultado de transformar a banha em fibra, aí vem o futebol.

Mas por que o futebol?

Não seria, porventura, melhor exercitar-se a mocidade em jogos nacionais, sem mescla de estrangeirismo, o murro, o cacete, a faca de ponta, por exemplo?

Não é que me repugne a introdução de coisas exóticas entre nós. Mas gosto de indagar se elas serão assimiláveis ou não.

No caso afirmativo, seja muito bem-vinda a instituição alheia, fecundemo-la, arranjemos nela um filho híbrido que possa viver cá em casa. De outro modo, resignemo-nos às broncas tradições dos sertanejos e dos matutos. Ora, parece-me que o futebol não se adapta a estas boas paragens do cangaço. É roupa de empréstimo, que não nos serve.

Para que um costume intruso possa estabelecer-se definitivamente em um país, é necessário não só que se harmonize com a índole do povo que o vai receber, mas que o lugar a ocupar não esteja tomado por outro mais antigo, de cunho indígena. É preciso, pois, que vá preencher uma lacuna, como diz o chavão.

O do futebol não preenche coisa nenhuma, pois já temos a muito conhecida bola de palha de milho, que nossos amadores mambembes jogam com uma perícia que deixaria o mais experimentado *sportman* britânico de queixo caído.

Os campeões brasileiros não teriam feito a figura triste que fizeram em Antuérpia se a bola figurasse nos programas das Olimpíadas e estivessem a disputá-la quatro sujeitos de pulso. Apenas um representante nosso conseguiu ali distinguir-se, no tiro de revólver, o que é pouco lisonjeiro para a vaidade de um país em que se fala tanto. Aqui seria muito mais fácil o indivíduo salientar-se no tiro de espingarda umbiguda, emboscado atrás de um pau.

Temos esportes em quantidade. Para que metermos o bedelho em coisas estrangeiras?

O futebol não pega, tenham a certeza. Não vale o argumento de que ele tem ganho terreno nas capitais de importância. Não confundamos.

As grandes cidades estão no litoral; isto aqui é diferente, é sertão.

As cidades regurgitam de gente de outras raças ou que pretende ser de outras raças; nós somos mais ou menos botocudos, com laivos de sangue cabinda e galego.

Nas cidades os viciados elegantes absorvem o ópio, a cocaína, a morfina; por aqui há pessoas que ainda fumam liamba.

Nas cidades assiste-se, cochilando, à representação de peças que poucos entendem, mas que todos aplaudem, ao sinal da claque; entre nós há criaturas que nunca viram um gringo.

Nas cidades há o maxixe, o tango, o foxtrote, o *one-step* e outras danças de nomes atrapalhados; nós ainda dançamos o samba.

Estrangeirices não entram facilmente na terra do espinho. O futebol, o boxe, o turfe, nada pega.

Desenvolvam os músculos, rapazes, ganhem força, desempenem a coluna vertebral. Mas não é necessário ir longe, em procura de esquisitices que têm nomes que vocês nem sabem pronunciar.

Reabilitem os esportes regionais, que aí estão abandonados: o porrete, o cachação, a queda de braço, a corrida a pé, tão útil a um cidadão que se dedica ao arriscado ofício de furtar galinhas, a pega de bois, o salto, a cavalhada, e, melhor que tudo, o camba-pé, a rasteira.

A rasteira! Este, sim, é o esporte nacional por excelência!

Todos nós vivemos mais ou menos a atirar rasteira uns nos outros. Logo na aula primária habituamo-nos a apelar para as pernas quando nos falta a confiança no cérebro — e a rasteira nos salva. Na vida prática, é claro que aumenta a natural tendência que possuímos para nos utilizarmos eficientemente da canela. No comércio, na indústria, nas letras e nas artes, no jornalismo, no teatro, nas cavações, a rasteira triunfa.

Cultivem a rasteira, amigos!

E se algum de vocês tiver vocação para a política, então sim, é a certeza plena de vencer com o auxílio dela. É aí que ela culmina. Não há político que a não pratique. Desde s. ex^a o senhor presidente da república até o mais pançudo e beócio coronel da roça, desses que usam sapatos de trança, bochechas moles e espadagão da Guarda Nacional, todos os salvadores da pátria têm a habilidade de arrastar o pé no momento oportuno.

Muito útil, sim senhor.

Dediquem-se à rasteira, rapazes.

J. Calisto
In *O Índio* — Palmeira dos Índios, AL, abril de 1921

XII

Um velho amigo, que tentou sem resultado mascarar-se com o extravagante pseudônimo de Lobisomem, enviou-me uma carta a pedir que lhe dissesse alguma coisa a respeito de certo casamento maximalista efetuado no Rio.

Declaro-me ao missivista, antes de começar, muito agradecido e muito espantado por haver uma criatura da estranha espécie a que ele diz pertencer tomado interesse pela insulsa prosa que nesta coluna se estampa.

Entre enleado e lisonjeado, aqui lhe mando a opinião que tenho — se não tivesse nenhuma, não haveria nada a perder — sobre o fato em questão.

Hesito um pouco em dar crédito à notícia.

O meu caro amigo Lobisomem deve estar lembrado de que, há coisa de dois para três anos, telegramas da Europa nos trouxeram esta assombrosa novidade — na Rússia, as mulheres eram consideradas bem público, podendo ser requisitadas por qualquer cidadão que delas necessitasse.

Era uma revelação que dava engulhos. Um carvoeiro sentia comichões de contrair matrimônio e, sem mais aquela, fazia requisição de uma duquesa. Infantilidade evidente, absurdo fácil de descobrir a quem acompanhasse com cuidado os carapetões telegráficos que a Inglaterra nos impingiu durante a guerra.

Entretanto, s. ex.ª o senhor presidente da república, que naquele tempo não era ainda o grande fazedor de açudes e que em boa hora nos governa, aludiu ao fato como coisa verídica, em documento oficial, mensagem ao congresso, se me não falha a memória. De onde se conclui que as circunvoluções cerebrais de um chefe de estado não são feitas de substância diversa da que se encontra no crânio de qualquer sujeito que lê jornais e acredita ingenuamente no que lhe dizem.

Julgo prudente, pois, não ter uma confiança exagerada nas folhas.

É verdade que a capital federal e Petrogrado são coisas muito diferentes. A Laje sempre fica mais perto de nós que a fortaleza de Krasnayagorka. Mas tanto se pode mentir lá como aqui. Apenas a mentira vinda de longe tem mais probabilidade de ampliar-se, engrossar.

Consideremos, entretanto, o fato verdadeiro. Um partidário das teorias subversivas de Lenine e Trotsky, meetingueiro com certeza, colocador provável de bombas às portas das padarias, um desses homens vermelhos que tiram o sono do senhor Germiniano da Franca, procurou uma companheira que professasse como ele o credo rubro e jurou ligar-se a ela pelos "laços indissolúveis do amor".

A frase é reles, clichê perfeito, chavão repetido mil vezes em versinhos alambicados de poetas de meia-tigela.

Foi um casamento perfeitamente burguês, como muito bem compreendeu o meu velho amigo Lobisomem. A mesma solenidade, a complicação de um cerimonial em que aparecem as inevitáveis testemunhas, em suma o que já possuímos, com ligeiras modificações, talvez. Houve promessa escrita de ligação ilimitada, como consta da ata que se lavrou. Fica excluída, portanto, a liberdade que qualquer das partes deveria ter para acabar com aquilo quando achasse conveniente.

Julgo que, se o matrimônio bolchevista é semelhante ao que no Brasil se fez, não há na Rússia dos sovietes o amor livre.

Lobisomem sabe muito bem que essas revoluções violentas, que ameaçam virar a sociedade pelo avesso, arrasando tudo, conservam, não raro, muitas coisas tal qual estavam, mudando-lhes apenas o rótulo, para enganar a gente incauta. Imagine a desilusão que um daqueles exaltados patriotas da revolução francesa sentiria hoje se lhe fosse possível ver o que é a república atual, com uma chusma de preconceitos e privilégios de antanho, as mesmas desigualdades de classes dentro da famosa igualdade hipócrita, a nobreza orgulhosa substituída pela insolência da plutocracia.

Há instituições que têm fôlego de sete gatos. O casamento, como entre nós existe, é uma delas, que subsistirá, talvez, malgrado a sanha demolidora dos homens dos conselhos.

Ora o compromisso de ligação sem termo é interessante em um desses barbudos carbonários que tem o muito louvável propósito de transformar a desgraçada ordem social em vigência com estouros de dinamite. O amor é tão indissolúvel como o açúcar dos engenhos de banguê e a nacionalíssima rapadura. Comprometer-se um indivíduo a conservá-lo em permanente estado de indissolubilidade é idiota, porque enfim quem o sente não pode prever quanto tempo ele levará para derreter-se. E sendo assim, por que há de um pobre-diabo ficar preso a um trambolho a amargurar-lhe o resto da vida?

Meu bom amigo Lobisomem conhece bem os argumentos dos adeptos do amor livre. Não se promete uma união que acabe com a morte, mas entremostra-se a hipótese de a tornar mais firme e duradoura que os casamentos comuns, pois cada um dos cônjuges, sabendo que a cadeia que os une é coisa frágil, tratará de consolidá-la, prendendo o outro por todos os meios possíveis. Desaparecerão, ou pelo menos diminuirão, as arrelias conjugais, o que é magnífico. Se, contra toda a expectativa, não puderem andar de acordo, desmancha-se aquilo muito naturalmente, não só em proveito dos dois, mas em benefício da espécie, pois não havendo afinidade entre os pais, é muito provável que sejam gerados filhos imperfeitos. Há, pois, a possibilidade de começar-se a praticar a eugenia, que o doutor Belisário Pena anda a pregar na imprensa. Resta ainda a vantagem de se não poder atirar a outro, como injúria, o epíteto de filho de mulher ruim, o que será uma consolação para muita gente.

De resto os casamentos legais desfazem-se com uma frequência dos diabos, apesar das formalidades, e não creio que os que se não desfazem permaneçam intactos em virtude do palavreado do juiz ou do padre. Ignoro se há alguma lei que obrigue o homem a transformar-se em ostra em relação à esposa ou meta entre as grades a mulher que dá com os burros n'água e manda o marido às favas.

Contam que um sujeito esteve vinte anos atolado numa união pecaminosa, civil e religiosamente falando. Um dia encasquetou-se-lhe a ideia de casar com a amante. Ao voltar da igreja, observou que ela era vesga — e deixou-a.

Aí tem o meu caro senhor Lobisomem as rápidas considerações que me sugeriu sua carta a propósito do primeiro casamento maximalista que em brasílicas terras se realizou.

Pergunta-me se o não acho parecido aos que se efetuam nas circunvizinhanças do Largo do Rocio.

Não: é muito diferente. Os das ruas de S. Jorge, Vasco da Gama, Luís de Camões, Tobias Barreto e outras em que se aloja o rebotalho da prostituição são muito mais sumários e extremamente baratos.

Julgo-o, pelo contrário, semelhante aos que nos passam todos os dias diante dos olhos, de uma banalidade lamentável.

E é o que espanta.

Um homem que tem o intuito de rachar a burguesia d'alto a baixo copiar servilmente a mais burguesa das instituições!...

Ora aí está por que hesito em dar crédito à notícia e, por precaução, ponho o caso de molho até que ele seja confirmado.

J. Calisto
In <i>O Índio</i> — Palmeira dos Índios, AL, abril de 1921

SEGUNDA PARTE

Álvaro Paes

caráter do governador Álvaro Paes...
Não, não nos referimos ao governador, falamos do homem.

Está visto que o caráter de uma pessoa aparece antes que ela se meta em política.

Este artigo vai, pois, sem excelências e sem adjetivos. Ninguém nasce com adjetivos. Eles nos são aplicados quando crescemos, por amigos e por inimigos, quase sempre sem nenhum discernimento. Vamos recomeçar.

Há no caráter de Álvaro Paes muita bondade e muita paciência, uma extrema paciência, uma bondade excessiva, que se derrama sobre os indivíduos que o rodeiam, graúdos e miúdos. Conversamos com ele meia hora — e notamos, espantados, que aquilo é contagioso, que as nossas pequeninas perversidades, naturais em quem não é santo, se vão embotando. Simples, modesto, Álvaro

Paes é de uma delicadeza que tem sido, não raro, mal interpretada.

Vendo-o acessível e brando, com um sorriso que põe em relevo a insolência e a grosseria de cabotinos improvisados, observadores de argúcia contestável julgaram-no demasiado tolerante e condescendente. Enganaram-se. Há por aí uns psicólogos de meia-tigela, criaturas variáveis que à primeira garrafa de cerveja sustentam uma opinião, à segunda sustentam outra, não sustentam nenhuma à terceira.

Generoso como é, Álvaro Paes tem prestado a Alagoas serviços que não prestaria se andasse de capacete e lança, vendo nas prefeituras do interior moinhos para desmantelar. Não desmantelou os moinhos. Aproveitou-os e, com habilidade sutil, convenceu-os de que eles eram excelentes máquinas, quando na realidade era ele que os impulsionava. E os moinhos entraram a bracejar com vigor, e cada um deles ficou certo de ser o melhor moinho do Estado. Uma convicção proveitosa, vaidade se quiserem, mas vaidade que aumenta a produção, abre estradas magníficas, povoa regiões desertas.

Essa benevolência de Álvaro Paes pode ser considerada uma espécie de arapuca.

Ninguém ignora que ele é de uma tenacidade que chega às raias da teimosia. Tentou fazer que os municípios acordassem do marasmo em que viviam e esforçou-se por demonstrar que jardins bem arranjados e palanques para bandas de música não rendem nada. Qual! Os habitantes das cidades não pensavam nas aldeias, desconheciam os campos, e essa coisa de estradas era uma novidade temerosa.

Álvaro Paes transformou-se num infatigável caixeiro-viajante. E, com pertinácia admirável, andou e anda a semear ideias novas, ideias que tem desenvolvido e preconizado em artigos, em livros, em discursos, em palestras, em cartas, em telegramas, em mensagens, em confidências. Se encontra obstáculos, contemporiza, faz um rodeio, fala do papa, da chuva, do sr. Júlio Prestes; em seguida ataca o assunto por outro lado. Discute um ponto, transige, retoma o que cedeu, atordoa o matuto e deixa o resto para depois.

Após algumas investidas, os adversários mais obstinados se capacitam de que a humanidade foi posta no mundo exclusivamente para plantar mamona, pinha e fumo.

Às vezes Álvaro Paes encontra no sertão alguns sujeitos pedantes, abominavelmente sabidos, desses que aprendem o francês do Pereira e vivem a estropiá-lo, a torto e a direito, em leituras inúteis. Não se perturba. Fala em Anatole France, em Renan e na Grécia. Depois, com sagacidade, vai metendo na conversa, em doses adequadas às circunstâncias, agricultura, pecuária, bancos e açudes.

Um homem bom e de paciência rara.

Há pouco tempo, em trânsito por esses cafundós onde Judas perdeu as botas, saltou do automóvel e entrou num casebre que tinha por mobília dois tamboretes e uma esteira. Visitou as plantações e deu à família conselhos que levaram o dono da casa a oferecer-lhe, comovido, um tatu.

Aqui vai uma prova da bondade e da paciência de Álvaro Paes.

Ele ama o sertão, está convencido de que existem ali recursos imensos. E quer transmitir aos outros o entusiasmo que o anima. Por isso, quando viaja, acompanham-no alguns citadinos, ordinariamente literatos, a quem ele vai impingindo imoderados louvores à beleza e à riqueza da terra.

Com dois dias de sacolejos a oitenta quilômetros por hora, os companheiros, estrompados, apenas descerram os olhos e balbuciam, com animação dúbia, alguma frase chocha. Voltam, porém, mais rijos, capazes de suportar as fadigas da jornada que há de vir.

E aí fica demonstrado o que se disse no princípio deste artigo.

O romance de Jorge Amado

Há uma literatura antipática e insincera que só usa expressões corretas, só se ocupa de coisas agradáveis, não se molha em dias de inverno e por isso ignora que há pessoas que não podem comprar capas de borracha. Quando a chuva aparece, essa literatura fica em casa, bem aquecida, com as portas fechadas. E se é obrigada a sair, embrulha-se, enrola o pescoço e levanta os olhos, para não ver a lama nos sapatos. Acha que tudo está direito, que o Brasil é um mundo e que somos felizes. Está claro que ela não sabe em que consiste essa felicidade, mas contenta-se com afirmações e ufana-se do seu país. Foi ela que, em horas de amargura, receitou o sorriso como excelente remédio para a crise. Meteu a caneta nas mãos de poetas da Academia e compôs hinos patrióticos; brigou com os estrangeiros que disseram cobras e lagartos desta região abençoada; inspirou a estadistas discursos cheios de inflamações, e antigamente redigiu odes bastante ordinárias; tentou, na Revolução de 30, pagar a dívida externa com donativos de alfinetes para gravatas, botões, broches e moedas de prata. Essa literatura é exercida por cidadãos gordos, banqueiros, acionistas, comerciantes, proprietários, indivíduos que não acham que os outros tenham motivo para estar descontentes.

— Vai tudo muito bem — exclamam, como o papagaio do naufrágio.

Ora, não é verdade que tudo vá assim tão bem. Umas coisas vão admiravelmente, porque há literatos com ordenados razoáveis; outras vão mal, porque os vagabundos que dormem nos bancos dos passeios não são literatos nem capitalistas. Nos algodoais e nos canaviais no Nordeste, nas plantações de cacau e de café, nas cidadezinhas decadentes do interior, nas fábricas, nas casas de cômodos, nos prostíbulos, há milhões de criaturas que andam aperreadas.

Os srs. Jorge de Lima e Henrique Pongetti pensam de outra forma: o primeiro gosta da lama do sururu e da maleita; o segundo afirma que um agricultor se deita na rede, joga um punhado de sementes por cima da varanda e tem safra. Mas o sr. Jorge de Lima nunca apanhou sururu e conhece remédio para a maleita, que é médico. E o sr. Pongetti, se arrastasse a enxada no eito, de sol a sol, saberia que aquilo pesa e a terra é dura. Dizer que a nossa gente não tem vontade de trabalhar é brincadeira. Apesar dos vermes, da sífilis, da cachaça, da seca e de outros males, ela trabalha desesperadamente e vive, comendo da banda podre, está claro.

É natural que a literatura nova que por aí andam construindo se ocupe com ela. Sempre vale mais que descrever os lares felizes, que não existem, ou contar histórias sem pé nem cabeça, coisas bonitas, arrumadas em conformidade com as regras, como há tempo, quando um sujeito, sem nunca sair do Rio de Janeiro, imitava a algaravia de Lisboa e procurava assunto para obra de ficção do Egito e da Índia.

Os escritores atuais foram estudar o subúrbio, a fábrica, o engenho, a prisão da roça, o colégio do professor cambembe. Para isso resignaram-se a abandonar o asfalto e o café, viram de perto muita porcaria, tiveram a coragem de falar errado, como toda a gente, sem dicionário, sem gramática, sem manual de retórica. Ouviram gritos, pragas, palavrões, e meteram tudo nos livros que escreveram. Podiam ter mudado os gritos em suspiros, as pragas em orações. Podiam, mas acharam melhor pôr os pontos nos *ii*.

O sr. Jorge Amado é um desses escritores inimigos da convenção e da metáfora, desabusados, observadores atentos. Conheceu, há alguns anos, um casarão de três andares na Ladeira do Pelourinho, Bahia, e resolveu apresentar-nos os hóspedes que lá encontrou — vagabundos, ladrões, meretrizes, operários, crianças viciadas, agitadores, seres que se injuriavam em diversas línguas: árabes, judeus, italianos, espanhóis, pretos, retirantes do Ceará etc. Até bichos. Essa fauna heterogênea não se mostra por atacado na obra do romancista baiano: forma uma cadeia que principia no violinista que percorreu a França, a Alemanha, outros países, e acaba no rato que dorme junto à esteira de um mendigo.

O que liga os anéis da cadeia não é o trabalho, como o título do livro, *Suor*, poderia fazer-nos supor: é a miséria, a miséria completa, nojenta, esmolambada, sem nenhuma espécie de amparo. Todos os habitantes do prédio vivem na indigência ou aproximam-se dela. Sente-se, de fato, no livro o cheiro de suor, pois logo no começo surgem à porta alguns trabalhadores do cais do porto. Esses trabalhadores, porém, à exceção do preto Henrique, mexem-se pouco. Sentimos bem é um fedor de muitas coisas misturadas: lama, pus, cachaça, urina, roupa suja, sêmen — uma grande imundície apanhada com minudências excessivas.

O autor examinou de lápis na mão a casa de cômodos e muniu-se de anotações, tantas que reproduziu, com todos os erros, uma carta em que se agencia dinheiro para igreja, uma notícia de jornal, um recibo e um desses escritos extravagantes que as pessoas supersticiosas copiam, com receio de que lhes chegue desastre, e remetem a dez indivíduos das suas relações. Esse amor à verdade, às vezes prejudicial a um romancista, pois pode fazer-nos crer que lhe falta imaginação, dá a certas páginas de *Suor* um ar de reportagem.

A impressão esmorece logo: algumas linhas adiante vemos uma cena admirável em que os personagens saem do papel, movem-se naturalmente, falam, sobretudo falam. O sr. Jorge Amado arranjou diálogos excelentes. Há frases que resumem uma situação. "Sim. Eu sou professor. E no meu cargo..." O caráter de um tipo esboçado em oito palavras.

O livro do sr. Jorge Amado não é propriamente um romance, pelo menos romance como os que estamos habituados a ler. É uma série de pequenos quadros tendentes a mostrar o ódio que os ricos inspiram aos moradores da hospedaria. Essas criaturas passam rapidamente, mas vinte delas ficam gravadas na memória do leitor. Discutem, fuxicam, brigam, fazem confidências e dão *rendez-vous* no corrimão perigoso da escada. As expressões que atiram à classe média são ferozes. Uma prostituta fala de um coronel: "Sujo. Que monturo de homem."

Tudo natural quando os pobres se manifestam em palavrões de gíria, quase sempre numa linguagem obscena em excesso, nada literária, está visto, mas que tem curso na ladeira do Pelourinho e até em lugares de boa reputação. O autor falha, porém, nos pontos em que a revolta da sua gente deixa de ser instintiva e adota as fórmulas inculcadas pelos agitadores. As figuras de Álvaro Lima, do anarquista espanhol, do comunista judeu, não têm relevo, apesar de serem as mais trabalhadas. Quando elas aparecem, o livro torna-se quase campanudo, por causa das explicações, das definições, que dão aos três personagens um ar pedagógico e contrafeito. O preto Henrique, as moças do terceiro andar, o mendigo, os fregueses da bodega do Fernández, as meretrizes, exprimem-se ingenuamente. Chega um desses homens, traduz a fala em linguagem política, de cartaz — e sentimos um pouco mais ou menos o que experimentamos quando vemos letras explicativas por baixo de desenhos traçados a carvão nas paredes. Não nos parece que o autor, revolucionário, precisasse fazer mais que exibir a miséria e o descontentamento dos hóspedes do casarão. A obra não seria menos boa por isso.

O sr. Jorge Amado tem dito várias vezes que o romance moderno vai suprimir o personagem, matar o indivíduo. O que interessa é o grupo — uma cidade inteira, um colégio, uma fábrica, um engenho de açúcar. Se isso fosse verdade, os romancistas ficariam em grande atrapalhação. Toda a análise introspectiva desapareceria. A obra ganharia em superfície, perderia em profundidade.

Ora, em *Suor* há personagens, personagens pouco numerosos. Não percebemos ali o movimento das massas. Na casa do Pelourinho vivem seiscentos moradores, mas apenas travamos relações com alguns deles. Dão-se a conhecer em palestras animadas e os casos íntimos tomam grande importância. Às vezes as pessoas aparecem isoladas, uma tocando violino e chorando glórias perdidas, outra pensando em uma aldeia da Polônia. O sapateiro espanhol apresenta-se conversando com um gato, o homem dos braços cortados é amigo de uma cobra, o mendigo Cabaça entende-se com um rato. Sinal de misantropia. Em uma passagem, garotos, soldados, estudantes, martirizam Ricardo Bitencourt Viana, ótimo sujeito, que auxilia as viúvas e oferece bonecas às crianças. Depois de gritos, protestos, ameaças inúteis com o guarda-chuva quebrado, o homem fecha-se no quarto e vai arrumar ninharias na mala, só, feliz, esquecido da cambada que o atormentava. O autor sente necessidade de meter em casa os seus personagens: não se dão bem na rua. O que mais ressalta no livro são os caracteres individuais. Certas figuras estão admiravelmente lançadas, mas, quando entram na multidão, tornam-se inexpressivas. O que sentimos é a vida de cada um; desgraças miúdas, vícios, doenças, manias.

O sr. Jorge Amado embirra com os heróis. Acha, por isso, que, em *Suor* o personagem principal é o prédio. História. Não é muito difícil emprestar qualidades humanas a um gato, a uma cobra, a um rato. Já houve quem humanizasse até formigas. Com um imóvel a coisa é diferente. Dizer que ele "vive da vida dos que nele habitam" é jogo de palavras. Em *Suor* há um personagem de carne e osso muito mais importante que os outros; é Jorge Amado, que morou na ladeira do Pelourinho, 68 e lá conheceu Maria Cabassu e todos aqueles seres estragados que lhe forneceram material para um excelente romance.

17 de fevereiro de 1935

Porão

Essa história que Newton Freitas está publicando em jornal e certamente vai publicar em volume poderia ser um dramalhão reforçado, com muita metáfora e muito adjetivo comprido. O assunto daria para isso. E até julgo que pouca gente no Brasil resistiria à tentação de pregar ali uns enfeites vistosos, que agradariam com certeza os leitores bisonhos, mas estragariam a narrativa.

Não aconteceu semelhante desastre. Newton Freitas conta uma história pavorosa em linguagem simples. Alguns idiotas que admiram o palavreado ficarão surpreendidos, mas a gente sensata lerá o livro com interesse, achará nele a expressão justa que produz emoção e convence.

Digamos que não se trata de literatura. Esta palavra no mundo inteiro exprime qualquer coisa séria, mas aqui se acanalhou, desgraçadamente. *Porão* é muito boa literatura, mas, para não prejudicá-lo, convençamos o público de que é apenas reportagem. Sendo reportagem, está claro que não venho fazer crítica literária. Não venho. Não sou crítico, e o que desejo é trazer a Newton um depoimento. Dos indivíduos que escrevem neste país (se é vaidade, perdoem) sou um dos que podem atestar as misérias, as infâmias que aqui se praticaram em 1936.

Não há exagero nenhum na história que Newton Freitas nos conta. Ele até foi muito parcimonioso, não disse o que se passou na colônia correcional de Dois Rios, e isto dá livros, livros que poderão ser escritos por ele, por Chermont Filho, Aristóteles Moura, outros que lá viveram.

Não sei como essas pessoas foram mandadas para semelhante lugar. Um dia, na véspera da minha saída, vi um funcionário importante daquele monturo admirar-se por lhe remeterem indivíduos que escrevem. Esse funcionário tinha razão. Seria bom que Newton Freitas fosse analfabeto. Está claro que o governo não tem culpa de ele não ser analfabeto. Seria bom que fosse — e tudo se simplificaria. Mas não sendo, erraram mostrando-lhe certas inconveniências. Mostraram sem nenhuma cerimônia: o tratamento que dispensam aos malandros e aos vagabundos foi apresentado sem disfarce aos intelectuais, que durante um ano se confundiram com vagabundos e malandros, numa promiscuidade nunca vista por estas bandas.

Foi excelente, e todos devem estar satisfeitos. Sem essa aproximação, não conheceríamos nunca a verdadeira desgraça.

Andamos muito tempo fora da realidade, copiando coisas de outras terras. Felizmente nestes últimos anos começamos a abrir os olhos, mas certos aspectos da vida ficariam ignorados se a polícia não nos oferecesse inesperadamente o material mais precioso que poderíamos ambicionar.

Seria ótimo que todos os romancistas do Brasil tivessem passado uns meses na colônia correcional de Dois Rios, houvessem conhecido as figuras admiráveis de Cubano e Gaúcho. Podem tomar isto como perversidade. Não é. Eu acharia bom que os meus melhores amigos demorassem um pouco naquele barracão medonho. É verdade que eles sofreriam bastante, mas talvez isto minorasse outras dores complicadas que eles inventam. Existe ali uma razoável amostra do inferno — e, em contato com ela, o ficcionista ganharia.

Newton Freitas não é ficcionista. Fazendo reportagem, procura ser rigorosamente escrupuloso — e se algum pecado comete, é por tornar-se às vezes conciso demais. Isto leva-o a deixar na sombra coisas que, na situação em que ele se achava, eram vulgares, mas que aqui fora causariam espanto.

O autor só nos mostra a parte externa dos indivíduos. As suas personagens andam bem, falam, mexem-se. Notamos os seus movimentos e vemos onde elas pisam, mas não percebemos o interior delas. Estão atordoadas, evidentemente, não podem pensar direito, mas teria sido bom que os acontecimentos se apresentassem refletidos naqueles espíritos torturados. Seria preferível que, em vez de vermos um soldado empurrando brutalmente os presos por uma escada com o cano duma pistola, sentíssemos as reações que o soldado, a pistola e a escada provocaram na mente dos prisioneiros. Tendo da multidão que nos descreve uma visão puramente objetiva, Newton esgotou o assunto depressa e a narrativa saiu curta.

Talvez isto se explique por ele ter querido ser honesto demais. Como as suas personagens são reais, é possível que tenha receado enganar-se olhando-as por dentro.

Apesar disso, a descrição que nos dá é excelente. Mas precisa continuação. Encerra apenas os sucessos de dois dias, e Newton passou meses na colônia correcional, conheceu as galerias da detenção, o pavilhão dos militares, o pavilhão dos primários e o depósito da Polícia Central. Viu coisas que, sem serem ampliadas, causarão arrepios cá fora. Naturalmente irá contá-las.

29 de julho de 1937

Os donos da literatura

m dia destes, à porta de certa livraria, um poeta queixava-se amargamente dos donos da literatura.

— Que donos? perguntou alguém.

E surgiram na conversa alguns nomes, que não se reproduzem aqui porque isto seria indiscrição. Em todo o caso fica registrada a amargura do poeta.

Há realmente uns figurões que se tornaram, com habilidade, proprietários da literatura nacional, como poderiam ser proprietários de estabelecimentos comerciais, arranha-céus, usinas, charqueadas ou seringais. São muito importantes e formam um pequeno sindicato que representa a inteligência indígena lá fora, nos pontos em que ela precisa aparecer de casaca.

Impossível saber por que esses cavalheiros fingem adotar ofício tão ruim, podendo dedicar-se a negócios rendosos, a política por exemplo, ou outra qualquer indústria. É preciso admitir que ser literato é bonito, embora o tipo que se enfeita com este nome nunca tenha escrito coisa nenhuma.

Se não fosse assim, não se compreenderia que pessoas razoáveis, bons pais de família, com dinheiro no banco e muita consideração na praça, homens gordos, gordíssimos, escolhessem uma profissão excelente para matar a fome dos sujeitos que pretendem viver dela. Está claro que não ganham nada, isto é, ganham uma espécie de glória. Exatamente como se não ganhassem nada.

Mas é uma concorrência desleal, é uma desonestidade. O poeta que se lamentava na porta da livraria tem razão.

Há uma literatura que ninguém tem, que talvez nem tenha sido produzida, que se oferece ao estrangeiro, não em volumes, mas nas figuras de cidadãos bem educados, que falam com perfeição línguas difíceis e sabem frequentar embaixadas. Há outra, suada, ainda bem fraquinha, mas enfim uma coisa real, arranjada não se sabe como por indivíduos bastante ordinários.

A primeira comparece a sessões solenes e manifesta-se em discurso; a segunda atrapalha-se e mete os pés pelas mãos na presença de gente de cerimônia e só desembucha no papel.

A literatura honorária, escorada e oficial, vive sempre lá fora, chega aqui de passagem e quando aparece, é vista de longe, rolando em automóvel; a literatura efetiva, mal vestida e de segunda classe, mora no interior ou vegeta aqui, no subúrbio, e viaja a bonde, às vezes de pingente.

Está errado tudo. Por que é que essas duas instituições, que não têm parentesco e usam o mesmo nome, não entram na combinação?

Já que a primeira, constituída pelos patrões, é bem alimentada e não produz, e a segunda, a da gentinha, trabalha com a barriga colada ao espinhaço, podiam entender-se. A primeira daria um salário (ou ordenado, que é o nome decente) à segunda, e esta faria livros que, com alguns consertos na ortografia e na sintaxe, poderiam ser assinados por ministro, conselheiro, desembargador e outros letrados deste gênero.

setembro de 1937

Jornais

Um dia destes, a propósito de certo romance novo exposto na vitrina dum livreiro, houve aí permuta de ideias entre cidadãos educados e com boa situação na literatura nacional. Um dos nossos melhores escritores declarou que não tinha gostado do livro, outro afirmou que o livro era bom. O primeiro puxou para o seu lado, o segundo fez finca-pé — não houve meio de se entenderem.

Cada um disse "Até logo", apertou a mão do outro e saiu resolvido a arrumar os seus pensamentos no papel. Foram ao cinema, tomaram o ônibus, jantaram, leram, escreveram e dormiram, como todos os indivíduos dessa espécie.

No dia seguinte abriram um jornal e souberam que se tinham atracado na véspera, trocado murros, bofetadas, o diabo. Horrível. Um desacato. A literatura ficando braba de repente, praticando desatinos, arregaçando as mangas, rangendo os dentes.

História. Não arregaça nem range. O cavalheiro que fez a notícia pode acreditar que isso seja possível, mas se acreditar, é ingênuo. Quem imagina que um escritor é capaz de rebentar caras, meter-se em espalhafatos, nunca viu de perto um desses homens. São as criaturas mais pacatas do mundo. O sujeito que se habitua a compor livros compõe livros — e não passa daí. Diante do papel é tudo: pinta o sete, mata, esfola. Tirem-lhe a pena e o tinteiro — desarmam-no.

Vejam o exercício a que ele se dedica. Senta-se e curva o espinhaço, encosta o nariz à mesa, afasta-se da realidade, move a mão direita. De longe em longe a esquerda se mexe para levar o cigarro à boca. Se se levanta, é para ir à estante olhar um volume.

Pode o menino chorar lá dentro: ele não ouve; podem matar gente ali perto: ele não sabe. Se estiver terminando um período e a apoplexia chegar, certamente a apoplexia esperará até que ele acabe o período.

Olha o mundo naturalmente, mas vive fora dele: para bem dizer está no mundo da lua.

Supor que um homem assim possa entregar-se a manifestações violentas, berrar, quebrar caras, arrastar a perna num rabo de arraia — indica excesso de imaginação do noticiarista e absoluta falta de observação. Se esse noticiarista experimentasse a literatura de ficção, ficaria bem no romance policial.

Está claro que os escritores sentem às vezes o desejo de ser brutos. Sentem, naturalmente. Não há nenhum homem que não deseje ser bruto. Hoje, como ontem, um murro é argumento. Não sei quem descobriu esta verdade. Creio que não fui eu.

O diabo é que os escritores não conseguem empregar o argumento da força, o bom. Vi há dias um deles arrasando o outro pelo método socrático, ou japonês, do jiu-jítsu. Entendem. Deixavam que o adversário se estragasse. Ia perguntando, perguntando, trazia o inimigo para a posição conveniente e dava o golpe. É isto. Pouco esforço muscular: apenas o indispensável para levantar a mão direita, branca e longa, e passá-la vagarosamente diante do rosto do contendor. Talvez ele achasse melhor fechá-la e encostá-la ao nariz do outro, mas isso não seria possível. O gesto lento e onduloso da mão aberta, a voz branda, sorrisos. É assim que um literato briga.

Entretanto o jornal pinta um sarapatel brabo, sangue pingando, a livraria transformada em frege, romancistas de mangas arregaçadas, usando gestos e linguagem de carregadores e malandros. Coisas horríveis, absurdas, sem pé nem cabeça, humilhantes para as letras indígenas e desagradáveis aos habitantes do morro do Querosene.

16 de setembro de 1937

Livros

Em princípio de maio deste ano o sr. Brício de Abreu me asseverou uma noite que tinha vendido em poucas horas quinze mil números do seu *Dom Casmurro*, um jornal literário, tão literário que Alvaro Moreyra, num artigo de estreia, havia declarado na primeira página que aquilo era coisa só de escritores. Aviso franco, talvez um pouco vexatório para os cavalheiros que são, como dizem Lins do Rego e Santa Rosa, os rapazes do sereno, os simpatizantes da literatura. Exatamente como se, no décimo primeiro andar do edifício Odeon, sobre a porta da sala 1107, uma tabuleta ameaçadora parodiasse a velha advertência do professor grego: "Quem não pertencer à confraria vá passando."

Lida a observação e vista a matéria da folha, balancei a cabeça desanimado:

— Não vendem quinhentos números.

Pois o diretor me afirma que voaram quinze mil em algumas horas.

Por outro lado as casas editoras multiplicam-se e produzem com abundância. Só a livraria José Olympio, que recusa todos os dias originais provenientes dos mais afastados pontos do país, em quatro anos lançou no mercado cerca de um milhão de volumes. Edições e reedições sucedem-se; as prateleiras dos depósitos enchem-se e esvaziam-se regularmente; romancistas, críticos, historiadores e sociólogos trabalham sem descanso, às vezes com demasiada pressa, queixando-se todos, jurando que não vale a pena escrever e que isto é um país absolutamente perdido.

Talvez seja. Há tanta gente procurando salvá-lo que só por milagre ele deixará de escangalhar-se. Mas no meio desta confusão muitos sujeitos leem ou estragam papel fazendo livros. É possível que eles tentem nessas ocupações esquecer as dificuldades e os aborrecimentos que a vida lhes dá. Mas não se dedicariam a elas se não encontrassem prazer ou compensações de ordem econômica, pelo menos a possibilidade de obter essas compensações.

Vemos que um romance do sr. José Américo ou do sr. Amando Fontes está na quinta ou na sexta edição. É animador. Certamente o romance merece ser lido. E, se estivermos bem dispostos, por que não nos aventuramos a fazer um também? Em dois meses juntaremos num caderno fatos e ideias consideráveis. Fabricaremos uma história que o livreiro guardará na gaveta depois de muitas promessas. Não ficaremos abatidos: arranjaremos outras, porque vemos todos os dias aparecerem nomes desconhecidos nas vitrinas e julgamos que há ali trabalhos inferiores aos nossos.

Temos afinal uma esperança que não podíamos ter há dez anos. Naqueles tempos longínquos o Rio de Janeiro e São Paulo eram grandes capitais, o resto do país valia pouco. E os autores de algumas obras que surgiam timidamente, despertando a curiosidade pública, fazendo a crítica espantada arregalar os olhos, nunca imaginaram, nas suas horas de otimismo e sonho, que se iam tornar de repente figuras nacionais importantes.

Tornaram-se. Uma dúzia de sujeitos que decretavam na imprensa e na porta da Garnier, falando em Taine e discutindo regência, desmoralizaram-se ou morreram. Foi bom. E animados pelo êxito que três ou quatro romances alcançaram, numerosos bárbaros provincianos caíram sobre a capital.

O resultado é o que se vê, ótimo resultado. Um livreiro se aperreia e coça a cabeça recebendo a correspondência volumosa. Um jornal de escritores, fechado, vende-se perfeitamente nos subúrbios.

Temos uma prova de que o público pensa e lê, notícia desagradável a certos figurões representativos que nunca se ocuparam com essas coisas. Vamos bem. Dentro de alguns anos o editor publicará maior número de livros e o jornal aumentará a tiragem.

Influência do Ministério da Educação? Pouco provável. O Ministério da Educação é novo. Essa gente aprende leitura por aí, à toa. Pelo menos os habitantes do interior aprendem fora das escolas.

Os amigos de
Machado de Assis

Os amigos de Machado de Assis nunca foram muito numerosos, pelo menos enquanto ele viveu.
Dos mais antigos, dos moleques vendedores de doces em tabuleiros nada se sabe — e se algum, depois de crescido, abandonou o morro e procurou o companheiro de infância, encontrou numa repartição pública um ser metódico, pouco inclinado a expansões. Caso a anedota relativa ao diálogo curto de um conhecido velho com o funcionário graduado seja verdadeira, podemos supor que este, no momento da conversa, havia desfeito os cordéis que o prendiam ao tempo de obscuridade e pobreza.

No serviço, Machado de Assis reduzido a seu Machado, provavelmente não viu homens: viu peças da máquina burocrática, formas animadas do protocolo, do livro de ponto, da informação, do parecer baseado em artigos e parágrafos. Cumpriu rigorosamente os seus deveres, os deveres que figuravam no regulamento — e, fechada a carteira, livre das maçadas necessárias, escreveu *Dom Casmurro*, *Brás Cubas*, *Quincas Borba*, *Várias histórias*, para um diminuto número de indivíduos, os construtores da Academia e alguns outros, entre os quais ressaltam os seus ouvintes da livraria do Ouvidor, onde o grande homem falava pouco e se encolhia, por ser gago e por não querer, prudente e modesto, apresentar-se em tamanho natural. Encurtando-se, poupando suscetibilidades, tentou igualar-se a outros, que lhe perdoaram a inteligência.

Trinta anos depois de morto, Machado de Assis cresceu imensamente e ganhou amigos em quantidade, os que lhe estudam a obra excelente, os que o tomam por modelo, os que se limitam a colecionar volumes. A sua glória póstuma está para a glória que teve em vida como a edição abundante, cara e em prestações está para as tiragens miúdas e pingadas que Garnier nos dava.

Nas homenagens que hoje tributam a Machado de Assis há com certeza, junto à admiração dos que o leram cuidadosamente, muito de respeito supersticioso, respeito devido às coisas ignoradas. Visto a distância, desumanizado, o velho mestre se torna um símbolo, uma espécie de mito nacional. Com estátuas e placas nas ruas, citado a torto e a direito, passará definitivamente à categoria dos santos e dos heróis. Os seus amigos modernos formarão dentro em pouco, não apenas grupos, desses que surgem para desenterrar alguma figura histórica, espanar-lhe o arquivo, mexer em papéis inéditos, mas uma considerável multidão, multidão desatenta e apressada que ataca ou elogia de acordo com as opiniões variáveis dos jornais. Iaiá Garcia e Capitu fundir-se-ão, é possível até que deixem de existir. Para que Machado de Assis seja realmente digno de bronze e mármore é preciso talvez que Iaiá Garcia e Capitu desapareçam, que nos privemos da tarefa de examinar as duas mulheres, concluir que uma delas é magnífica e outra não. Essas comparações não convêm à massa, que encolhe os ombros, boceja ou aplaude, mas livra-se do trabalho de inquirir porque aplaude, boceja ou encolhe os ombros.

Machado de Assis não será nunca um artista popular. No interior do país, nas mais afastadas povoações, senhoras idosas tremem, umedecem os óculos gaguejando as histórias do *Moço louro* e da *Escrava Isaura*, emprestam às netas brochuras do romantismo, conservadas miraculosamente. Alencar circula, e deve-se a ele haver por ali tanta Iracema, tanto Moacir. Não é razoável, porém, esperarmos que o leitor comum, que se agita com excessos literários de meado do século XIX, entenda e sinta Machado de Assis, homem frio, medido, explorador de consciências. Em geral não gostamos de que nos explorem a consciência — e, ainda quando sabemos que a exploração é bem-feita, necessitamos algum esforço para nos habituarmos a ela. O prazer que a "Causa secreta" e "Trio em lá menor" despertam no sr. Augusto Meyer, na sra. Lúcia Miguel Pereira e no sr. Peregrino Júnior é diferente do entusiasmo que uma novela de aventuras produz no espírito simples de uma criatura normal.

Sem querer, dei a entender que o sr. Peregrino Júnior, a sra. Lúcia Miguel Pereira e o sr. Augusto Meyer são anormais, disparate que não me arrisco a sustentar. Talvez por haver falado em "Trio em lá menor", ocorreram-me esses três nomes de representantes ilustres dos atuais amigos de Machado de Assis. Evidentemente há outros, somos todos mais ou menos amigos dele. Não conseguiremos, porém, formar o número necessário à consagração que os poderes públicos fazem ao grande homem. Para as homenagens terem repercussão em todos os espíritos é indispensável despertar-se o interesse do mundo que, desconhecendo Machado de Assis, facilmente o louva, não por ele ter escrito bons romances e ótimos contos, mas porque em certas rodas se tornou uma relíquia.

Esses amigos abundantes são os mais sinceros: não vacilam nem discutem. Cometam a imprudência de aludir, perto de um deles, à raça ou à doença de Machado de Assis e o crente se indignará, como se ouvisse heresias. O escritor excelente infunde, pois, mais que admiração: começa a inspirar veneração, é quase objeto de culto. Isso não poderia acontecer a um Macedo, a um Bernardo Guimarães, ao novelista com quem o leitor ordinário se familiariza depressa. O velho mestre do conto brasileiro não admite intimidades: é correto demais, vê longe e tem um sorriso franzido. Não buscou a popularidade — e o público está disposto a transformá-lo em ídolo.

Assim, dificilmente aceitaremos as razões que o sr. Secretário da Educação do Rio Grande do Sul expôs quando se recusou a dar o nome de Machado de Assis a uma escola. Esse batismo não teria para os habitantes medianos de Porto Alegre a significação que o sr. Secretário, pessoa culta, achou nele. Em casos semelhantes,

Machado de Assis deixa de ser um estilista notável e um analista sutil: muda-se em abstração, é sinônimo de gênio. Os seus retratos, os seus livros, reimpressos com estardalhaço, placas etc., são representações materiais que o povo necessita para fixar bem a ideia de grandeza. Exatamente como necessita imagens para segurar as noções de justiça, bondade, santidade e outras coisas caídas em desuso.

junho de 1939

Machado de Assis

Há alguns anos um crítico importante leu o escrito dum sujeito da roça, viu ali qualquer coisa que revelava doença e perguntou se o homem era epilético. Mas, em vez de empregar o termo exato, deu uma volta e redigiu a pergunta assim: Machado de Assis? Mais tarde outro crítico notável achou que uns principiantes tinham modos de Machado de Assis.

Nessa época longínqua, ali pelas imediações de 30, um nacionalismo crioulo engulhava à lembrança de coisas estrangeiras, condenava a importação, cantava loas ao babaçu, falava com abundância em realidade brasileira. Está claro que pouca gente se ocupou com essa realidade, mas algumas pessoas tentaram conhecê-la, se não olhando-a de perto, pelo menos pondo em moda escritores antigos que tinham passado a vida imitando os estrangeiros.

Alguém declarou que possuíamos excelentes modelos e era desnecessário importá-los num tempo de vacas magras, quando a revolução política havia baixado o câmbio e dificultado a compra de figurinos literários. Machado de Assis, convenientemente espanado, servia bem.

E sujeitos que na escola tinham ouvido falar em *Quincas Borba* e em *Brás Cubas* sentiram-se no dever de travar relações com esses indivíduos, que passaram a ser considerados avós legítimos de vários tipos da moderna literatura indígena.

Tanto se repetiu o nome do velho presidente da Academia, com a afirmação de que ele influía demais na produção de hoje, que o homem se tornou odioso. Se um sujeito admitia a concordância e não trocava o lugar das palavras, o jornal dizia: "Bem. Isto é Machado de Assis." Se o camarada evitava o chavão e não amarrava três adjetivos em cada substantivo, a explicação impunha-se: "Muito seco, duro. Esqueleto. Machado de Assis." Faltavam num livro cinquenta páginas de paisagem? "Claro. Esse homem aprendeu isso com Machado de Assis. É a história da casa sem quintal." E quando o sr. Marques Rebêlo publicou *Oscarina*: "Contos? Machado de Assis. Não há outro."

Está aí. Se a mania nacionalista não houvesse aparecido, estaríamos livres da praga machadiana. Mas apareceu — e é o que se vê. Como dois críticos de valor sentiram num volume cheiro de *Dom Casmurro*, toda a gente supôs que não podia deixar de ser assim. Como alguém perguntou se o sujeito era epilético, imaginaram que a pergunta se referia a um discípulo do autor da "Mosca azul".

É admirável. Há imitadores de Machado de Assis porque escrevem contos, outros porque são funcionários públicos, têm doenças ou gramaticam demais os seus produtos. Está certo. Que remédio?

O mês passado um escritor notável escangalhou aí um livro qualquer. E, como já o xingaram de machadiano, torceu o corpo, botou a culpa para cima do vizinho, disse que o autor que ele atacava era Machado de Assis cuspido e escarrado. No dia seguinte encontrou a vítima na livraria e explicou-se: "Caboclo, tenha paciência. Eu não li o seu livro não. Mas ficou estabelecido que você imitava Machado de Assis. Que se há de fazer?"

Realmente, que se há de fazer? Está direito.

Uma personagem sem-vergonha

O último romance do sr. Galeão Coutinho, *Vovô Morungaba*, tem, como se vê, um título infeliz. Nome chocho, inexpressivo, pau. Que diabo quer dizer Morungaba? Por uma desgraçada associação, lembrei-me do vovô índio e de outras coisas deste gênero. Abri o volume sem entusiasmo, só para folhear uns capítulos e poder, quando me avistasse com o autor, dizer que tinha lido a história e que a achava muito boa, naturalmente. Logo nas primeiras páginas encontrei um sujeito chamado Barra Mansa e um Mata Sete. Decididamente o sr. Coutinho não batiza bem as suas personagens. Morungaba, Mata Sete, Barra Mansa. Com franqueza, embirrei com essa gente.

No começo do livro, Barra Mansa, o protagonista, pequeno funcionário, não me prometeu grande coisa. Aquilo cheirava a caricatura. Barra Mansa é um tipo safado, trapalhão, absolutamente sem-vergonha, um patife miúdo que pede vinte mil-réis a um conhecido e acaba mordendo níqueis, um trapaceiro embrulhado na polícia, constantemente metido em ladroeiras. É o homem das rifas. Rifa uma cabra, um cachorro, um burro, mas burro, cachorro e cabra são fantasias criadas por um companheiro ladino, pois Barra Mansa não tem imaginação. Deixa-se conduzir pelo outro, que traça o plano das batotas e lhe dá papéis fáceis de comparsas: finge-se morto e divide com o amigo o dinheiro arranjado na subscrição feita para o enterro; colabora sem eficiência em chantagens de pouco vulto; afinal entra numa cavação de espiritismo, transforma-se em médium e engana os sócios do grêmio.

Fisicamente, é uma desgraça, uma ruína ambulante incapaz de qualquer reação, um ser lastimoso convencido da própria ruindade. Podem jogar para cima dele reclamações, picuinhas, conselhos e berros. Inutilmente: essas coisas resvalarão sobre a casca espessa que adquiriu. Se quiserem espancá-lo, não se defenderá. É um covarde. Talvez não tenha nascido covarde, mas tornou-se covarde, sente-se mesquinho e tenta esconder-se.

Essa criatura impudente nos desconcerta. Esperamos que ela nos apareça ridícula, que o autor, tendo-a apresentado cheia de defeitos e com uma figura tão ordinária, lhe ponha no interior um rabo de papel, um nariz carnavalesco e sapatos cambados. Mas isto não acontece, Barra Mansa não tem vocação para palhaço. E o livro, que tínhamos aberto sem interesse, o livro que, até nos diálogos abundantes em linguagem chula, nos anunciava farsa, revela pouco a pouco um indivíduo muito diferente do que supúnhamos encontrar.

Barra Mansa é um homem que sofre enormemente por ter necessidade de ser canalha. Sabe que não pode deixar de ser canalha — e daí a indiferença com que recebe ameaças e insultos dos credores, pilhérias dos colegas na repartição. Tudo isso é necessário, é indispensável: injuriando-o, o gringo das prestações desabafa e adia a cobrança; com zombarias os conhecidos se desforram das facadas miúdas. E Barra Mansa, um desgraçado bom para aguentar pontapés, sofre demais.

Essa dor horrível de um pobre diabo bole com a gente, odiamos o escritor, desejamos endireitar Barra Mansa. Tolice. Barra Mansa nunca se endireitará. Um dia, com o negócio do espiritismo, pensam que ele se regenerou, algumas pessoas começam a tratá-lo com respeito — e a vida do infeliz se torna um inferno: os credores apertam-no, os amigos não admitem que um indivíduo sério continue a morder. E Barra Mansa volta a ser malandro; só assim pode aguentar-se, porque ganha duzentos e cinquenta mil-réis por mês, sustenta mulher e filhos.

Para ser agradável aos que têm ordenados graúdos, o sr. Galeão Coutinho podia ter conseguido uma profissão decente para a sua personagem. Infelizmente Barra Mansa não sabe fazer nada. E o pior é que não quer morrer. O recurso que tem é ser descarado.

A exposição desse pequeno funcionário de duzentos e cinquenta mil-réis mensais foi uma impertinência do sr. Galeão Coutinho, uma impertinência admirável, pois Barra Mansa é uma das melhores criaturas que têm aparecido em romance por aí.

Uma personagem curiosa

No último livro da sra. Lúcia Miguel Pereira, esse admirável *Amanhecer* considerado com justiça um dos melhores romances ultimamente aparecidos, há uma personagem bem estranha, uma personagem insignificante que no decorrer da história ganha importância, não por ter crescido, mas porque influi poderosamente na vida de pessoas muito maiores que ela. É uma infeliz que surge não se sabe como e assim desaparece, mas deixa sinal da sua passagem — uma dessas pedras em que topamos, que nos arranca a unha, nos arranca o dedo e nos torna coxos para o resto da vida.

Teria a sra. Lúcia Miguel Pereira, antes de escrever a sua novela, imaginado semelhante criatura? Creio que não imaginou.

A figura mesquinha some-se logo, mas a lembrança dela transparece nos atos da protagonista, que não procederia como procede se não ouvisse uma tarde meia dúzia de palavras impertinentes à narrativa. O caminho que se vinha seguindo torce de repente e forma um cotovelo. Não há nada mais natural.

Julgo impossível em trabalho de ficção o escritor prever todas as minudências. Um elemento inesperado pode entrar na ação, encorpar-se, levar o autor a lugares que ele não desejaria percorrer.

Há tempo o sr. Lins do Rego contou-me o enredo de um romance que pretendia escrever, tudo muito direito, razoável. Mostrou-me depois o primeiro capítulo — e já aí percebi que ele ia tomando uma direção diferente da que havia projetado. Desde então quase todos os dias me chegava em casa, lia algumas páginas e pouco a pouco se distanciava do livro imaginado, que não foi escrito. Saiu coisa inteiramente diversa, pois no decurso da composição José Marreira, um tipo ordinário, cresceu muito e realizou certos negócios imprevistos.

A criatura que nos dá o melhor trecho do romance da sra. Lúcia Miguel Pereira revela buracos no caráter dum sujeito sério e em poucas palavras desorganiza uma família rural. Aparece dizendo que é a Clara e está muito cansada, muito cansada. Quem diabo é a Clara? Evidentemente não é ninguém. Tantas Claras vagabundas espalhadas por aí à toa!

Essa da sra. Lúcia Miguel Pereira é mulata e está cansada. Não se sabe donde vem nem para onde vai. Descansa uns minutos, arruma a trouxa e retira-se, mas num diálogo curto de duas páginas diz que é a Clara, repete que é a Clara e admira-se de não ser conhecida. Ninguém conhece uma pobre cheia de misérias. Ameaçada, afasta-se discretamente, encolhida e muda. E nunca mais volta, parece que se evapora.

Apesar de tudo Clara existe, é a pedra em que a protagonista dá uma topada que lhe muda a vida, vai transformá-la numa dessas pobres Claras tão abundantes. Existe e enche o livro: é talvez a melhor personagem dele.

9 de janeiro de 1939

As mulheres do
sr. Amando Fontes

N ão pretendo falar sobre o último romance do sr. Amando Fontes, o que me seria talvez útil. Apesar de não ser crítico, poderia livrar-me de dificuldades fazendo, como outros, um resumo da história, sem tirar daí nenhuma consequência. Era como se me conservasse calado, e o autor ainda me ficaria agradecido.

Não é isso. O que desejo é apenas arriscar algumas observações ligeiras a respeito das personagens da *Rua do Siriri*, das mulheres, que os homens são lá escassos e têm pouca importância. Já em *Corumbas* as melhores figuras do sr. Amando Fontes eram as femininas. Agora os machos servem para transportar móveis e para justificar a profissão das raparigas.

Nesse horrível mister a que se dedicam as moradoras da rua do Siriri não achamos as coisas sórdidas que os escritores ordinariamente veem em semelhantes lugares. Há ali muito espírito de ordem. As criaturas que lá foram parar caíram em desgraça forçadas por motivos de natureza econômica, iludidas por promessas ou porque não souberam resistir à solicitação de indivíduos graúdos. Nenhuma atendeu a necessidades interiores, a qualquer desregramento. Seres equilibrados, levaram para o lupanar hábitos de acomodação, sisudez e uma boa quantidade de virtudes domésticas.

Além disso possuem um notável comedimento de linguagem. Os srs. Jorge Amado e Lins do Rego, tratando delas, certamente não se deteriam em cenas escabrosas e inúteis, mas não deixariam de introduzir nos diálogos algumas expressões cabeludas, dessas que produzem arrepios nas moças devotas e nos críticos velhos, receosos de comprometer a alma e a pureza da língua escrita. No livro do sr. Amando Fontes, dialogado quase todo, não topamos um palavrão.

Impossível dizer que o romancista haja procedido mal. A classe baixa das cidades pequenas nem sempre se desboca, e é verdadeiro o tipo da prostituta familiar a que se refere o autor de *Jubiabá*, da meretriz séria a quem se podem confiar as meninas.

Em *Rua do Siriri* juntam-se dez ou doze exceções desse gênero, raparigas excelentes, de grande elevação moral, que suportam a miséria sem um movimento de revolta e se sacrificam umas pelas outras. Em geral não se entregam a manifestações violentas: queixam-se baixinho, resignam-se docemente, com um erguer de ombros fatalista. É certo que uma toca fogo na roupa, mas isto acontece porque o amante a abandona, não porque a degradação em que vivem todas a tenha feito desatinar. E outra, azeda e encrespada, contraria as companheiras. Teve na infância um desgosto, que o escritor narra entre parênteses, numa página ótima, e ficou assim rabugenta, resingona. Findos, porém, esses arrancos de brutalidade, corrige-se, volta à existência ordinária, torna-se a melhor criatura do mundo.

Estou quase a dizer que o sr. Amando Fontes não lhe permite o mau humor e obriga-a a comportar-se bem. Deve ser isso.

Afirmam por aí que as personagens duma história começando a mexer-se, têm vida própria e arrastam o autor, fazem coisas que ele não desejaria fazer. Refletindo, vemos que isso é uma frase sem sentido, dessas que se repetem e se acanalham na boca de toda a gente. As personagens são talvez o autor, e se aparecem diferentes, é que o romancista, como um ator, se transforma, vira santo ou patife conforme as circunstâncias, às vezes os dois simultaneamente.

O sr. Amando Fontes muda pouco e não chega a extremos, mas as suas heroínas estão mais perto da hagiografia que da crônica policial.

Bahia de Todos os Santos

O sr. Jorge Amado viajou muitos países e chegou a Buenos Aires, atravessou as montanhas, costeou o Pacífico, caiu na América do Norte e voltou pelo Atlântico, depois de ver e ouvir pessoas e coisas diferentes do que há na ladeira do Pelourinho. Alcançou a pátria carregado de sonhos e ideias, mas surgiram-lhe alguns desgostos sérios, aborreceu os homens, especialmente os literatos e, magoado com ingratidões e mal-entendidos, foi esconder-se em Estância, que é uma cidade, pouco mais ou menos uma cidade, em Sergipe. Aí conversando pachorrentamente com o farmacêutico, o delegado, o promotor e os rapazes do comércio que leem brochuras tenebrosas e espumam nas sessões do grêmio literário; estragando a vista na péssima iluminação da terra e estragando o pulmão na poeira que o Nordeste espalha — entrou a escrever um romance considerável em dois volumes, *Senhor Badaró*, sobre histórias do cacau.

Poucos aqui tinham notícias de Jorge Amado, e alguns pensavam que ele ainda vivia no México, olhando os quadros de Rivera e colecionando trabalhos dos índios, pastas de couro, tapeçaria e cinzeiros com a águia e a serpente, folhas de cardo e a pedra do sol.

De repente aparece nas livrarias *Bahia de tous les Saints*, um volume de quase trezentas páginas, edição da N.R.F., já aqui anunciada discretamente há meses e agora definitivamente esquecida. *Bahia de tous les Saints* é o nome com que os tradutores Michel Berveiller e Pierre Hourcade batizaram *Jubiabá* em Paris. Muita gente ignora que esse livro foi publicado em francês, e quem vê o volume de capa branca, com o título mudado, desvia os olhos, sem saber que o editor Gallimard meteu numa coleção onde figuram escritores terrivelmente importantes uma história de negros e mulatos, arranjada pela Bahia e vizinhanças. Como foi isso? Homens práticos, entendidos, informaram-se com espanto:

— Quem arrumou esse negócio para o Jorge?

Pensam numa cavação política, na influência dum embaixador, e logo afastam a ideia. Os embaixadores não têm sido muito úteis a Jorge Amado, e dificilmente *Jubiabá* seria recomendado por qualquer deles.

Há meses a sociedade Amigos do Livro Americano traduziu para o espanhol dois romances brasileiros inteiramente inofensivos, um de Graça Aranha, outro de Paulo Setúbal, escritores notáveis, acadêmicos e mortos. O de Graça Aranha passou despercebido, mas o de Paulo Setúbal provocou um ligeiro descontentamento em certas rodas: ia mostrar lá fora a Marquesa de Santos e isto seria inconveniente para a mulher brasileira. Como? Perfeitamente, a Marquesa de Santos não é gênero que se exporte, é uma personagem de uso interno.

Se essa pobre figura histórica nos humilha, que dirão em Paris vendo os pretos e os farrapos que há nos livros do sr. Jorge Amado? Naturalmente dirão que vivemos numa terra de percevejos e moleques.

Jubiabá é, pois, uma espécie de contrabando literário — e está aí o maior elogio que podemos fazer-lhe; tem de impor-se por suas virtudes. Infelizmente foi publicado pela N. R. F. e custa vinte e oito francos, que, traduzidos no Brasil, significam aí uns vinte e dois mil-réis. Seria melhor ter saído numas dessas brochuras de capa amarela que se vendem a três francos e meio. Melhor para o público europeu, é claro. Entre nós o livro ganha por estar em língua estrangeira e ser caro. Pessoas finas que desprezaram o volume da José Olympio ilustrado por Santa Rosa vão achar excelente a mercadoria importada. O que será muito bom: o romance de Jorge Amado conquistará mais alguns leitores indígenas.

Classe média

Mais um livro de literatura interessada — *Classe média* do sr. Jáder de Carvalho. É uma novela curta, uma história muito simples. O personagem central, pequeno burguês que arrasta as pernas inúteis numa cidadezinha do interior do Ceará, chateado, bocejando, envolvido em amores incompletos, pratica uma safadeza e vai instalar-se na capital, onde se enjoa das suas patifarias, toma birra ao meio social em que vive e se transporta para o campo do proletariado. Transporta-se em espírito, porque na realidade continua a viver perto da sua classe, de que ainda conserva os defeitos. "Por amor a meu emprego na Escola Normal, nem sempre digo a verdade."

Está certo. É o pequeno burguês que vemos agarrado ao osso, com vontade de soltá-lo, mas sem coragem de abrir a boca e rosnar, por causa da polícia.

Esse que o sr. Jáder de Carvalho nos apresenta acaba rosnando, mostrando os dentes e dando com os costados na cadeia, onde as suas convicções se apuram. Sai modificado, embora ainda meio cretino, com um amor bastante piegas. Depois de ter feito a desgraça de uma pequena lavadeira, o homem fica lírico em demasia.

É um tipo muito nosso conhecido o desse bacharel que se torna revolucionário por motivos de ordem sentimental. Ele não tem a princípio nenhuma ideia a respeito da luta de classes. Viu isso na Academia, mas não prestou atenção ao que viu, olhou distraído os jornais, empregou-se. Aborrecido da vida, desejou aproximar-se da outra classe, que não podia ser pior que a dele, representada na história por indivíduos bastante ordinários.

Usando como protagonista da sua novela um malandro, talvez o sr. Jáder de Carvalho tenha pretendido convencer-nos de que todos os elementos, embora ruins, servem quando são bem utilizados pela revolução. Efetivamente vemos isso em alguns romances soviéticos, mas não ficamos bem certos de que um sujeito como o dr. Manuel, começando tão mal, pudesse acabar bem. Não porque ele seja mau: simplesmente porque é uma criatura indecisa, fraca demais, e passou anos hesitando entre várias mulheres, sem se resolver a escolher uma.

Isto não quer dizer que eu não acho bem-feito o pequeno burguês do sr. Jáder de Carvalho. Acho: é conquistador, dissimulado, egoísta, pérfido, covarde e sobretudo incoerente. Mas acho também que ele será engolido, apesar de todas as declamações com que encerra o livro. Uma figura humana e uma contradição. Humana exatamente por ser contradição.

Vou mostrar uma pequena falha na obra do sr. Jáder de Carvalho. A narrativa é feita na primeira pessoa, tem a forma de autobiografia. Dr. Manuel conta a sua história. E, sendo assim, não compreendemos como, ali pelas vizinhanças da página 80, não tendo ele estado em casa de Felizinha, possa ter reproduzido a conversa das mulheres que se achavam lá. Isto é apenas uma simples observação, a que o livro resistirá. Há nele figuras ótimas, como Honório, resignado na sua desgraça e querendo salvar-se com o integralismo.

Confesso, porém, que a novela do sr. Jáder de Carvalho me causou uma certa decepção. É que dele eu já tinha lido, em originais, coisas melhores. Uma história de plantações de algodão, por exemplo, que vi há meses, deixou-me impressão muito mais funda que o volume que acabo de receber. Esse romance inédito tem passagens excelentes e uns diálogos notáveis, como pouca gente faz no Brasil.

A livraria José Olympio

Está aí um lugar onde se encontra excelente e abundante material para um romance, que poderia ser editado ali mesmo. E até admira que, andando por lá tantos romancistas, ninguém tenha pensado nisso.

Move-se diariamente em redor daquelas mesas uma boa parte da literatura nacional. Fervilham as discussões, enchem a casa, às vezes se prolongam até que se fecha a porta. Das duas vitrinas da entrada aos bancos que se encostam às estantes que há no fundo do estabelecimento, formam-se e desmancham-se os grupos.

Há um ar de família naquela gente. Otávio Tarquínio deixa de ser ministro e Amando Fontes deixa de ser funcionário graúdo. Vemos ali o repórter e víamos o candidato a presidente da república, porque José Américo aparecia algumas vezes. Lins do Rego é figura obrigatória. Marques Rebêlo procura vítimas. Distribui veneno a presentes e ausentes.

É uma galeria muito vasta, onde figuram críticos, sociólogos, ficcionistas, ensaístas etc. A pintura está representada por Santa Rosa e Portinari.

Nessa camaradagem, em que as fronteiras sociais desaparecem, misturam-se as artes, tudo se aproxima. Luís Jardim ganha diversos prêmios, abandona os pincéis e muda-se para o campo dos literatos. Gilberto Freyre, Almir de Andrade e Hermes Lima não têm aparência de professores e dificilmente se poderia saber que Peregrino Júnior, Gastão Cruls e Rui Coutinho são médicos.

Murilo Mendes é apenas poeta, mesmo quando escreve política; Lúcio Cardoso é apenas romancista, mesmo quando faz artigos.

Há ali crentes e descrentes, homens de todos os partidos, em carne e osso ou impressos nos volumes que se arrumam nas mesas, muitos à esquerda, vários à direita, alguns no centro. O editor é liberal. Se tem simpatia para qualquer extremidade, oculta-a. Aparentemente está no meio: aceita livros de um lado e do outro, acolhe com amizade pessoas de cores diferentes ou sem nenhuma cor.

Os acadêmicos são raros.

— Sr. Ministro. Alguns se dirigem assim a Otávio Tarquínio, mas isto não tem importância. Diante dele todos se sentem à vontade, falam como se falassem com Elói Pontes ou Dias da Costa. Os títulos se sumiram.

A livraria José Olympio daria um romance. Entre aquelas paredes, que para bem dizer, não são paredes, porque os livros cobrem tudo, um observador curioso, um desses que vão lá todos os dias poderia arranjar assunto para um bom romance, que o editor impingiria ao público facilmente, numa edição grande, porque estaria fazendo propaganda do seu negócio. Jorge Amado viaja pela América do Sul, infelizmente. Mas os outros romancistas que vão ao Ouvidor 110, José Lins, Amando, Lúcio, devem ter observado ali coisas interessantes.

José Olympio, pelo menos por enquanto, é uma espécie de Dauriat. Todas as encrencas econômicas, sociais, políticas, zumbem na livraria do número 110. Aquilo, é um mundo. E, para ser mundo completo encerra mulheres, naturalmente: Lúcia Miguel Pereira, Rachel de Queiroz, Adalgisa Néri, duas romancistas e uma poetisa.

Um milagre

R28829. Anúncio miúdo publicado num jornal: "A Nossa Senhora, a quem recorri em momentos de aflição na madrugada de 11 de maio, agradeço de joelhos a graça alcançada." Uma assinatura de mulher. Em seguida vinha o 29766, em que se ofereciam os lotes de um terreno, em prestações módicas. Esse não me causou nenhuma impressão, mas o 28829 sensibilizou-me.

   A princípio achei estranho que alguém manifestasse gratidão à divindade num anúncio, que talvez Nossa Senhora nem tenha lido, mas logo me convenci de que não tinha razão. Com certeza essa alma, justamente inquieta numa noite de apuros, teria andado melhor se houvesse produzido uma Salve-Rainha, por exemplo. Infelizmente nem todos os devotos são capazes de produzir Salve-Rainhas.

Afinal essas coisas só têm valor quando se publicam. A senhora a que me refiro podia ter ido à igreja e enviado ao céu uma composição redigida por outra pessoa. Isto, porém, não a satisfaria. Trata-se duma necessidade urgente de expor um sentimento forte, sentimento que, em conformidade com o intelecto do seu portador, assume a forma de oração artística ou de anúncio. Há aí uma criatura que não se submete a fórmulas e precisa meios originais de expressão. Meios bem modestos, com efeito, mas essa alma sacudida pelo espalhafato de 11 de maio reconhece a sua insuficiência e não se atreve a comunicar-se com a Virgem: fala a viventes ordinários, isto é, aos leitores dos anúncios miúdos, e confessa a eles o seu agradecimento a Nossa Senhora, que lhe concedeu um favor em hora de aperto.

Imagino o que a mulher padeceu. A metralhadora cantava na rua, o guarda da esquina tinha sido assassinado, ouviam-se gritos, apitos, correrias, buzinar de automóveis, e os vidros da janela avermelhavam-se com um clarão de incêndio. A infeliz acordou sobressaltada, tropeçou nos lençóis e bateu com a testa numa quina da mesa da cabeceira. Enrolando-se precipitadamente num roupão, foi fechar a janela, mas o ferrolho emperrou. A fuzilaria lá fora continuava intensa, as chamas do incêndio avivavam-se. A pobre ficou um instante mexendo no ferrolho, atarantada. Compreendeu vagamente o perigo e ouviu uma bala inexistente zunir-lhe perto da orelha. Arrastando-se, quase desmaiada, foi refugiar-se no banheiro. E aí pensou no marido (ou no filho), que se achava fora de casa, na Urca ou em lugar pior. Desejou com desespero que não acontecesse uma desgraça à família. Encostou-se à pia, esmorecida, medrosa da escuridão, tencionando vagamente formular um pedido e comprimir o botão do comutador. Incapaz de pedir qualquer coisa, arriou, caiu ajoelhada e escorou-se à banheira. Depois lembrou-se de Nossa Senhora. Passou ali uma parte da noite, tremendo. Como os rumores externos diminuíssem, ergueu-se, voltou para o quarto, estabeleceu alguma ordem nas ideias confusas, endereçou à Virgem uma súplica bastante embrulhada.

Não dormiu, e de manhã viu no espelho uma cara envelhecida e amarela. O filho (ou marido) entrou em casa inteiro, e não foi incomodado pela polícia.

A alma torturada roncou um suspiro de alívio, molhou o jornal com lágrimas e começou a perceber que tinha aparecido ali uma espécie de milagre. Pequeno, é certo, bem inferior aos antigos, mas enfim digno de figurar entre os anúncios do jornal que ali estava amarrotado e molhado.

Realmente muitas pessoas que dormiam e não pensaram, portanto, em Nossa Senhora deixaram de morrer na madrugada horrível de 11 de maio. Essas não receberam nenhuma graça: com certeza escaparam por outros motivos.

Um amigo em talas

O meu antigo companheiro de pensão Amadeu Amaral Júnior, um homem louro e fornido, tinha costumes singulares que espantavam os outros hóspedes.

Para falar com propriedade, aquilo não era exatamente pensão, mas isto não tem importância: com um pouco de esforço podíamos admitir que estávamos numa pensão de gente bem comportada. Bocejávamos em demasia, contávamos as pessoas que subiam ou desciam um morro próximo, dormíamos cedo e recebíamos com regularidade a visita do gerente do estabelecimento, o major Nunes, ótima criatura que deixou o cargo por lhe faltar o espírito do negócio.

Amadeu Amaral Júnior vestia-se com sobriedade: usava uma cueca preta e calçava medonhos tamancos barulhentos. Fora isso, o que tinha em cima do corpo era a barba, economicamente desenvolvida, uma barba enorme. Parecia um troglodita. Alimentava-se mal, espichava-se na cama, roncava o dia inteiro e passava as noites acordado, passeando, agitando o soalho, o que provocava a indignação dos outros pensionistas. Quando se cansava, sentava-se a uma grande mesa ao fundo da sala e escrevia o resto da noite. Leu um tratado de psicologia e trocou-o em miúdo, isto é, reduziu-o a artigos, uns quarenta ou cinqüenta, que projetou meter nas revistas e nos jornais e com o produto vestir-se, habitar uma casa diferente daquela e pagar ao barbeiro.

Mudamo-nos, separamo-nos, perdemo-nos de vista. Creio que os artigos de psicologia não foram publicados, pois há tempo li este anúncio num semanário: "Intelectual desempregado. Amadeu Amaral Júnior, em estado de desemprego, aceita esmolas, donativos, roupa velha, pão dormido. Também aceita trabalho."

O anúncio não produziu nenhum efeito, é o que meses depois nos declara Amadeu Amaral Júnior: "Minha situação continua preta. Reitero o apelo às almas bem formadas: deem de comer a quem tem fome, uma fome atávica, milenária. Deem-me trabalho." E, catalogando as suas habilidades: "Escrevo poesias, crônicas, contos (policiais, psicológicos, de aventura, de terror, de mistério), novelas, discursos, conferências. Sei inglês, francês, italiano, espanhol e um bocado de alemão. Deem-me trabalho pelo amor de Deus ou do diabo."

De literato brasileiro não conheço página mais sincera e razoável que essa. Ao ler o pedido de roupa velha e pão duro, fiquei meio escandalizado, mas refletindo, confessei publicamente que o meu velho companheiro procedia com acerto. E agora, completamente solidário com ele, admiro a exposição que nos faz das suas aptidões e lamento que não as utilizem.

É evidente que Amadeu Amaral Júnior conhece bem o nosso mercado literário e apregoa as mercadorias mais próprias para o consumo: discursos, contos policiais, de aventura, de terror e de mistério. Julgo que vive sem ocupação por não haver falado antes nisso.

O meio cento de artigos redigidos naquelas noites de insônia encalhou certamente na redação, preterido pelas novelas de arrepiar cabelos. Indignado, Amadeu Amaral Júnior oferece de novo os seus préstimos ao editor, afirmando que também sabe compor histórias policiais, de aventura, de terror e de mistério, que arrancam lágrimas e se vendem regularmente.

A maneira como pede trabalho, pelo amor de Deus ou do diabo, revela que o escritor está impaciente e talvez não escrupulize em pôr a sua pena a serviço de qualquer dessas duas entidades, o que não admira, pois Amadeu é jornalista.

Muita gente se espanta com o procedimento desse amigo. Não sei por quê. Os fabricantes anunciam os seus produtos e os sujeitos desempregados costumam, desde que há jornais, dizer neles para que servem. Por que apenas o articulista, precisamente o indivíduo capaz de arrumar umas linhas com decência, deve calar-se e roer chifres?

Eu por mim acho que Amadeu Amaral Júnior andou muito bem. Todos os jornalistas necessitados deviam seguir o exemplo dele. O anúncio, pois não. E, em duros casos, a propaganda oral, numa esquina, aos gritos. Exatamente como quem vende pomada para calos.

A marcha para o campo

Em discurso pronunciado no dia primeiro de janeiro deste ano o sr. presidente da República se refere à necessidade de retomarem os brasileiros o caminho do oeste, aberto pelos desbravadores do sertão. Nenhuma palavra poderia ser mais oportuna.

Realmente o Brasil sofre duma espécie de macrocefalia. Enquanto a capital se desenvolve enormemente para cima e para os lados, importando por avião e transatlântico os bens e os males da civilização, o campo definha, pacatamente rotineiro, longe da metrópole no espaço e no tempo. Faltam-lhe vias de comunicação — e certos lugares, verdadeiras ilhas no mundo atual, pouco diferem do que eram sob o domínio dos capitães-mores. Os hábitos daquela época transmitiram-se fielmente de pais a filhos, os processos de trabalho pouco ou nada variaram, a gente escassa, confinada em extensas áreas inexploradas, enraizou-se: uma viagem ao litoral desconhecido parece-lhe aventura respeitável.

Ao passo que o centro e o norte permanecem assim, remotos, quase impenetráveis, certas regiões, como o Nordeste, superpovoam-se, mas aí o homem, por efeito de condições mesológicas, dificilmente se fixa, de arribada, numa existência de cigano, sobe ao Amazonas e ataca a seringueira, e quando a borracha declina, desce, invade os cafezais do sul. Ou procura a cidade grande, penetra a fábrica e o quartel. E a parte mais culta, constituída pelas chamadas classes intelectuais, tenta agarrar-se ao funcionalismo, à imprensa, a outras ocupações mais ou menos precárias.

Por outro lado os imigrantes de ordinário não entram no país: localizam-se na periferia, apenas arranham a superfície. E assim, colados à pele, ignorando o organismo do país, muitas vezes querem impingir-lhe remédios estranhos e violentos que outros povos, cansados, adotam com desconfiança.

Fica a cidade, pois, assaltada pela frente e pela retaguarda. O estrangeiro que vem tentar fortuna tem, hoje como ontem, uma alma de conquistador: não se aguentou na sua terra, sobrou, mas trouxe de lá algumas panaceias e deseja experimentá-las. O indígena necessitado escuta-o como o selvagem escutava os primeiros civilizados que desembarcaram das caravelas. E como o cristianismo aqui e ali se deturpou em contato com as religiões dos pretos e dos índios, certas ideias exóticas, papagueadas por beatos de Antônio Conselheiro e do padre Cícero, ligeiramente modificadas, logo se deformam e acanalham.

É verdade que nem tudo se dá precisamente desse modo. Não podemos afirmar que todos os provincianos aqui venham dispostos a repetir fórmulas vazias e vestir camisas ridículas que se tingem de sangue, nem que todos os alienígenas tragam a intenção de subverter a ordem. Mas esses males existem e devem ser tomados em consideração.

Provavelmente as duas correntes migratórias que se dirigem à capital — a que vem do centro e a que chega do exterior — encerram numerosos aventureiros decididos a arriscar muito, sobretudo a arriscar o que não lhes pertence.

É necessário desobstruir a cidade, o que será feito se se der ao camponês uma existência razoável que o prenda à roça, se se oferecer ao imigrante o trabalho remunerador que a nossa agricultura atrasada ainda não lhe proporciona.

Mas convém não imaginarmos que essas coisas se possam conseguir de repente, que por um golpe de vara de condão se desloquem multidões para o campo, em busca duma nova Canaã. Certamente não teremos bandeiras cortando o sertão, pouca gente se decidirá a "galgar a montanha, transpor os planaltos", penetrar o coração da terra adormecida há séculos. A expressão do sr. presidente da República, "marcha para oeste", não deve ser tomada ao pé da letra. É provável que durante algum tempo a cidade continue como está: a maioria dos seus habitantes, acostumada ao *placard* e ao anúncio, nela permanecerá, arrastar-se-á pelos cafés e pelos cinemas, inutilmente.

O que, porém, se projeta, como declara o chefe do Estado, "não será obra para uma geração". Estradas de rodagem, ferrovias, linhas de navegação, a princípio darão trabalho às populações rurais, depois transportarão para os centros urbanos não indivíduos desocupados, mas as riquezas que se produzirem. O governo promete a instalação da grande siderurgia, o que determinará, sem dúvida, uma transformação radical nos nossos costumes. Sentir-nos-emos pouco a pouco fortes, cortaremos as amarras que ainda nos prendem ao velho continente. Quando fabricarmos os trilhos das nossas estradas e construirmos as locomotivas que hão de rodar sobre eles, poderemos pisar com força, aprumar o espinhaço e exibir a arrogância tranquila de certos visitantes que aqui aportam com ares de proprietários.

Parece que o homem da roça experimenta uma certa vergonha da sua origem, vergonha provavelmente causada pela pobreza que ali reina. É essa humilhante sensação de inferioridade que o faz despregar-se facilmente do seu torrão e desejar esquecê-lo depressa. Transplantado para a cidade, talvez ele não volte, prefira continuar a percorrer as avenidas e a esperar um milagre que lhe endireite as finanças, ainda quando uma revolução econômica se opera dentro do país.

Teremos, pois, muitas vidas sacrificadas pela estagnação em que jaz o interior e pelo progresso rápido que inundou a capital. É indubitável, porém, que, aumentados os nossos recursos, criadas novas indústrias, estabelecido um regular sistema de transportes para os produtos agrícolas, que às vezes, por falta de escoamento, deixam de representar valor, as populações rurais ficarão valorizadas e não mais terão necessidade de emigrar. É nesse sentido que se devem tomar as palavras do sr. presidente da República quando ele se refere à "marcha para oeste".

O discurso de 1º de janeiro revela uma grande honestidade: há nele a confissão de que nos faltam muitas coisas, especialmente vias de comunicação e indústria pesada. Mas ninguém teria tal franqueza se a situação do país fosse realmente demasiado precária, se não houvesse remédio para os males que nos afligem. Apontando as nossas deficiências, o sr. Getúlio Vargas mostra logo uma série de medidas que devem ser adotadas — e isto nos tranquiliza. O tom do discurso é em geral otimista. Ainda bem.

Há uma horrível maneira de contar certas histórias desagradáveis responsabilizando a gente miúda por falhas de que ela não pode ter culpa. Se o sertanejo é pobre, é porque tem preguiça de plantar; se emigra, é porque nasceu com vocação para vagabundo. Esse meio cômodo de afastar dificuldades caluniando o matuto é uma brincadeira cruel, pelo menos tão inútil e mentirosa como as loas que outros lhe cantam, celebrando-lhe imoderadamente a coragem, a inteligência, enfim um razoável catálogo de virtudes possíveis, virtudes que se estiram junto ao inventário de numerosas vantagens da terra: cachoeiras, minas, o comprimento dos rios e a extensão das matas.

No discurso de 1º de janeiro nem o mais leve remoque existe ao roceiro que emigra, nenhuma frase de admiração inútil a riquezas inexploradas. Afirma-se ali, porém, que essas riquezas serão arrancadas do seio da terra.

Assim, o homem acabará prendendo-se a ela e amando-a, não com o amor palavroso e estéril aconselhado em gritos pelos que fazem do patriotismo uma indústria, mas em silêncio e energicamente, trabalhando.

Melhorados e aumentados os meios de transporte, utilizados os nossos recursos em toda a superfície do país, especialmente o carvão, o petróleo e o ferro, o que originará melhor distribuição demográfica e elevação consequente do nível cultural, os camponeses não mais precisarão buscar na cidade o que ela não lhes pode oferecer.

E os estrangeiros que nos procuram, espalhados por essa enorme extensão territorial, mais úteis do que hoje são e facilmente assimiláveis, não nos darão a impressão de hóspedes às vezes incômodos que se juntam em colmeias turbulentas onde se ensinam línguas exóticas nas escolas e não raro se fabricam venenos políticos.

A propósito de seca

O estrangeiro que não conhecesse o Brasil e lesse um dos livros que a nossa literatura referente à seca tem produzido, literatura já bem vasta, graças a Deus, imaginaria que aquela parte da terra que vai da serra Ibiapaba a Sergipe é deserta, uma espécie de Saara.

Realmente os nossos ficcionistas do século passado, seguindo os bons costumes de uma época de exageros, contaram tantos casos esquisitos, semearam no sertão ressequido tantas ossadas, pintaram o sol e o céu com tintas tão vermelhas que alguns políticos, sinceramente inquietos, pensaram em transferir da região maldita para zonas amenas os restos da gente flagelada. Tiveram esta ideia feliz e depois se lembraram de contar os famintos e transportá-los. Verificou-se então que ali se apertava, em seis estados miúdos, quase um quinto da população do Brasil.

Houve suspiros de alívio, alguma surpresa e uma vaga decepção. Não seria fácil conduzir aquele povo todo, através de lugares hostis, para uma nova Canaã. Não seria fácil, nem seria necessário. Afinal se os nordestinos, seguindo o preceito bíblico, se tinham multiplicado tanto, então é que não se alimentavam apenas de raiz de imbu, semente de mucunã, couro de mala e carne humana. Pois até a antropofagia serviu para dramatizar a seca, em jornal e em livro. Suprimiu-se a antropofagia, nos caminhos brancos as ossadas diminuíram, os poentes tornaram-se menos vermelhos — e reconheceu-se por fim que o Nordeste, para sustentar população tão numerosa, tinha fatalmente de produzir alguma coisa. Mesmo admitindo que os seus habitantes fossem demasiado econômicos, tanto como as plantas que nascem entre pedras ou bichos que vivem entre espinhos, era preciso supor na terra, para que os homens pudessem propagar-se, a existência de plantas e de bichos. Porque, enfim, ninguém conseguiu nutrir-se de literatura, coisa que, em falta de melhor, o Nordeste produziu com abundância.

Mas os horrores das estiagens que tinham originado poesias muito bonitas ainda estavam nos espíritos, a visão de "grandes bois sequiosos mugindo soturnamente" persistia — e acreditava-se que vários milhões de pessoas vivessem em estado de fome permanente, imaginando a fartura que dão os cafezais de São Paulo e a riqueza que se arrancava à borracha do Amazonas, fartura problemática e riqueza hoje impossível. A figura do retirante, celebrado em prosa e verso, inspirou compaixão e algum desprezo, compaixão porque ele era evidentemente infeliz, desprezo por ser um indivíduo inferior, vagabundo e meio selvagem. O sentimentalismo romântico sempre viu as famílias dos emigrantes vagando à toa pelas estradas, rotas, sujas, trocando crianças por punhados de farinha de mandioca.

Certamente há demasiada miséria no sertão, como em toda a parte, mas não é indispensável que a chuva falte para que o camponês pobre se desfaça dos filhos inúteis. Não há dúvida de que a seca engrossou as correntes emigratórias que se dirigiram ao norte e ao sul do país, mas a seca é apenas uma das causas da fome, e de qualquer forma os nordestinos, em maior ou menor quantidade, teriam ido cortar seringa no Amazonas ou apanhar café no Espírito Santo ou em São Paulo.

Que é que determina penúria tão grande no Nordeste? Por que a fuga da gente de lá? A verdade é que essas coisas são evidentes em consequência do elevado número de habitantes. Se excluíssemos a seca, ainda nos restaria bastante miséria, e ela avultaria mais que em Mato Grosso, por exemplo, onde, sendo muito espalhada, pode não ser percebida. O êxodo dos flagelados é um modo de falar. Não há êxodo. Mas sai muita gente. Sai gente de toda a parte. Numa região, porém, onde se espremem quase dez milhões de indivíduos mal acomodados, o total dos que emigram deve ser considerável. Do Pará e de Goiás não poderiam sair muitos.

Temos um deserto estranhamente povoado, um deserto com doze habitantes por quilômetro quadrado no Ceará, densidade igual à do Rio Grande do Sul, e quarenta e sete em Alagoas, densidade apenas inferior à do Estado do Rio. Essa gente prolífica e tenaz, amontoada numa terra pobre, de agricultura rotineira e indústria atrasada, naturalmente vive mal. De ordinário, as grandes fortunas não existem, e nos meios rurais é um eterno recomeçar.

Reduzida a produção, surgem dezenas de ofícios parasitários, e o nordestino dedica-se a um deles antes de emigrar, torna-se negociante ambulante, trocador de animais, atravessador, salteador, encarrega-se enfim de fazer circular o pouco que existe.

O tipo heroico do cangaceiro do século passado, espécie de Quixote que se rebelava contra a ordem para corrigir injustiças, por questões de honra ou desavença política, é uma figura que vai desaparecendo ou desapareceu completamente. O cangaceiro atual é uma criatura que luta para não morrer de fome. Aquele era um proprietário que, perseguido por vizinhos mais fortes, tomava armas e, com um pequeno grupo de parentes e aliados, resolvia eliminar o delegado, o juiz, todas as autoridades que favoreciam os seus inimigos; este é um sujeito sem melindres, que provavelmente não conserva a lembrança de ofensas recebidas e se alguma vez teve negócio com a polícia, e dormiu no tronco, acha o fato natural, pois "apanhar do governo não é desfeita". O cangaço antigo, em que surgiam rasgos de cavalheirismo, certamente duvidoso, mas afinal aceitos sem dificuldade e propagados pelos trovadores broncos do interior, era um fenômeno de ordem social; o de hoje, bárbaro, monstruoso, é uma consequência da desorganização econômica. O primeiro deu Jesuíno Brilhante, o segundo produziu Lampião.

Essa desorganização não é talvez efeito apenas de seca. Processos rotineiros na agricultura, indústria precária, exploração horrível do trabalhador rural, carência de administração, devem ter contribuído, tanto como a seca, para o atraso em que vive a quinta parte da população do Brasil.

Norte e sul

Essa distinção que alguns cavalheiros procuram estabelecer entre o romance do norte e romance do sul dá ao leitor a impressão de que os escritores brasileiros formam dois grupos, como as pastorinhas do Natal, que dançam e cantam filiadas ao cordão azul ou ao cordão vermelho.

Realmente a geografia não tem nada com isso. Não podemos traçar no mapa uma linha divisória dos campos onde os cordões cantam e dançam.

O que há é que algumas pessoas gostam de escrever sobre coisas que existem na realidade, outras preferem tratar de fatos existentes na imaginação. Esses fatos e essas coisas viram mercadorias. O crítico, munido de balanças e outros instrumentos adequados, pode medi-las, pesá-las, decidir sobre a mão de obra e a qualidade da matéria-prima, até certo ponto aumentar ou reduzir a procura, mas quem julga definitivamente é o freguês, que compra e paga.

O fabricante que não acha mercado para o seu produto zanga-se, é natural, queixa-se com razão da estupidez pública, mas não deve atacar abertamente a exposição do vizinho. O ataque feito por um concorrente não merece crédito, o consumidor desconfia dele.

Ora, nestes últimos tempos surgiram referências pouco lisonjeiras às vitrinas onde os autores nordestinos arrumam facas de ponta, chapéus de couro, cenas espalhafatosas, religião negra, o cangaço e o eito, coisas que existem realmente e são recebidas com satisfação pelas criaturas vivas.

As mortas, empalhadas em bibliotecas, naturalmente se aborrecem disso, detestam o sr. Lins do Rego, que descobriu muitas verdades há séculos, escondidas no fundo dos canaviais, o sr. Jorge Amado, responsável por aqueles horrores da ladeira do Pelourinho, a sra. Rachel de Queiroz, mulher que se tornou indiscreta depois do *João Miguel*.

Os inimigos da vida torcem o nariz e fecham os olhos diante da narrativa crua, da expressão áspera. Querem que se fabrique nos romances um mundo diferente deste, uma confusa humanidade só de almas, cheias de sofrimentos atrapalhados que o leitor comum não entende. Põem essas almas longe da terra, soltas no espaço. Um espiritismo literário excelente como tapeação. Não admitem as dores ordinárias, que sentimos por as encontrarmos em toda a parte, em nós e fora de nós. A miséria é incômoda. Não toquemos em monturos.

São delicados, são refinados, os seus nervos sensíveis em demasia não toleram a imagem da fome e o palavrão obsceno. Façamos frases doces. Ou arranjemos torturas interiores, sem causa. É bom não contar que a moenda da usina triturou o rapaz, o tubarão comeu o barqueiro e um sujeito meteu a faca até o cabo na barriga do outro. Isso é desagradável.

É mesmo. É desagradável, mas é verdade. E o que é mais desagradável, e também verdade, é reconhecer que, apesar de haver sido muitas vezes xingada essa literatura o público se interessa por ela.

Orientemos o público. A ordem é apitar, estrilar, reduzir ao silêncio alguns tipos indesejáveis.

Não há grupo do norte nem grupo do sul, está claro. Mas realmente os nordestinos têm escrito inconveniências. Pois não é que o sr. Amando Fontes foi dizer que as filhas dos operários se prostituem?

Ataquemos o sr. Amando Fontes e outros, os que têm aparecido ultimamente do Ceará até à Bahia, excetuando os que não disseram nada. Vamos falar mal de todos os romancistas que aludem à fome e à miséria das bagaceiras, das prisões, dos bairros operários, das casas de cômodos. Acabemos tudo isso.

E a literatura se purificará, tornar-se-á inofensiva e cor-de-rosa, não provocará o mau humor de ninguém, não perturbará a digestão dos que podem comer. Amém.

abril de 1937

Caminho de pedras

Faz uma eternidade que Rachel de Queiroz desapareceu. Surgiu um dia inesperadamente com um volume editado no Ceará, produziu agitação e alguma desconfiança. Uma fotografia publicada em *Novidades Literárias*, o jornal de Augusto Frederico Schmidt, deixou muita gente de orelha em pé. Naquele tempo, excetuando-se *A bagaceira*, que tinha feito barulho enorme, não havia literatura no Nordeste. Se havia, era coisa que se acabava por lá mesmo, ninguém tinha conhecimento dela.

O quinze caiu de repente ali por meados de 30 e fez nos espíritos estragos maiores que o romance de José Américo, por ser livro de mulher e, o que na verdade causava assombro, de mulher nova. Seria realmente de mulher? Não acreditei. Lido o volume e visto o retrato no jornal, balancei a cabeça: não há ninguém com este nome. É pilhéria. Uma garota assim fazer romance! Deve ser pseudônimo de sujeito barbado.

Depois conheci *João Miguel* e conheci Rachel de Queiroz, mas ficou-me durante muito tempo a ideia idiota de que ela era homem, tão forte estava em mim o preconceito que excluía as mulheres da literatura. Se a moça fizesse discursos e sonetos, muito bem. Mas escrever *João Miguel* e *O quinze* não me parecia natural.

Findo aquele espalhafato do começo, Rachel meteu-se nos bastidores. Agora reaparece com uma excelente novela, *Caminho de pedras*.

Não sei como irão receber esse livro os figurões gordos que em 30 faziam salamaleques à autora. Por alguns sinais vejo que não estão satisfeitos. E com razão: *Caminho de pedras* é uma história de gente magra, uma história onde há fome, trabalho excessivo, perseguições, cadeia, injustiças de toda a espécie, coisas que os cidadãos bem instalados na vida não toleram. Há ali tristeza demais, rostos amarelos, desânimos, incompreensões, desavenças.

Felizmente para os amigos da tradição, lá vemos os amores do capitão Nonato com a mulher do faroleiro, mas esse pequeno adultério, que produziria bom efeito se fosse pintado com as cores ordinárias, não agrada. O capitão Nonato, homem aproveitável com jeito de herói, fica sendo o que é realmente: um sedutor de prostitutas casadas. Se Rachel de Queiroz houvesse feito o seu livro em conformidade com certas receitas que andam por aí, teria emprestado uma alma ao capitão Nonato — e o caso dele se complicaria terrivelmente. Nada disso. O capitão Nonato não sofre.

Outros personagens sofrem demais, não chateados por uma alma caprichosa, mas atormentados pelo estômago e pelo sexo. O drama de Noemi e João Jacques tortura a gente como um ferro de dentista. Noemi gosta do marido, está presa a ele pelo hábito, pelo filho, pelas ideias. Mas a atração sexual desapareceu. Naturalmente não encontramos na casinha que eles habitam a poesia da vida humilde, os galões e os penduricalhos com que se enfeita a miséria. Tem coração e uma cabana. Pois sim. Existe a cabana — e os corações se afastaram, desesperam-se porque não se podem aproximar de novo. Uma criatura rola na cama, olha com desgosto a barriga e os seios que se deformam, chora, morde as cobertas.

Estou vendo que algumas pessoas vão xingar-me de inconsequente. Se o caso de Noemi comove, bole com o leitor, os amores do capitão Nonato poderiam igualmente, sendo bem explorados, dar assunto para um bom romance. Talvez dessem, mas então seria um romance da fraude, porque aí toda a gente se engana. A faroleira engana o marido, junta-se ao capitão Nonato, que a engana, e, sentindo-se enganada, engana também o capitão. Vemos aí, em dez ou doze linhas, uma pequena transação. Nenhum drama. Temos a mulher-mercadoria, a mulher que não se dá, mas pode ser vendida ou furtada. O bairro, acostumado à venda e ao furto, aprova silenciosamente essas operações.

Na história de Noemi não há disso. Quando a vida em comum se torna impossível, o casal se separa. João Jacques desaparece. E a mulher o acompanha de longe na viagem, fala como se estivessem juntos, adivinha o que acontece na terceira classe do navio que o leva. Esse monólogo é uma das coisas melhores que Rachel tem escrito.

Depois há a morte duma criança, a página mais intensa do livro. A mãe não chora, não se lastima, fica atordoada, pensando vagamente que nada está perdido e o filho viverá de novo, anda num estado de meia inconsciência, quase idiotice. Afinal vem uma explosão de desespero. As ruas estão cheias de crianças. "Quantos meninos vivos!" O grito selvagem entra-nos pelos ouvidos. O livro desaparece. O que existe é uma agonia imensa, uma angústia que nos aperta a garganta.

Rachel de Queiroz esteve cinco anos por fora, andou em muitos lugares, conheceu caminhos de pedras. Mas a novela que nos deu paga bem essa ausência prolongada.

Pureza

Um novo livro de José Lins do Rego. É uma notícia que não vai surpreender ninguém, porque o público já se acostumou a ver surgirem nas vitrinas das livrarias os romances do escritor paraibano. Esse homem caminha com botas de sete léguas. Enquanto outros marcam passo ou avançam algumas polegadas, laboriosamente e suando, como se transportassem peso excessivo em caminhos esburacados, ele corre sem se cansar. Para um instante, julgamos que vai tomar fôlego. Engano: está risonho, alegre, a respiração tranquila.

Contou-nos em alguns volumes uma admirável história de proprietários nordestinos que se arruinavam. Dessas obras podemos afastar *Moleque Ricardo*, estranho a engenhos e bagaceiras. Ricardo foge, cai no Recife, ouve discursos, mete-se em greves, navega para Fernando de Noronha. E quando reaparece no meio dos canaviais, é já em outro romance, o último da série que Lins do Rego batizou com o título de *Ciclo da cana-de-açúcar*.

Deixemos de parte as mofinas provocadas por esse título. Realmente a afirmação de que o autor faz relatório sobre a produção do açúcar é uma picuinha inofensiva. De *Menino de engenho* a *Usina*, moendas, casas de purgar veem-se de longe, ou não se vêem; os engenhos nunca são descritos por dentro; toda a vida se concentra na casa-grande, numa rede ou num banco da casa-grande; e nos caminhos, à porta dos casebres miúdos onde se apertam novos e antigos escravos.

Excluído *Moleque Ricardo*, restam na coleção de Lins do Rego quatro volumes que nos dão, com minúcias de observador cuidadoso, um drama do interior do Nordeste.

O que agora nos chega, *Pureza*, mostra-nos a mesma gente dos outros, mas uma gente quase acabada. Os cabras do eito subiram, os senhores do engenho desceram, na cidade há mulatos fuxicando em política. E na povoação de Pureza, insignificante estação da Great Western, Antônio Cavalcante, descendente provável de fidalgos italianos, neto de ricaços, arrasta-se dificilmente pedindo e furtando, martirizando a mulher, que luta sozinha para reconstituir a família estragada. A filha mais velha caiu no mundo, a mais nova começou mal e vai seguindo o caminho da primeira.

É necessário salvar a honra, não propriamente a honra, meio esmolambada, mas qualquer coisa parecida com isto. E, como instrumento de salvação, tudo serve, até o cabra que maneja bandeirinhas, na estação, à chegada e à saída dos trens.

A mãe nordestina, paciente, discreta, laboriosa como formiga, excelente criação do romancista, quer que a família se perpetue, não admite sociedade que não esteja baseada no regime patriarcal. E, em falta de partido razoável, atira a moça avariada para os braços dum sujeito de sangue inferior.

Outra figura bem apanhada, mas não original porque reproduz com pequenas variantes o Carlos de Melo dos primeiros livros, é o bacharel doente curado por duas matutas, um doente ingrato que deseja fugir e abandonar o tratamento.

Essa necessidade de fuga aparece com surpreendente constância nos personagens de Lins do Rego. Há neles qualquer coisa de selvagem, cigano e judeu. *Menino de engenho*, *Moleque Ricardo* e *Usina* começam e terminam com fuga. *Doidinho* e *Banguê* acabam em fuga. Em *Pureza* há fugas igualmente. A primeira filha do chefe da estação foge, será uma rapariga a rolar pelas pensões alegres. A segunda vai ligar-se ao sinaleiro mestiço, terá filhos vagabundos e brigará com o marido, um infeliz que chegou a ela sem subir. Ela também não desceu chegando-se a ele. Tinha conhecido vários homens, e o último, aquele bacharel indeciso, ponta de rama, desvia-se egoísta, acaba os seus dias insípidos num casarão da cidade.

Os engenhos se desmoronaram diante das usinas que o americano levantou no Nordeste. As famílias dos antigos senhores da terra empobreceram e dispersaram-se nos outros romances. E agora, neste *Pureza*, somem-se definitivamente, esfarelam-se, acanalham-se.

Antônio Cavalcante, funcionário da Great Western num povoado de meia dúzia de casas, é jogador e ladrão.

Desceu tanto que ouve em silêncio os desaforos dos carreiros do chefe político. A mulher vende xícaras de café aos passageiros dos trens, humilha-se diante duma preta que há meio século teria aguentado relho no tronco e hoje é D. Felismina. As filhas, coitadas, são aquilo que se viu.

Os primeiros romances de Lins do Rego tratam da decadência econômica da família rural no Nordeste. Vemos agora a decadência moral da mesma família. *Pureza* completa admiravelmente o *Ciclo da cana-de-açúcar*. Pertence mais a ele que *Moleque Ricardo*, história de negros e mulatos, ótima história que poderia continuar depois que a moça branca, mais ou menos descendente de fidalgos florentinos, se enganchou com um cabra.

Uma tradução de Pero Vaz

A fita que Humberto Mauro nos apresenta agora é uma coisa bem estranha no cinema brasileiro. O governo da Bahia custeou-a, ou pelo menos patrocinou a execução dela — e procedeu com muito acerto. Estávamos acostumados a ver tanta coisa chocha que esse descobrimento do Brasil, realizado sob a orientação de técnicos que dispensam elogios, quase nos assombra. Ordinariamente víamos as películas nacionais por patriotismo. E antes de vê-las, sabíamos perfeitamente que, excetuado o patriotismo que nos animava, tudo se perdia.

Temos enfim um trabalho sério, um trabalho decente: a carta de Pero Vaz reproduzida em figuras, com admiráveis cenas, especialmente as que exibem multidão. Aí estão os fidalgos cobertos de veludo e de seda, a maruja descalça, a nau perdida, a chegada a Santa Cruz, a missa, a dança dos índios, a excelente dança dos índios, com excelente música de Villa-Lobos. De atores, apenas Frei Henrique de Coimbra e mais dois frades.

Afirmaram-me que o físico mestre João passou alguns meses habituando-se a coxear. E tanto se habituou que hoje, peixeiro e fora da tela, continua coxeando. Esse mestre João, que vive mexendo no astrolábio e descobre uma vereda nova no céu, é magnífico. Os fidalgos portugueses estão bons, alguns estão muito bons, mas esse mestre João, peixeiro e coxo, é espantoso. Bom como ele só o degredado que fica junto da cruz. E índios muito verdadeiros, muito vivos: o que anuncia a vinda dos marinheiros, os que dançam na praia, os dois encontrados na piroga e levados a Cabral.

É aí que nos aparece um desgosto. Esses dois selvagens são ótimos: ingênuos, confiados, facilmente excitáveis. Perfeitos selvagens. O que nos espanta é o acolhimento que eles tiveram a bordo. Essas coisas estão na carta de Pero Vaz, é claro, mas lá estão contadas simplesmente e agora surgem pormenores que prejudicam a verossimilhança do caso.

Os estrangeiros se extasiam na presença dos hóspedes beiçudos e pintados que jogam fora a comida e cospem a bebida. São uns santos os portugueses, têm uma expressão de beatitude que destoa das façanhas que andaram praticando em Terras de África e de Ásia e por fim neste hemisfério. É o próprio almirante que põe cobertores em cima dos selvagens e lhes arruma travesseiros com uma solicitude, uma delicadeza de mãe carinhosa. Os visitantes praticam numerosos disparates — e os brancos não desmancham um sorriso de condescendência babosa.

Diante do invariável sorriso, chega-nos uma ideia triste. Se os europeus procederam de semelhante modo, foram os maiores canalhas do universo, pois enganaram, adularam torpemente os desgraçados que pouco depois iam exterminar.

Mas a intenção dos criadores da melhor película brasileira não foi denegrir o invasor: foi melhorá-lo, emprestar-lhe qualidades que ele não tinha. Se nos mostrassem apenas ofertas de cascavéis e voltas de contas, muito bem. Mas vemos um sorriso beato nos lábios daqueles terríveis aventureiros, vemos o comandante da expedição, com desvelo excessivo, lançar cobertas sobre os tupinambás e retirar-se nas pontas dos pés, para não acordá-los. Como não é possível admitir que o almirante pretendesse iludir criaturas adormecidas, é razoável supormos que ele tinha um coração de ouro.

Sabemos, porém, que os que vieram depois dele foram muito diferentes.

E lamentamos que nesse trabalho de Mauro, trabalho realizado com tanto saber, se dê ao público retratos desfigurados dos exploradores que aqui vieram escravizar e assassinar o indígena.

Romances

Dizem por aí que existem no Brasil atualmente muito bons romances. É possível que daqui a vinte anos ninguém tenha notícia deles. Aparecerão outros grandes escritores, e os de hoje, velhos, arrasados, julgarão com certeza a literatura perdida. É o que acontecerá, provavelmente. Mas por enquanto os críticos andam otimistas. E, em conformidade com a opinião deles, todos afirmam que a literatura nacional vai bem. Todos, especialmente os autores. É bom que eles pensem assim e trabalhem muito.

Não podemos apresentar ao mundo a escrava Isaura, o moço louro e Peri. Está claro que isso antigamente serviu para o consumo interno. Mas poderíamos, neste horrível tempo de intercâmbio, oferecer ao mercado estrangeiro semelhante produto? Estragaríamos definitivamente no conceito dos outros povos o Brasil, pátria amada, com mais de oito milhões de quilômetros quadrados e bem uns cinqüenta milhões de habitantes.

Precisamos arranjar uma literatura para exportação. Nunca tivemos isso, e é uma desgraça. Pensam lá fora que somos uns bárbaros, que só temos percevejos e moleques.

Machado de Assis está muito batido, explorado demais pelos biógrafos. E essa edição feita nos Estados Unidos é uma coisa pouco mais ou menos lendária, é uma edição telescópica, absolutamente invisível aos mortais que não possuírem setecentos mil-réis desnecessários. O *Sargento de milícias* e alguns livros de Aluísio Azevedo, requentados pela Garnier, não tiveram saída. O consumidor tem mau gosto e ainda prefere as choradeiras de Humberto de Campos, que está acabando de moer a paciência nacional.

De qualquer forma precisamos exportar literatura. Possuímos excelentes romances que não são lidos. Os críticos garantem a qualidade deles, os editores fazem uma propaganda terrível em jornal e em cartaz, mas os leitores desconfiam e vão direito à exposição dos livros franceses. Senhoras idosas, de óculos, ainda leem o *Guarani* e choram, mas relativamente aos livros modernos é o que se vê. Falta de público.

É essa horrível desconfiança que existe a respeito da mercadoria de casa, desconfiança até certo ponto justificável, originada na banha com água e no feijão bichado. Para combatê-la, o fabricante adotou com êxito a intrujice de apresentar o artigo indígena com rótulo estrangeiro. É um bom processo. Se não temos outro meio de convencer o freguês de que fabricamos coisas boas, por que não nos serviremos da contrafação? Em certos casos ela deveria até ser obrigatória. Nessa coisa de literatura, por exemplo.

Evidentemente, apesar do otimismo reinante, não temos livros exportáveis. Mas poderíamos vender alguns para fora e depois comprá-los de novo, exatamente como fazemos com certos produtos, que saem daqui e voltam melhorados, empacotados e recomendados por uma gente qualquer, que julgamos superiores.

Os romances brasileiros custam uma ninharia e envelhecem nas prateleiras dos editores. Os romances franceses estão pela hora da morte e são procurados com avidez.

O governo, se se ocupasse com isso, mandaria passar algumas novelas indígenas para o francês. Talvez elas não fossem vendidas lá fora. Não faria mal. Viria para aqui a tiragem toda. Vendo-as em línguas de branco, o público arregalaria o olho, convencer-se-ia de que estava diante de mercadoria boa e cairia no logro: daria vinte mil-réis por uma brochura que aqui se vende por seis.

Uma justificação de voto

sr. José Carlos Borges deseja uma apresentação para o seu livro *Neblina*, ou antes para a história que inicia o livro.

Não me agradam esses narizes de cera: revelam timidez no autor, penso eu, e dão ao prefaciador uns ares de padrinho, uma suficiência irritante. Pergunto a mim mesmo a serventia dum prefácio em obra de ficção. Se ela precisa dessa espécie de asbesto que a preserve da malevolência pública, não está realizada. Em geral as explicações de encomenda são inúteis. Parece que solicitam a condescendência dos leitores, exagerando qualidades boas e escondendo defeitos. De algum modo são cartas de recomendação aos críticos. A estes compete escarafunchar, interpretar, julgar, trabalho que o encarregado do introito não poderia decentemente fazer, por falta de independência.

Ora, o sr. José Carlos Borges não me pede exatamente um par de muletas, objetos que não utilizaria, pois anda e corre com facilidade: quer apenas que me explique a respeito dum voto que dei, o ano passado. A resposta vai realmente ser publicada como prefácio, mas é um prefácio chinfrim, porque só se refere a algumas páginas do livro.

Bem. Acho conveniente narrar esse caso por miúdo e expor a minha opinião, que, brigando com a de pessoas capazes, deve estar errada. Há tempo o diretor do semanário *Dom Casmurro* convidou-me para fazer parte dum júri que ia funcionar num concurso de contos. Aceitei a incumbência, mas quando procurei os nomes dos outros juízes, soube que a revista adotara um processo esquisito de julgamento: os jurados, escolhidos em segredo, receberiam os trabalhos em casa, leriam todos ou alguns, se quisessem, e indicariam os melhores.

— Vai haver uma bagunça dos diabos, disse comigo.

E houve. Enviaram-me dois enormes embrulhos com milhares de folhas datilografadas. Horrível. Se eu conhecesse os outros membros da comissão e confiasse neles, não leria talvez aquela droga toda. Ocupado nas minhas encrencas ordinárias, bastante numerosas, deixaria em sossego as letras nacionais, que passam perfeitamente sem mim, e examinaria, livre de cuidados, as histórias selecionadas por inteligências de bom quilate. Chegaríamos assim a entendimento.

Mas o diretor da revista havia usado perfídia: era-me indispensável gramar, de cabo a rabo, aquela medonha papelada. Resignei-me. E vi o que os nossos patrícios, em Santo Antônio do Madeira, em Sant'Ana do Livramento, em Garanhuns e em Passa Quatro, estão fazendo em arte escrita. Comoveu-me a valentia do sertanejo que, em noite de festa, canta, dança, entra em barulho, quebra as forças da morena vestida de chita, depois se casa com ela, é enganado e mata dois meliantes. Essa tragédia foi contada muitas vezes, ocupou grande parte dos pacotes referidos. Contemplei vários poentes, ensanguentados, é claro, como todos os poentes que se respeitam, e reli as duas descrições úteis a românticos e realistas: a queimada e a enchente. A água e o fogo ainda são elementos no interior, pelo menos em literatura. Admirei períodos muito bem compostos, embalei-me com o ritmo binário e com o ritmo ternário. Vi de perto sequazes de Coelho Neto, de Humberto de Campos e (para que não dizer tudo?) de Catulo da Paixão Cearense. Junto a esses, alguns cidadãos, poucos, enveredavam pelo modernismo e, adotando cacoetes postos em moda de 1922 a 1930, arrumavam frases curtas, telegráficas, confusas, trocavam os lugares dos pronomes, começavam nomes próprios com letra minúscula.

Afastei isso tudo. E como era necessário escolher treze contos, separei casos simples e humanos, alguns bem idiotas, mas sem francês, sem inglês, sobretudo sem a ponta de faca da honra cabocla, mentirosa e besta, sem ritmos infalíveis, o binário e o ternário, sem enchente e queimada, sem as tapeações do modernismo. Remeti uma lista ao semanário — e foi um desastre. Os homens do júri (creio que eram cinco) mandaram listas diferentes umas das outras, e, se não houve alguma coincidência na votação, devem ter surgido, em vez de treze, sessenta e cinco histórias dignas de prêmio.

— Como é isso? perguntará um leitor bisonho de Nossa Senhora de Sapucaí. Não existe um critério para avaliar essas coisas? uma bitola para medi-las? Cada um tem o direito de afirmar que isto ou aquilo presta ou não presta, à vontade?

É isso mesmo, amigos de Sapucaí, de Araraquara e de Palmeira dos Índios. Cada um tem o direito de considerar bom ou ruim isto ou aquilo. Entre nós é assim: declaramos o que nos vem à cabeça. Nesse negócio do *Dom Casmurro* o diretor deve ter ficado numa atrapalhação:

— Diabo! Nem para o prêmio grande há dois votos concordantes?

Mas deve ter dado boas gargalhadas. Seria necessário arranjar novo júri? Talvez não valesse a pena. Em vez de sessenta e cinco votos diferentes, apareceriam cento e trinta — e a dificuldade se agravaria. Nomeou-se um desempatador, um crítico, o sr. Almir de Andrade. E as histórias que escolhi foram premiadas.

A do sr. José Carlos Borges, *Coração de D. Iaiá*, obteve o primeiro lugar. Por que seria que outros julgadores não haviam gostado dela?, perguntei a mim mesmo. Talvez, no momento da leitura, estivessem friorentos ou esquentados, satisfeitos ou aborrecidos, com os estômagos cheios ou vazios. Reli o conto em diversos estados — e ele resistiu ao frio, ao calor, à raiva, à alegria, à fome, ao ciúme e à dor de dentes. E pensei que Deus Nosso Senhor, antes de nos dar a literatura, nos deu a cárie, a mulher, a pele e numerosas entranhas para sabermos se um conto é bom ou ruim.

Veio a lume *Coração de D. Iaiá* — e surgiram quiproquós. Vários cavalheiros entendidos me vieram interpelar, alegando que ao trabalho escolhido faltavam coisas indispensáveis: a cadência, o adjetivo grudado ao substantivo e o advérbio engatado ao adjetivo. Expliquei-me como pude. Que havia pretendido revelar-nos o autor? Uma senhora cacete, que atrapalhava os amores do filho com horríveis conselhos, sempre os mesmos. Pois a pretensão estava realizada. Meia dúzia de cartas malucas, exercício de chateação e uma alma cândida se manifestava, cheia de escrúpulos e sustos, desesperadamente virtuosa, a exagerar os perigos que assaltavam o moço da roça desgarrado na cidade grande.

Assim era, concordaram alguns espíritos sisudos. Achavam, porém, que o escritor pernambucano, desprezando a regra, conseguira resultados imprevistos. Escolhera um bom tipo, e esse tipo começara a mexer-se e a viver, não obstante as deficiências da narrativa. É uma opinião da plateia — e o maior elogio que se pode fazer ao sr. José Carlos Borges. Involuntariamente o defensor da regra afirma a falência dela.

Nestes últimos tempos, em consequência dos excessos do modernismo, vozes se têm levantado condenando a impureza da linguagem e exigindo a restauração das boas normas literárias. Infelizmente, ou felizmente, os pregoeiros da sintaxe e do estilo escorregam às vezes no solecismo e no lugar-comum. É uma incongruência natural neste país, onde os indigentes evitam qualquer alusão à pobreza e os mulatos ignoram o preto.

O sr. José Carlos Borges não comete os deslizes em que são férteis os campeões da lei gramatical. Também não pratica os erros voluntários de certos cidadãos que, escrevendo sistematicamente às avessas, são puristas falhados, tentaram forjar uma língua capenga e falsa. Exprime-se direito, sem penduricalhos, e isto dá à sua prosa uma aparência de naturalidade que engana o leitor desprevenido. Não percebemos o artifício, temos a impressão de que aquilo é espontâneo, foi arranjado sem nenhum esforço. Justificam-se, pois, as restrições e o enjoo dos amigos da forma.

Certamente houve paciência e demora na composição. Descrevendo-nos uma alma simples, vulgar, que se apresenta em cartas, o autor correu o risco de tornar-se vulgar também. Escapando a isso, mostra-se um técnico. Percebe os atoleiros disfarçados que é preciso evitar e os tocos insidiosos que nos arrancam a unha em topadas funestas. Conhece perfeitamente a sua personagem, mas não se confunde em nenhuma passagem com ela. D. Iaiá é matuta, honesta, duma honestidade rigorosa e de pedra. O sr. José Carlos Borges compreende-lhe a moral e a dureza. E fixa-as em cartas que D. Iaiá faria se soubesse escrever. Se ele nos exibisse os bilhetes dessa criatura, com a sua ortografia e a sua pontuação, a história seria horrorosa. A redação não é da velha, mas parece-nos que é. A correspondência tem, portanto, verossimilhança, uma verossimilhança obtida à custa de repetições oportunas e dum vocabulário pequeno, presumivelmente o que adotam as senhoras de escassos recursos intelectuais e muita devoção. O sr. José Carlos Borges repetiu as frases indispensáveis.

Estão admiravelmente expostos no conto, não só os temores da protagonista, mas também alguns pedaços da vida no interior: as relações do coronel com a política dominante, os progressos do rapaz que toca bombardino na filarmônica, as esperanças da moça que se candidata a professora municipal e é barrada pelas parentas do juiz e do prefeito.

O epistolário é monótono — e por aí vemos que D. Iaiá tem bastante gordura, fala arrastado, reza novenas e cria os filhos no temor de Deus. Se tomamos conhecimento disso, sem que o autor tenha precisado gastar em demasia papel e tinta, penso que o conto é bom.

1º de maio de 1940

Um livro inédito

No concurso Humberto de Campos, instituído pela livraria José Olympio, dois escritores chegaram juntos até o último escrutínio: o sr. Luís Jardim, já obtentor de vários prêmios, e Viator, pseudônimo dum desconhecido que se apresentou com um livro de quase quinhentas páginas datilografadas. Ouve discussão, o júri excitou-se, afinal Viator perdeu por um voto. Perdeu, mas teve a preferência de Prudente de Morais, o que sempre vale alguma coisa. E quase chove pancada, argumento de peso nesta capital do futebol e do carnaval, onde os literatos se esquentam desesperadamente e a crítica às vezes deixa o jornal, entra nos becos, ataca famílias respeitáveis e acaba em murros.

Votei contra esse livro de Viator. Votei porque dois dos seus contos me pareceram bastante ordinários: a história dum médico morto na roça, reduzido à condição de trabalhador de eito, e o namoro mais ou menos idiota dum engenheiro com uma professora de grupo escolar. Esses dois contos e algumas páginas campanudas, entre elas uma que cheira a propaganda de soro antiofídico, me deram arrepios e me afastaram do vasto calhamaço de quinhentas páginas.

Jardim embolsou o prêmio, figurou nas vitrinas, recebeu da crítica umas amabilidades. E Viator não se manifestou, até hoje permanece em rigoroso incógnito: ignoramos se é moço ou velho, em que se ocupa, a que raça pertence. Apenas imaginamos que é médico e reside no interior, em Minas ou perto de Minas.

Ora esse silêncio não é razoável. Em virtude da decisão do júri, muita gente supõe que o concorrente vencido seja um escritor de pequena valia. Injustiça: apesar dos contos ruins e de várias passagens de mau gosto, esse desconhecido é alguém de muita força e não tem o direito de esconder-se. Prudente de Morais acha que ele fez alguns dos melhores contos que existem em língua portuguesa. Nestes tempos de elogio barato opiniões semelhantes fervilham nos jornais e não têm a mínima importância, mas Prudente desdenha os salamaleques e julga devagar. Hesitou entre os dois livros, afinal optou pelo que, tendo graves defeitos, encerra trabalhos como "Conversa de bois", uma verdadeira maravilha.

Três membros da comissão escolheram um livro que não sobe demais nem desce muito. Um deles, na véspera do julgamento, aconselhou José Olympio a editar as duas obras, qualquer que fosse a premiada. Realmente a escolha era bem difícil.

Mas Viator não apareceu, o que devemos lastimar. Orgulho ou modéstia? Parece que esse homem não se contenta com segundo lugar. Aqui, porém, não se trata de subalternidade: dos seus contos uns são melhores, outros são piores que os do escritor pernambucano. Viator é terrivelmente desigual: ou o namoro idiota da professorinha ou a morte do compadre Joãozinho Bem-Bem, página admirável.

Vivem por aí a falar demais em literatura do Nordeste, literatura do Centro, literatura do Sul, num jogo de empurra cheio de picuinhas tolas. As histórias a que me refiro são do Brasil inteiro: por isso não podemos saber onde vive o autor, um sujeito que sabe o que diz e observou tudo muito direito.

É preciso que o livro de Viator seja publicado. O meu desejo é que figurem no volume todos os contos, os bons e os maus. A publicação dos segundos justificava a opinião de três membros do júri que funcionou no concurso Humberto de Campos.

20 de agosto de 1939

Contos de vigário

Passam-se tempos sem que ouçamos falar em contos de vigário. Muito bem. Tornamo-nos otimistas, imaginamos que, se a reportagem não menciona esses espantosos casos de tolice combinada com safadeza, certamente os homens ficaram sabidos e melhoraram.

Pensamos assim e devemos estar em erro. Provavelmente esse negócio continua a florescer, mas as vítimas têm vergonha de queixar-se e confessar que são idiotas. Raras vezes um cidadão se resolve a afrontar o ridículo, e vai à polícia declarar que, não obstante ser parvo, teve a intenção de embrulhar o seu semelhante.

O que ele faz depois de logrado é meter-se em casa, arrancar os cabelos, evitar os espelhos e passar uns dias de cama, procedimento que todos nós adotamos quando, em consequência de um disparate volumoso, nos sentimos inferiores ao resto da humanidade. Convenientemente curado, cicatrizado, esquecida a fraqueza, o sujeito levanta-se e adquire consistência para realizar nova tolice. E assim por diante, até a hora da tolice máxima, em que ninguém reincide porque isto é impossível.

Ora, ultimamente, um paulista caiu num conto de vigário, e revelou a sua desgraça com ingenuidade comovedora. Vendo o princípio da notícia, julguei que aquilo tivesse um sentido figurado. Como a coisa se passou em São Paulo, pensei que se tratava de política e sucessão presidencial.

Engano. Achava-me diante de um verdadeiro conto de vigário, a clássica operação que exige um paqueiro, um otário bacana e um esparro que baratina. Nenhuma novidade, o velho Salomão estava certo.

O ano passado um punguista competente me asseverava que os homens se dividem em duas classes, malandros e otários, que o otário foi naturalmente feito para sustentar o malandro e não pode deixar de ser afanado. Dois tipos completamente diversos, na opinião do punguista: o otário nunca se vira, o malandro vira-se, isto é, sabe engrupir.

O diabo é que os processos, como afirmava Salomão, de ordinário não variam. O operador e o campana têm o paco; a vítima tem a grana. O negócio consiste na substituição da grana pelo paco. E a conversa é sempre a mesma, essa gente que se vira não tem imaginação. O paqueiro começa uma história mole, bancando trouxa, depois o esparro entra no jogo e dá informações. Não há nada mais besta.

Pois um homem da Pauliceia caiu na papa e soltou a grana. Um furto de quatro lucas e meio, como se diz em linguagem técnica. Na embromação do paqueiro utilizou-se um elemento que, apesar de bastante explorado, tocou o coração do otário: a mãe velha, doente e imaginária. Foi roubado um sujeito ótimo.

Isto nos sensibiliza e envergonha. Será que a humanidade, depois de tantos séculos de lorotas, ainda produz muitos tipos desse gênero? Uma alma cheia de voracidade e ternura, penalizada pela sorte da velhice inexistente e desejosa de avançar nos cobres alheios. Casada a esses sentimentos contraditórios, uma estupidez imensa.

Quatro lucas e cinco gâmbias de prejuízo. Mau negócio, péssimo negócio, tanto para o cidadão paulista como para a espécie humana, que, segundo parece, ainda é criança.

20 de maio de 1937

As opiniões do respeitável público

escritor profissional teria muitas surpresas se reparasse em algumas opiniões anônimas, ou quase anônimas, que às vezes aparecem nos jornais.

Não repara. Ordinariamente só liga importância à crítica de pessoas sisudas, que podem levá-lo para cima ou arrasá-lo. Sabemos que nem sempre isso é honesto, que um cidadão, por simpatia ou antipatia, por estar situado à direita ou à esquerda, ataca ou defende perfeitamente uma obra que não foi lida. Já o velho Balzac ensinava receitas úteis para esse gênero de trabalho.

De qualquer forma é o parecer dos críticos que faz o leitor comprar ou não comprar os livros, achá-los bons ou ruins.

Certamente as opiniões variam, como ficou dito, mas os homens que olham a vitrina não são obrigados a conhecer tudo quanto se escreveu a respeito dos autores que lá estão expostos: em geral contenta-os um artigo visto na véspera, uma frase, alguns adjetivos sonoros.

A propaganda vale muito. Mas há indivíduos que não se submetem a ela, têm ideias próprias, rebeldes, às vezes bastante originais. Infelizmente essas ideias quase sempre ficam inéditas, e conhecemos vagamente a existência delas ouvindo pedaços de conversas, à toa.

Em certos casos, porém, são demasiado violentas, manifestam-se, arrumam-se em cartas ou num canto de jornal. E aparecem coisas que os críticos não poderiam dizer, porque leram os volumes friamente, por obrigação. Lá vêm as declarações ingênuas de algum moço que deseja fazer camaradagem, observações interessantes, correções a erros que passaram despercebidos, amabilidades, insultos, as manifestações mais simples e naturais de aprovação ou desagrado.

Vendo isso, os autores atingidos encolhem os ombros, sorriem com segurança. Fazem mal. Os depoimentos anônimos, incongruentes e disparatados que sejam, revelam até que ponto as opiniões dominantes penetraram a multidão, às vezes são um grito de revolta contra essas opiniões que se lançam de cima para baixo.

Li há dias uma interessante mofina que me surpreendeu. Todos dizem que o romance atual é uma coisa muito séria. Penso assim, mas em certos momentos pergunto a mim mesmo se não serei vítima de um embuste. Como temos grande quantidade de romancistas e são eles precisamente os que afirmam com mais convicção o valor dos romances brasileiros, chegam-me dúvidas e, nestas horas de calor, favoráveis ao desânimo, pergunto a mim mesmo se nossos filhos e nossos netos conhecerão o que as livrarias vendem hoje. Quem dirá a verdade? Os romancistas e os críticos ou aquele homem desconhecido que, em carta anônima ou num pedaço de folha de província, descarregou o que tinha no cérebro?

Essa mofina a que me referi é curiosa. A pessoa que a redigiu acha os escritores modernos chatos em demasia. Cita apenas alguns: João Alphonsus, Érico Veríssimo, Dionélio Machado, sem falar em Lins do Rego e Jorge Amado, que principiaram bem e estão agora horrivelmente prolixos. Esses deviam bastar. Infelizmente o redator da nota mencionada afirma, com injustiça, que o mais cacete de todos sou eu. Não concordo.

Está aí como se refere aos meus camaradas essa pessoa exigente que a arte deles chateia. Que devem fazer? Continuar como vão ou dobrar a esquina, transigir com o gosto popular? Seria bom saber se existe realmente um gosto popular. Mas isto nos levaria a uma conversa muito comprida. É melhor parar.

De qualquer forma há razão para ficarem satisfeitos os escritores atacados. O homem que os xingou leu com atenção o que eles escreveram e evidentemente gosta de amolar-se.

11 de julho de 193[7]

Jardins

O que nos surpreende quando visitamos os jardins de São Paulo é a liberdade com que as plantas se desenvolvem numa grande confusão, liberdade e confusão muito agradáveis. Gostamos de pensar que talvez uma tenha existido no Brasil, sabemos perfeitamente que a outra nunca nos deixou e cada dia vai ficando maior.

Certamente essa liberdade que notamos nos jardins de São Paulo não é a liberdade das florestas. Só existem neles, é claro, vegetais escolhidos, educados pela tesoura do jardineiro, orientados, em direções convenientes. Mas não percebemos que tenha havido esforço para educar, dirigir. Esses indivíduos parecem viver sem nenhum constrangimento, permitem-se atitudes que em outro jardim seriam reprimidas com severidade.

A confusão é perfeita. No mesmo canteiro arrumam-se as flores mais diversas, as miúdas chegando-se às graúdas como se quisessem pedir favores, dando-nos uma ideia da bagunça em que vivemos. Vendo-as, pensamos na torre de Babel e no pistolão. Flores camaradas. Estão muito bem.

O jardineiro paulista reuniu plantas em abundância num terreno minguado, deixou vagos lugares aproveitáveis, ofereceu-nos um excelente resumo da trapalhice nacional. Sentimos ali a mistura das raças, os discursos desarranjadamente enfeitados, pobreza e bazófia.

O jardim do Rio é uma coisa sem caráter, a tradução de qualquer jardim estrangeiro. E, como tradução, tem naturalmente passagens que não existem no original. Não querendo resignar-se ao papel de simples copista, o jardineiro carioca julgou que tinha uma imaginação e apelou para ela. Surgiram então nos logradouros arbustos representando figuras muito curiosas, que provavelmente nunca serviram de ornamento em parte nenhuma: casas de cachorro e cadeiras de vime.

Liras, urnas e pirâmides reduziram-se. Foi bom. As pirâmides recordam vagamente o Egito, mas não nos comovem, não nos fazem pensar em reis e deuses antigos.

As urnas tornaram-se prosaicas: em vez de encerrarem as cinzas dos mortos, guardam votos. E as liras não têm nenhuma utilidade, são exatamente como as espadas dos generais. Era com efeito necessário substituir essas velharias de outro mundo.

O jardineiro carioca refletiu e acabou apresentando à nossa admiração casas de cachorro e cadeiras de vime, objetos que evidentemente não nos despertam ideias elevadas nem sentimentos nobres. Também não se criaram para isso. Talvez tenham sido feitos com o intuito de provocar na gente medo e desejo de conforto, um medo salutar e um desejo bastante justo, duas coisas ótimas para a manutenção da ordem.

Realmente nos tempos que correm um dente de cachorro traz-nos ao espírito ameaças graves, é uma advertência que deve ser tomada em consideração pelas nossas classes laboriosas. E a cadeira, esse traste verde e medonho de folhas bem aparadas, convida o cidadão pacífico às digestões longas, às sestas de jiboia, à preguiça, ao embrutecimento.

Afinal pode ser que o jardineiro carioca tenha produzido a cadeira e a casa de cachorro ingenuamente, sem intenção de influir nos costumes. O seu trabalho é uma tradução, como quase tudo que possuímos. Uma tradução naturalmente feita às carreiras, como as outras. Talvez aqueles objetos não queiram dizer nada. Possuímos tantas coisas que não têm significação...

julho de 1937

Terra de Espanha

Romanos, godos, africanos, disputam novamente a terra de Espanha. Está claro que não são hoje precisamente o que já foram, falam novas línguas, adotaram novas religiões e costumes diversos dos antigos, mas saem dos mesmos lugares donde partiram os seus antepassados e anima-os, como há séculos, a mesma intenção de conquista.

Infelizmente já não se estragam uns aos outros: associaram-se e pretendem subjugar a mistura de povos que existe na península, amálgama obtido à custa de muito sangue, muito ódio lentamente vencido, e agora ameaçado pelos mesmos elementos que o formaram — nórdicos, latinos, africanos.

Se não levarmos em conta as vantagens imediatas que cada parceiro pretende tirar dessa agressão, vantagens passageiras e nada interessantes, sobretudo muito problemáticas, veremos que a guerra, triunfem os agressores ou sejam vencidos, não trará à Espanha nenhuma transformação. Ainda que ela ficasse reduzida a uma simples colônia, a sua desgraça não poderia ser longa. E acomodados nela os novos donos, tudo se constituiria em pouco tempo, voltariam as mesmas touradas que existem há milênios, as mesmas seguidilhas, o mesmo entusiasmo, que se aproxima do fanatismo, a mesma coragem que chega perto da loucura.

Naturalmente não pensamos em Franco e em Largo Caballero, figuras que facilmente se podem transformar em símbolos. Pensamos nas populações assassinadas, nas multidões que não entram na História e sofrem porque um político ambicioso, Aníbal ou qualquer um desses de hoje, deseja crescer.

O que mais nos desagrada é a hipocrisia dos invasores. Não têm a franqueza de mostrar-se, de afirmar que vão pilhar, incendiar, devastar, escravizar. Apresentam-se como salvadores e esforçam-se por atiçar o entusiasmo da multidão oferecendo-lhe lugares-comuns bastante desacreditados que eles próprios depreciam cada vez mais.

Nacionalistas, patriotas, não conseguem entender-se entre si nem percebem a língua do país que assolam. Racistas atacam os bascos, o povo antigo, que não se assimilou, um dos poucos homogêneos que existem, se é que há no mundo povos homogêneos. Católicos trucidam católicos e, denunciando as suas vítimas como elementos prejudiciais à ordem, confessam publicamente que reconhecem qualquer coisa superior à fé que adotaram.

Defensores da cultura, sistematicamente negada ao adversário, fazem fogueiras com os livros encontrados nas escolas das cidades invadidas e têm a ingenuidade de propalar, em jornal e em rádio, semelhante ação. Quando encontram resistência, fingem acessos de piedade. Gritam que não querem vencer depressa para não maltratar as mulheres, os velhos e as crianças. E, enquanto não vencem, os seus aviões despejam à retaguarda das linhas inimigas bombas que matam diariamente crianças, velhos e mulheres.

Essa impostura é o que há de mais horrível. Têm alma selvagem e usam linguagem cristã. Seriam menos odiosos se se revelassem claramente, se se apresentassem como os outros, os que utilizaram catapulta e funda. Não se revelam, empregam palavras destituídas de significação. No fundo, a mesma ferocidade dos conquistadores antigos, ferocidade que se serve da metralhadora, do aeroplano de bombardeio e da traição desse novo conde Juliano, que lhes abriu a porta e vende o seu país.

12 de setembro de 1937

O romance das tuberculosas

O romance de estreia da sra. Diná Silveira de Queirós merece um ataque. Primeiramente a jovem paulista não escreve bem: "Letícia olhou *para* a fila de pereiras, *para* a estrada que subia *para* longe, *para* lugares escondidos *para* sempre."

Eu não devia falar em semelhantes coisas, aludir às receitas fáceis da cozinha literária, mostrar ao público a inadvertência de alguém que, no preparo de duas linhas, meteu a mão na lata das preposições e encaroçou um período com repetições desnecessárias. Isto é um simples reparo, feito apenas porque, nos tempos confusos em que vivemos, as questões de técnicas, pelo menos no Brasil, tendem a desaparecer.

Em segundo lugar as personagens masculinas do *Floradas na serra* não se mexem convenientemente e usam linguagem postiça. Uma somente consegue dar-nos leve impressão de realidade, uma de pouco movimento e pouca fala: Moacir, que entra moribundo na história e sai morto. Estive há dias comentando isso com José Lins. Por que será que só Moacir nos comove? É que ele deixou de ser homem, pensa o autor do *Banguê*, tornou-se uma criatura sem sexo, agitado pela dispneia, afogado constantemente em hemoptises. Acho que José Lins tem razão.

Entre os fantoches de calças, infelizmente numerosos, há um medonho: o escritor que aparece, vago e mudo, na página 73 e se retira, sempre mudo e sempre vago, na página 184. Esse indivíduo estragou várias passagens, e muitas vezes fechei o volume, indignado com o colega absurdo que não encontrei no jornal, na revista, na livraria, no café. O que se deu comigo, na vida, deu-se com outros, na ficção: a extravagante personagem é procurada no fim do livro, com insistência, e ninguém a descobre. Naturalmente. Todos reconhecem afinal que ela não existe.

Julgarão talvez que pretendo malsinar *Floradas na serra*. Desejo exatamente o contrário: estou entusiasmado com muita coisa ótima que essa obra contém. E, afirmando que ela merece ataque, estou certo de que é uma novela bastante forte para resistir a qualquer investida. Não se poderia fazer elogio maior a uma estreia. A sra. Diná Silveira de Queirós dispensa as amabilidades que se oferecem a principiantes, as fórmulas vistosas com que a crítica nacional enrola substâncias frágeis.

Esse pequeno romance pode ser pegado brutalmente, sacudido, escovado com força, examinado ao sol — e ganhará com isto. Ficará dele meia dúzia de figuras admiráveis, perfeitamente caracterizadas: Elza, Belinha, Lucília,

Leticia, Turquinha, Firmiana. Até os tipos secundários, d. Matilde, a mulher da pensão, a mãe que não beijava os filhos, estão muito bem lançados. A morte de Belinha e a reunião das moças no quarto de Firmiana são páginas excelentes.

De ordinário o diálogo é bom, não inferior aos de Jorge Amado, José Lins, Rachel de Queiroz e alguns outros que sabem fazer conversas naturais, coisas que só ultimamente apareceram. Na literatura antiga os diálogos eram, com poucas exceções, pavorosos. A gente do *Floradas na serra* fala direito. Às vezes usa expressões inchadas e pedantes, mas, por estranho que isto pareça, não nos enjoamos delas: provavelmente na camada social que a romancista nos expõe, a palavra campanuda fica bem. Registrando-a, a sra. Diná Silveira de Queirós foi escrupulosa, como foi escrupulosa e feliz na observação de abundantes minúcias que dão ao seu livro enorme valor. Essas anotações só poderiam ser feitas por alguém de bons olhos que tivesse estudado cuidadosamente a parte da pequena burguesia que fornece os elementos essenciais da narrativa.

A sra. Diná Silveira de Queirós conhece por dentro e por fora as suas personagens. Não as foi buscar no romance francês nem no romance inglês: achou-as aqui perto, em Abernéssia, na pensão de d. Sofia, uma casa de moças tuberculosas. E reproduziu-as de tal jeito que o leitor se convence de que ela é tuberculosa também.

Conversa de livraria

Correu há dias a notícia de que Oswald de Andrade regressava da Europa na terceira classe dum navio do Loide. Isto nos arrepiou. Lembrei-me da tarde em que entramos num transatlântico inglês, para levar despedidas a esse amigo. Enquanto bebíamos uísque, Julieta Bárbara distribuía volumes do seu último livro de versos e Oswald, entre *boutades* e risos, falava a respeito do congresso do PEN clube que se ia reunir em Estocolmo.

Veio a guerra, ninguém pensou mais em letras, certamente o congresso gorou. Mas de quando em quando, interrompendo a leitura dos telegramas de Londres e de Berlim, um literato esquecia por instantes a sorte do mundo e perguntava inquieto:

— Onde andará a esta hora o Oswald? Terá chegado à Suécia?

A história da viagem numa terceira classe de navio nacional, ficção evidente, caiu de chofre aqui na livraria. Coitada de Julieta Bárbara. Enjoando na travessia longa, sem nenhum conforto, pessimamente instalada entre malas, pacotes e gente horrorosa — que desgraça!

Oswald é que devia estar radiante, muito mais satisfeito que se tivesse representado a literatura brasileira em Estocolmo. Estranhas coisas iríamos ouvir quando ele chegasse, menos gordo e mais moço, terrivelmente moço, resistentemente moço, inutilizando a brincadeira que Gilberto Freyre enviou aos Estados Unidos sobre ele. Cadernos riscados a lápis lhe pejariam a bagagem, viriam tornar mais alta a enorme pilha de anotações com que se prepara o romance *Marco zero*, lentamente composto, lentamente anunciado, espécie de mito literário, semelhante ao *João Ternura* de Aníbal Machado.

Esses dois livros, coleções de pedaços de obras-primas, não serão conhecidos: talvez só fiquem deles os admiráveis fragmentos durante vários anos pingados em jornais e revistas.

Marco zero, no período extenso duma gestação complicadíssima, cresceu tanto que não pôde nascer. Prometia ser uma plaquete como *Serafim Ponte Grande*, mas com o correr do tempo foi tomando proporções rocambolescas: em 1937 estirava-se por quatro volumes encorpados, e o material que o constituía derramava-se em oitenta cadernos. Uma ótima datilógrafa, ótima em todos os sentidos, copiava interminavelmente essa abundância, de que vi uns capítulos, ótimos, no último andar duma esquina à praça Júlio de Mesquita, em São Paulo. Os cadernos e os volumes aumentaram: ocupam hoje parte dum arranha-céu em Copacabana.

Visitei-os há meses e pensei no processo de composição de José Lins do Rego. Em toda a sua vida, de numerosa leitura e longa observação, José Lins nunca tomou uma nota. Quando se dispôs a fazer *Pedra Bonita*, armou-se duma brochura do século passado. Esse alfarrábio mostrava que em Pedra Bonita havia um culto imoral, mas o autor de *Banguê* teve preguiça de meter-se em negócio de religiões primitivas e, livre de erudições, arranjou em poucos dias uma história muito diferente da que se continha no folheto.

O escritor paulista diverge do paraibano — e por isso viveram há tempo numa ligeira turra, que graças a Deus acabou. Oswald registra com rigor todos os fatos dignos de interesse, traça um plano que se alarga continuamente e, nunca satisfeito com a sua forma, redige uma página quatro, cinco vezes. Depois de imenso esforço, deixa o trabalho em meio. Boa parte de seu talento se gasta em pilhérias: nesse homem espirituoso há um ator que representa, nas conversas mais agradáveis do mundo, as peças que não escreve. Se ele chegou a Estocolmo, o que é improvável, certamente irá contar-nos a respeito da Escandinávia coisas deliciosas, que ficarão inéditas.

José Lins nunca foi à Suécia, creio eu. Entretanto é na Suécia que se localiza a primeira parte do seu último livro, um romance magnífico.

O teatro de
Oswald de Andrade

O velho Beaumarchais, apesar das encrencas em que andou metido, foi mais feliz que Oswald de Andrade. Pôs o conde Almaviva no Teatro — e Almaviva comprou camarote e bateu palmas a todos os horrores que Figaro disse dos sujeitos graúdos do fim do século XVIII.

Agora a coisa mudou. Oswald de Andrade é uma espécie de Beaumarchais brasileiro, mas estes últimos cento e cinquenta anos fizeram um rebuliço no mundo — e o escritor revolucionário não conta com os aplausos da classe que ataca. Almaviva aplaudiu as inconveniências do barbeiro porque o supôs um pobre-diabo, mas Figaro mostrou as unhas em 1789, e Almaviva encolheu-se.

As peças de Teatro que Oswald de Andrade agora apresenta em volumes são dois botes medonhos: o primeiro aos arcaísmos, todos os gêneros de arcaísmos, um mundo de arcaísmos; o segundo à exploração comercial e instituições anexas, entre as quais avulta o casamento, *good business*, na opinião dum americano que entra em cena para dizer esta frase. Oswald de Andrade pretende acabar os arcaísmos com fogo, remédio certamente eficaz também contra os males que enchem a segunda peça.

Enquanto não se aplica esse tratamento enérgico, uma família secular, bandeirante e encalacrada, tira-se de dificuldade como pode, aproveita a habilidade das meninas, que adquirem fama em apartamentos e hotéis, e um homem de negócios, não aguentando a concorrência, mete o pé no buraco e uma bala no peito. *Good business*. Podia ser melhor, porque aí houve uma perturbação, e isto é inconveniente para a ordem. Mas também podia ser pior, se a fortuna de Abelardo I fosse dividida entre muitos Abelardos. Não foi: passou tudo para as mãos de Abelardo II, o dinheiro e a noiva, com alegria da família secular e bandeirante, que se desencalacrou, e aprovação do americano. *Good business*.

As mercadorias humanas que circulam nesse negócio são interessantes: há a mulher que não é mulher e o homem que não é homem, o literato que dança na corda bamba com medo de avançar ou recuar, a polaca que se tornou importante e virou polonesa, a sogra que não é de ferro, o sujeito que recebe dinheiro para organizar milícias, gente esfolada, completamente sem pele, e que ainda querem continuar a esfolar, como se isto fosse possível.

A primeira peça de Oswald de Andrade não poderia ir à cena, porque muitos poucos a entenderiam. E a parte mais clara descontentaria as pessoas honestas, que o autor conhece tão bem. Provavelmente a segunda peça também não será representada. Há nela coisas abomináveis. "Sou uma fracassada." Totó e outros semelhantes não gostariam de ouvir essas indiscrições.

Não faz mal. Nós as leremos — e talvez isto seja melhor que ouvi-las.

setembro de 1937

O rio

Essa peça de escritor desconhecido que a companhia de Álvaro Moreyra e Eugênia representa no Regina causa espanto. Falando em escritor desconhecido não me exprimo direito. Conservar-se uma pessoa incógnita é útil e às vezes necessário, mas há indivíduos que não podem fazer isto, por mais que forcejem. Enfim, como o autor não se descobriu, respeitemos esse incógnito precário.

E vamos à peça, um drama de título vago, desses que não prometem nada ao público. *O rio*. O cidadão fica na calçada, hesitante, um olho na sala de espera, outro na rua. Compra o bilhete, entra — e dão-lhe uma surpresa, uma peça sem enredo. Isto desorienta o consumidor e talvez desassossegue a crítica. Evidentemente o consumidor tem os seus gostos e a crítica os seus direitos. Vai a gente mexer em coisas estabelecidas?

Foi o que se deu. Naqueles quatro atos não existe uma história: há pedaços de histórias, que se entrelaçam ou se justapõem, e figuras insignificantes, como a criança que morre sem assistência e a mulher que se prostitui por necessidade. Um boticário sabido pretende levantar a criança com retórica; à mulher desgraçada um curandeiro receita versículos.

Não há, pois, um drama nesses retalhos de vidas incongruentes, relacionadas porque se encontram por acaso num lugarejo perdido à beira dum rio. Há dramas: o da mulher, o da criança, o do tuberculoso que vem da prisão, o do preto velho que bebe para esquecer a escravidão continuada depois da abolição, o do louco lúcido que às vezes se exalta e tem delírios inconvenientes. Nenhum caso importante, nenhum tipo a mostrar-se demais, enquanto outros passeiam ao fundo ou ficam parados. Cada qual tem a sua parte miúda — e é dessas misérias, dessas existências esmagadas, que se faz *O rio*, uma coisa estranha do teatro brasileiro.

Não sei se é teatro. Nem sei se foi bem representado. Isto é com os críticos.

Mas afinal ainda podemos dar palpites, apesar de tudo quanto se tem feito, aqui e fora daqui, para que eles não sejam dados. Ainda podemos dar palpites. Se não fossem eles, as artes se imobilizariam.

Nessa peça de... (não é que ia publicar indiretamente o nome do autor?) nessa peça que se representa no Regina as personagens aparecem quase sempre na sombra, não se distinguem bem os traços delas. Natural: é assim que outros semelhantes vivem cá fora.

Álvaro transforma-se em doido e Eugênia em prostituta, sem as gargalhadas clássicas e a canalhice, inevitáveis nos doidos e nas rameiras que ficam em tábuas. Sempre achei esquisitas essas gargalhadas e essa desfaçatez. Por que certas pessoas devem proceder de uma forma e não de outra?

Bem. Aqui há coisas diferentes. Há uma velha que toma carraspanas sérias, que arrancam lágrimas, e um preto que fala só. Não ouvimos o que ele diz, mas sabemos que o monólogo é terrível. Velha e preto admiráveis.

No fim um sujeito brada à mulher desgraçada: "O nosso dia há de chegar." Pensam que se aproxima dela, piscando o olho, arrastando a asa?

Nada. É outra coisa. Os indivíduos desapareceram. O que há no palco do Regina é uma gente miserável que não quer morrer.

novembro de 1937

Jiboias

Há algum tempo, certa senhora, na França (ou na Bélgica, por aí), derramou sobre a nossa terra e a nossa gente, até sobre os nossos bichos, amabilidades excessivas, coisas bonitas, absolutamente francesas, mas despropositadas, algumas destituídas de senso comum.

Sempre os exageros a respeito do Brasil.

Esses que agora nos chegam foram realmente arrumados com boa intenção, há neles um otimismo a que não estamos habituados. Isto, porém, não é razão para que os aceitemos.

Se tivessem vindo a lume em jornal de Bruxelas, bem. Mas foram publicados num diário carioca. E é o diabo — tivemos a notícia de que existem aqui maravilhas mais importantes que as das *Mil e uma noites*.

Começa a amável senhora francesa (ou belga) referindo-se às suas divagações infantis. Quando era miúda, supunha que entre nós os meninos jogavam nas calçadas com diamantes. Está certo. É uma coisa que a gente pode pensar e dizer sem medo.

Fala-nos depois em um romance de Balzac, onde encontrou uma personagem que lá não existe.

Transmite-nos em seguida as primeiras informações relativas ao Brasil, as que julga certas, obtidas em leitura e em conversa. A última delas, e a mais interessante, é esta: as jiboias aqui são animais domésticos e têm grande utilidade — vigiam as casas, comem os ratos, brincam com as crianças, enfim, substituem perfeitamente os cães, os gatos e as amas-secas. À noite, quando o cidadão vai deitar-se, encontra às vezes no meio das cobertas uma rodilha enorme. Está acostumado: empurra-a com os pés, enrosca-se junto dela, cobre-se, pega no sono e tem bons sonhos. Nunca nenhuma dessas serpentes camaradas fez mal a ninguém.

Francamente, é demais. A intenção da moça foi boa: com certeza ela pretendeu ser-nos agradável, se bem que não tenhamos o direito de receber para nós os elogios feitos às jiboias.

Não senhora. Essa história está mal contada. No gênero jiboia não existem no Brasil bichos úteis — nem as jiboias verdadeiras nem as outras, as da indústria, da finança, da política etc. Nenhuma pega rato ou executa qualquer trabalho caseiro dos mencionados.

Horríveis: criaturas miúdas que lhes caiam ao alcance do bote estão engolidas.

Aqui, há tempo, no Jardim Zoológico, uma delas, das primeiras, devorou a esposa, numa refeição, e continuou a viver sossegada, isenta de remorsos.

Dormir perto duma jiboia. Que lembrança! Eu preferiria dormir perto de um investigador da polícia. É menos perigoso. Aliás a afirmação muito repetida de que somos uma gente macia, de coração mole, desacreditou-se.

Essa generosa senhora promete fazer-nos uma visita. É bom, vai ter algumas surpresas. Não verá jiboias verdadeiras, provavelmente, o que será uma felicidade, porque se livrará de experiências funestas. Mas encontrará outros bichos. E convém não aproximar-se deles, especialmente em certas ocasiões. Às vezes são perigosíssimos.

21 de novembro de 1937*

---

*Esta data refere-se à publicação do artigo no *Diário de Notícias*. A data do manuscrito é 21 de setembro de 1937.

Um velho cartão-postal

Há muitos anos, quando eu andava na escola primária, caiu-me nas mãos um baralho de cartões-postais com cenas de todos os países do mundo. Muitos países, eu não supunha que houvesse tantos. A minha geografia, apanhada no Júlio Verne, enriqueceu-se um pouco, mas o papel referente ao Brasil arrancou-me uma exclamação de espanto e raiva. Soltei a coleção de figuras, indignado com a ignorância do estrangeiro, que havia desenhado aquela indecência.

Querem saber o que tinha imaginado para caracterizar a nossa querida pátria? Isto: — um índio nu, de argola no beiço e penas de arara na cabeça, balançando-se numa rede vermelha, armada entre ramos, no meio da floresta e, junto a ele, de farda e boné com algarismos, um carteiro, entregando-lhe a correspondência.

Longos meses remoí a decepção, intimamente injuriei o desenhista, com certeza francês, que não conhecia

Rui Barbosa, nem Machado de Assis, e nos ofendia com semelhante inépcia.

Passou-se o tempo; deixei a geografia, a minha indignação diminuiu — e percebi que não havia razão para melindres excessivos. Mas, o caboclo sarapintado, a tromba, a argola, as penas de papagaio — e o funcionário dos correios, numerado e engalanado, com abundantes papéis debaixo do braço, tudo me permaneceu na memória.

Afinal, achei que o francês, inventor disso (naturalmente era francês), pensava com acerto. Acontece, porém, que ele havia posto, no papel, dois indivíduos, quando na realidade existe apenas um: — empregado público e tupinambá. No cartão havia um desdobramento — e isso revelava o talento do artista.

Uma parte do brasileiro quer civilizar-se, a outra conserva-se bugre, pintada a jenipapo e urucu; usa enduape e tem saudade da antropofagia. Há alguns meses, esse funcionário tamoio foi levemente funcionário e tamoio demais. Intratável, nostálgico, só pensava em Anchieta e outros missionários de épocas escuras.

Bons tempos! Não havia automóvel, nem aeroplano, essas máquinas exóticas que não se harmonizam com a índole pacífica do nosso povo, mas, em compensação, existia fé nos corações. E quando isso faltava, um medo salutar envergava os espinhaços. Bons tempos, tempos de força e de ordem!

Mas, os espíritos irrequietos inventaram novidades, cantaram a *Marselhesa*, outra esquisitice, incompatível com as nossas tendências ordeiras, puseram-se a ler em demasia. Afastamo-nos da tradição.

Necessário pôr fim a semelhantes desregramentos, retomar o bom caminho. Pois não! Seria bom a gente recuar uns duzentos anos, suprimir inovações perigosas e adotar a candeia de azeite.

Dois séculos, ou mais.

Devíamos era restaurar o Brasil de Cunhambebe, rebaixar o funcionário e elevar o canibal.

Parece que o cartão-postal, que vi na escola primária, estava certo. Dois tipos: — um vestido, carregado de papel impresso; outro nu, feroz, com os dentes pontudos, cacete na mão.

21 de setembro de 1937

Um novo ABC

Aquela velha carta de ABC dava arrepios. Três faixas verticais borravam a capa, duras, antipáticas; e, fugindo a elas, encontrávamos num papel de embrulho o alfabeto, sílabas, frases soltas e afinal máximas sisudas.

Suportávamos esses horrores como um castigo e inutilizávamos as folhas percorridas, esperando sempre que as coisas melhorassem. Engano: as letras eram pequeninas e feias; o exercício da soletração, cantado, embrutecia a gente; os provérbios, os graves conselhos morais ficavam impenetráveis, apesar dos esforços dos mestres arreliados, dos puxavantes de orelhas e da palmatória.

"A preguiça é a chave da pobreza", afirmava-se ali. Que espécie de chave seria aquela? Aos seis anos, eu e os meus companheiros de infelicidade escolar, quase todos pobres, não conhecíamos a pobreza pelo nome e tínhamos poucas chaves, de gavetas, de armários e de portas. Chave de pobreza para uma criança de seis anos é terrível.

Nessa medonha carta, que rasgávamos com prazer, salvam-se algumas linhas. "Paulina mastigou pimenta." Bem. Conhecíamos pimenta e achávamos natural que a língua de Paulina estivesse ardendo. Mas que teria acontecido depois? Essa história contada em três palavras não nos satisfazia, precisávamos saber mais alguma coisa a respeito da aventura de Paulina.

O que ofereciam, porém, à nossa curiosidade infantil eram conceitos idiotas: "Fala pouco e bem: ter-te-ão por alguém." Ter-te-ão! Esse Terteão para mim era um homem, e nunca pude compreender o que ele fazia na última página do odioso folheto. Éramos realmente uns pirralhos bastante desgraçados.

Marques Rebêlo enviou-me há dias um ABC novo. Recebendo-o, lembrei-me com amargura da chave da pobreza e do Terteão, que ainda circulam no interior.

A capa da brochura que hoje me aparece tem uns balões — e logo aí o futuro cidadão aprende algumas letras. Na primeira folha, em tabuleiros de xadrez de casas brancas e vermelhas, procurou-se a melhor maneira de impingir aos inocentes essa coisa desagradável que é o alfabeto. O resto do livro encerra pedaços de vida de um casal de crianças. João e Maria regam flores, bebem leite, brincam na praia, jogam bola, passeiam em bicicleta, nadam, apanham legumes, vão ao Jardim Zoológico.

Tudo isso é dito em poucas palavras, como na história de Paulina, que mastigava pimentas na velha carta de ABC. Mas enquanto ali o caso se narrava com letras miúdas e safadas, em papel de embrulho, aqui as brincadeiras e as ocupações das personagens se contam em bonitas legendas e principalmente em desenhos cheios de pormenores que a narração curta não poderia conter.

As legendas são de Marques Rebêlo, as ilustrações, de Santa Rosa, dois artistas que há tempo tiveram livros premiados no concurso de literatura infantil realizado pelo Ministério da Educação. Onde andam esses livros? Premiados e inéditos, exatamente como se não tivessem sido premiados.

Marques Rebêlo e Santa Rosa fizeram agora um pequeno álbum e a Companhia Nestlé editou-o, espalhou quinhentos mil volumes entre os garotos do Brasil. Está certo. A Companhia Nestlé não se dedica a negócio de livros, mas isto não tem importância: parece que a melhor edição de obra portuguesa foi feita por um negociante de vinhos.

abril de 1938

Sociedades de amigos

Alguns rapazes inteligentes e sensíveis reuniram-se há meses numa pequena capital do Nordeste, com a intenção de prestar culto à memória dum jovem companheiro desaparecido pouco antes. Tentaram, mediante a organização duma dessas vagas sociedades que por aí se fazem, amigos de Fulano ou casa de Sicrano, salvar do esquecimento vários trabalhos inéditos do moço patrono, reeditar outros com anotações copiosas, difundir tudo isso largamente, enfim, desenvolver, em comentários sutis, as ideias claras do autor e revelar as obscuras.

Findas as reuniões preparatórias, que naturalmente se chamaram sessões, o entusiasmo esfriou e a sociedade morreu. Contribuíram para isso o estatuto, o livro de atas, o tímpano, os discursos improvisados e a diretoria com presidente, secretário, e tesoureiro. Ignoro se esses horrores chegaram a manifestar-se, mas é certo que logo no princípio constituíram um perigo, que os rapazes, vítimas dum trambolhão sentimental, evitaram em tempo, antes que a coisa degenerasse em sociedade literária, academia de província ou instrumento de cavação política.

Foi bom. Há nas sociedades de amigos e admiradores uma espécie de profanação, diferente, é claro, mas enfim, não muito diferente desse negócio de ossos importantes que certa classe de patriotismo trouxe para aqui com pompa e lucro. A comparação é irritante e ofende pessoas bem intencionadas, mas em qualquer dos casos existe a exploração dum homem silencioso e indefeso — dos seus pensamentos, que a traça come, ou de sua carcaça, que o verme esbrugou. O pior é não podermos dizer com segurança que essas coisas tenham pertencido à pessoa a quem se atribuem, duvidamos se o esqueleto é autêntico ou se foram introduzidas nele vértebras e costelas estranhas, se a interpretação dada a um texto corresponde exatamente ao que estava na cabeça do escritor ou se nela entram elementos com que o homem não contava e que apenas existem no espírito do crítico.

Em tempos ordinários é perfeitamente razoável que se dê a interpolação, desde que o objeto que se apresenta ao público ofereça, depois de modificado, uma aparência de inteireza que satisfaça a razão ou a fé. Mas não vivemos em tempo ordinário, atravessamos uma época de incerteza e paixões violentas, os fatos explicam-se de forma contraditória, em conformidade com os interesses desta ou daquela corrente. Cada indivíduo se julga com o direito de ensinar qualquer coisa, surgem apóstolos de todos os feitios, sumiu-se o ridículo e o mundo se vai tornando inabitável. Nessa ânsia de fazer prosélitos, de reduzir os homens a um tipo miúdo e ruim, a população do globo, tão numerosa, foi considerada insuficiente. E invadiram-se os cemitérios. Vemos então sujeitos nervosos atraírem com engodos um defunto ilustre para extraordinárias assembleias, o que é desonesto tratando-se de pessoa que não pode protestar. Certamente os moços a que me referi, gente direita, compreenderam o perigo, não se sentiram com serenidade bastante para a empresa e abandonaram-na antes que aparecessem o livro de atas, o tímpano, o discurso ou a subvenção que transformaria o amigo querido numa espécie de herói.

junho de 1938

Uma eleição

Há pouco tempo, em menos duma semana, os jornais noticiaram dois acontecimentos correlativos: finou-se de morte natural o senhor conde Afonso Celso e logo em seguida, antes que o cadáver arrefecesse, Peregrino Júnior candidatou-se ao lugar deixado por ele na Academia.

O sr. conde Afonso Celso, varão ilustre de outras idades, parecia muito firme e era precioso. Foi ele que nos habituou a temer esse patriotismo farfalhudo que olha para cima, cruza os braços e vive no mundo da lua; foi ele que, em matéria de composição literária, sempre nos deu lições valiosas mostrando, perseverante e desinteressado, como não se deve escrever.

Poucos dias antes do passamento dessa nobre figura, Peregrino Júnior havia publicado um ótimo estudo sobre Machado de Assis, o maior dos imortais mortos, grande professor de literatura, um homem que, adotando processos opostos do autor do *Por que me ufano*, ensinou as mesmas coisas que este. Peregrino, recipiendário, faria um excelente discurso a respeito do seu antecessor na gloriosa assembleia. É médico e literato, médico inimigo dos charlatães e literato no bom sentido, razão suficiente para ser acolhido numa casa onde existem numerosos médicos e alguns literatos.

Certamente estes últimos acharam muitas vezes as portas lá fechadas. Devemos censurar a Academia por isso? Talvez não. Muita gente enche papel para não dizer nada, e é natural que as pessoas sensatas olhem com desconfiança um passatempo inútil. Ora a Academia, gorda, próspera, constituída por homens sisudos, direitos na administração, escrupuliza naturalmente em receber indivíduos que possam comprometê-la. Há muitos que principiaram bem, principiaram até bem demais, são lisonjeados pela crítica e pelos amigos, enquanto não provocam inveja. Se vestirem o fardão, porém, tudo mudará: serão atacados, machucados, rasgados, ou pior, terão elogios em jornais sérios que ninguém lê. Páginas que hoje se buzinam imoderadamente apresentar-se-ão como exemplos de imbecilidade. Natural.

Essas quarenta cadeiras não são como empregos públicos. Mais duras que empregos públicos. Para entrar no funcionalismo os concorrentes esperam lugares novos, mortes e demissões, não raro utilizam a carta anônima e a delação, armas bastante apreciáveis. Um sujeito cai, outro se levanta em cima dele. É jogo. Na Academia não se dá isso. Quem entra lá fica pregado, só sai depois de morto.

As quarenta cadeiras são como aposentadorias: os cidadãos que nelas se sentam recebem de ordinário ataques, não por feitos atuais, na verdade pouco sensíveis, mas por outros antigos.

É razoável, pois, que a sociedade, usando uma prudente reserva quando a importunam homens capazes de prejudicá-la, tenha preferido certos cavalheiros inofensivos, autores de obras escassas, meio inéditas e, portanto, pouco sujeitas a discussões. Está aí por que homens respeitáveis, absolutamente respeitáveis, são acusados por terem muita gordura e muita idade. Semelhantes botes em regra não causam estrago, pois as letras desses senhores, guardadas com avareza, resistem, permanecem invioláveis.

Mas, exatamente por serem letras guardadas, não bastam — e é preciso que se elejam escritores. A Academia os elege, é claro, talvez até os elementos mencionados estejam lá por não possuirmos quarenta literatos, número realmente elevado num país como este.

Peregrino Júnior disputa a vaga afinal deixada pelo senhor conde Afonso Celso. Esperamos que não surjam perturbações e que se realize o negócio com vantagem para todos. Peregrino Júnior nunca se espantou com a altura dos montes e o comprimento dos rios, mas trabalha honestamente. Agora desenterrou uns pedaços de Machado de Assis — e isto vale mais que adular a pátria.

agosto de 1938

O sr. Krause

O sr. Krause é um homem precioso, um homem notável, fabricante de rios e montes. Os seus montes, simétricos, cheios de gente, são como cortiços equilibrados em uma das pontas; os seus rios, livres de cachoeiras, comportam-se bem, coagidos em tubos. Para fazê-los, o sr. Krause arrasa os montes naturais e seca os rios naturais.

Essa criatura poderosa tem inúmeros tentáculos, e a sua vontade, que não torce nem verga, derrete obstáculos, dissolve energias, decompõe caracteres.

Alias, não é direito dizer-se que o sr. Krause seja fabricante disto ou daquilo. Antes de compor um objeto, ele precisa compor objetos auxiliares, que vão crescendo, tornam-se indispensáveis, exigem outros, e assim por diante. Transporta ferro, cimento, coisas pesadas em excesso. Por isso construiu ferrovias — e plantou uma floresta de eucaliptos que pretende transformar em dormentes. Defende interesses enormes. Por isso fundou um jornal enorme — e comprou uma floresta de pinheiros que pretende transformar em bobinas de papel.

Também não é certo dizer-se que o sr. Krause seja propriamente um homem. A princípio era homem, sem dúvida, mas hoje é uma potência e um conjunto. Exteriormente, porém, ainda conserva atributos humanos: o olhar metálico, de cor indecisa, entre azul e amarelo, os beiços pálidos e finos, os dentes fortes e acavalados, as mãos grossas e nodosas que nos deixam a impressão de que é feito de osso. Esses traços individuais nos aproximam do sr. Krause.

Avistei-me com ele duas vezes: a primeira num gabinete situado no vigésimo quinto andar de uma de suas montanhas; a segunda numa caixa que sobe, desce e inutiliza as escadas no interior da mesma construção. No primeiro encontro figurei como indivíduo, realmente bem miúdo, mas indivíduo; no segundo incorporei-me à pequena multidão que enchia o elevador. O sr. Krause me deixou na lembrança duas imagens distintas e contraditórias que aqui apresento.

Ao pisar no gabinete, vi um cidadão minúsculo escondido por detrás do *bureau*, mergulhado em contas e telegramas. As paredes estavam cobertas de mapas e gráficos. O sr. Krause mexeu-se, desajeitado como um pato, levantou-se, estirou o pescoço de pato, avançou um pé espalmado e a asa que findava em garra, apertou-me a mão, sentou-se. Sentei-me, avistei por cima dos papéis a cabeça pequena, os ombros estreitos. Os lábios delgados alongaram-se, grasnaram amabilidades, imobilizaram-se num sorriso.

O sr. Krause pareceu-me uma criatura fraca e depenada, friorenta e mole. A fala, muito suave, deslizava pelo sorriso imóvel. Brigando, porém, com o sorriso, os olhos duros furavam-me, agudos como brocas.

Percebi um zumbido, creio que foi isto que me levou a pensar em brocas. Pela janela aberta distingui lá embaixo um enxame que sussurrava, roendo a casca do morro. Antenas invisíveis, patas invisíveis, dirigiam fios quase invisíveis. Mecanismos insignificantes chiavam, calavam-se, depois continuavam, com ligeiras trepidações, a pulverizar pedras. Insetos.

O sr. Krause esfregava as mãos, rosnava um certo número de palavras, uma quantidade pequena de palavras. Desejava algumas coisas, intensamente, esfolando as palmas, as pupilas amareladas fixas num ponto.

Pouco a pouco o volume do sr. Krause aumentou, aumentou demais. Evidentemente ele era um pato, mas um pato monstruoso. Comparando-o aos viventes que formigavam lá embaixo, arranhando a pedra, achei-o enorme. Grasnava docemente, gaguejando às vezes. E esse gaguejar, uma hesitação bocejada, dava-nos absurda impressão de que o grande homem necessitava a nossa aprovação, a nossa inútil simpatia. Por que seria que ele se explicava no jornal, tentava justificar os seus planos? Talvez não julgasse bastante firme sob os pés o terreno ainda novo, ganho a um charco aterrado. Os engenheiros miúdos tinham feito longos cálculos — e a superfície lisa e asfaltada parecia ter saído assim das mãos do Criador. Mas faltava-lhe a idade, que dá consistência. Se se tivesse esquecido qualquer coisa nos cálculos? Se aquilo fosse tremer, ruir, mergulhar na lama primitiva o edifício magnífico?

E o rosto do sr. Krause era pálido, a voz do sr. Krause esmorecia perplexa. Eu tinha desejo de auxiliá-lo. Poderia auxiliá-lo? Coitado, tão bom e tão útil, esforçando-se por tornar as viagens rápidas e as habitações cômodas. Que diria eu em benefício dele, se fosse preciso? Diria a verdade, simplesmente a verdade, e ficaria com a consciência leve. Ficaria com a consciência leve e receberia agradecimentos e um cheque. Tão bom, tão ingênuo! Realmente era uma criança, uma criança teimosa, inimiga das curvas.

Por isso decepava morros, tapava lagoas, estirava rios. As criaturas insignificantes que se agitavam zumbindo, entre fios e motores, fabricavam-lhe esses brinquedos gigantescos.

Além de tudo o sr. Krause praticava uma obra de misericórdia: dava de comer aos famintos, dava de beber aos sedentos. Armazéns imensos, fontes engarrafadas em grossos canudos de ferro. Nada disso era para o construtor, que viajava pouco, necessitava pouco, vivia longe do mundo, trabalhando para que os rios e as estradas fossem como pedaços de meridianos e paralelos. Ninguém se fatigaria subindo serras ou descendo vales, máquinas complicadas baixariam das nuvens às profundidades das minas.

E o sr. Krause não descansava: noite e dia curvado sobre mapas, o estômago doendo, a cabeça doendo, emaranhando-se em tremendas operações que dão vertigens. Homem superior, evidentemente superior. Podia eu duvidar da sua superioridade, aproximá-lo dos tipos que gemem sob fardos, suam nas pedreiras e nas oficinas, deliram de febre junto aos pântanos que ele ainda não saneou? Como poderiam esses pobres aguentar-se na vida se o chefe não lhes desse a tarefa e a ração?

Desejei tornar-me camelô, sair pelas ruas apregoando as virtudes do sr. Krause, um *gentleman* que me havia apertado a mão. Extraordinário. Pensei nos bichos mal-encarados e sujos que nos dão encontrões e se afastam resmungando, sem pedir desculpa. Que diferença! Animais sombrios de olhar bilioso e gesto duro. Fugi deles, achei-me distante deles naquele vigésimo quinto andar, perto da casa do sr. Krause. O sorriso parado, a voz branda a arrastar-me, a elevar-me para muito além da minha condição. Que diferença! Sentia-me outro, era como se me houvesse entendido sempre com homens importantes. E, descobrindo no sr. Krause qualidades raras, percebia em mim mesmo alguns sinais de grandeza latente, chegava-me devagar uma coragem desconhecida, a esperança de poder um dia derrubar montes e levantar arranha-céus.

Vi o sr. Krause pela segunda vez num elevador, como já disse. Estavam ali várias pessoas bastante espremidas, entre elas um indivíduo tempestuoso. O ombro direito alto e o esquerdo baixo, o chapéu muito pequeno ocultando mal o crânio enfeitado por mechas de cabelo vermelho, a tromba ameaçadora, quase horizontal, farejando qualquer coisa — francamente, não reconheci o sr. Krause. O guarda-chuva de cabo torto e biqueira aguda agitava-se com desespero, procurando vítimas. O ombro direito elevava-se sobre as nossas cabeças, o esquerdo tentava arrombar a jaula. Cada vez que ela parava e se abria, largando parte do seu conteúdo e recebendo novo contingente, o incômodo sujeito batia com os pés na tábua, fungava, soprava, parecia querer espetar o rapaz que mexia nos botões.

Não sei por que se irritava. A gente se comprimia no aperto e no calor, deixava-lhe espaço para mover-se à vontade, mas o sr. Krause — seria realmente o sr. Krause? — acotovelava os passageiros, resfolegava como se tencionasse respirar todo o ar ali contido. Tive a impressão de que a figura capenga e indignada ia inchar, inchar demais e esmagar-nos. Os seus pulmões cresceriam muito — e nós morreríamos sufocados.

Reduzi-me a uma fração, vários pedaços meus se dissiparam, tornei-me igual aos pingentes dos bondes, aos infelizes que dormem nos bancos dos jardins.

Saltei no vigésimo quinto andar, impelido por uma guinada furiosa do extraordinário vizinho. Vi-o sair como um turbilhão, soprando e fungando. Avançou empenado, estacou defronte do gabinete que eu tinha visitado alguns dias antes. Empurrou a porta, mas encontrando resistência, malhou-a de rijo. Em seguida recuou dois passos e investiu contra ela, para despedaçá-la ou despedaçar-se. Não obtendo resultado, atirou-lhe pontapés. Virou-se e agrediu-a com o tacão do sapato.

Surpreso, colado à parede do corredor, percebi-lhe o rosto coberto de suor, o olho vermelho, rugas na testa, espuma na boca. Meu Deus! Seria realmente o sr. Krause, o homem sossegado que se escondia por detrás do *bureau*, sorrindo no meio de plantas e mapas?

De repente a porta abriu-se, um servente negro apareceu, trêmulo e desbotado. E o sr. Krause invadiu o gabinete, dando patadas no soalho, gritando insultos, o guarda-chuva erguido. Como poderia o serventuário negro defender-se daquela raiva e daqueles despropósitos? Encolheu-se e achatou-se, quase branco de medo. A porta se fechou com um baque e o que agora me chegava eram urros distantes e abafados.

Retirei-me tonto. Como diabo se tinha dado semelhante mudança? O sr. Krause era enorme, sem dúvida. Lembrei-me dos charcos aterrados, dos montes, dos rios, das locomotivas, das florestas. Enorme, certamente. Mas faltava-me convicção. Aqueles modos grosseiros ofendiam-me cruelmente. Pareceu-me que os gritos roucos e os desaforos eram para mim, que as pancadas e os coices me desconjuntavam os ossos.

8 de janeiro de 1939*

---

*Esta data refere-se à publicação no *Diário de Notícias*. A data do manuscrito é de 7 de dezembro de 1938.

Um inquérito

Em meado de agosto deste ano Jorge Amado tornou-se redator principal do conhecido hebdomadário *Dom Casmurro*, que realizou, chamando-o, um excelente negócio. O autor de *Jubiabá* é um sujeito inquieto, desses que não podem estar meia hora num lugar e têm precisão de mexer nas coisas, arrumá-las, desarrumá-las, tornar a arrumá-las. Por isso, logo nos primeiros números, o semanário saiu reformado.

Entre as novidades introduzidas nele anuncia-se uma série de entrevistas com as esposas de vários escritores. Jorge Amado espera que essas senhoras sejam francas e nos mostrem a literatura nacional em pijama e chinelos, escovando os dentes, aparando os calos, consultando o dicionário, engolindo cápsulas de aspirina. Ficaremos sabendo que José Lins do Rego toma café com leite, receia adoecer do coração e compõe os seus livros em caderninhos de papel pautado, desses que os vendeiros utilizam para registrar contas; teremos notícia da horrível pensão do major Nunes, onde Hermes Lima jogava bridge, estudava alemão com Gikovate e planejava o *Tobias Barreto*; conheceremos os gostos de Amando Fontes, que embirra com Mussolini, admira Franco, torce no futebol e constrói os seus romances com pachorra, uma folha hoje, outra daqui a dois meses.

Como só se ouvirão mulheres de escritores, os solteiros e os viúvos ficarão prejudicados. E como Rachel de Queiroz não tem mulher, o público ignorará que ela fez *O quinze* a lápis, deitada no soalho, de barriga para baixo.

Mas será verdade que a bisbilhotice de Jorge nos irá revelar a vida íntima dos escritores casados? Talvez não revele. Provavelmente as senhoras ficarão alarmadas na presença do repórter e não resvalarão nas confidências: hesitarão, atrapalhadas, entre as informações úteis à publicidade dos seus companheiros e as que lhes podem comprometer a reputação.

Que será conveniente dizer? Que eles roncam demais durante o sono, ralham à toa com os filhos, evitam os credores e redigem chateados uns artigos para os suplementos quando escasseia o numerário? Não, isso decerto não convém à glória de homens de letras. Será preferível afirmar que são excelentes pais de família, trabalham doze horas por dia, têm uma vida matrimonial perfeita, nunca se aborrecem em casa, não fumam, não bebem, não frequentam a livraria. Uns anjos.

Essas virtudes, porém, vão produzir um efeito deplorável: o leitor do jornal começará a bocejar. Esperávamos umas criaturas diferentes das outras, cheias de manias, e vamos encontrar seres bem arranjados, obedientes ao relógio, sérios e monótonos, rigorosos no dever, intransigentes na monogamia, enfim indivíduos muito semelhantes a outros que se dedicam a ocupações razoáveis. Não aparecerá nenhuma esquisitice, nenhuma nota escandalosa, e tudo findará em sensaboria.

Parece que o inquérito iniciado por Jorge Amado vai gorar. Os escritores ameaçados, temerosos de alguma indiscrição, recomendam às consortes que falem pouco, não se metam em literatura. E elas se esquivam, mais ou menos atordoadas. Naturalmente. De uma sei que recebeu o convite de Jorge com uma recusa formal:

— Está doido? Isso é uma provocação. Se eu fosse dizer o que penso e o que sei de meu marido, não viveríamos juntos um dia. Vamos esperar que ele morra.

agosto de 1939

Os sapateiros da literatura

Foi uma questão muito séria que não chamou, como esperávamos, a atenção dos interessados e morreu no nascedouro. O sr. Mário de Andrade, num dos seus excelentes rodapés do *Diário de Notícias*, condenou, entre amável e acrimonioso, a literatura feita à pressa, abundante nestes dias de confusão. Um dos nossos grandes homens de letras divergiu azedamente do escritor paulista. Este voltou à carga e afinal o sr. Joel Silveira, no hebdomadário *Dom Casmurro*, fechou a discussão rápida com uma nota curiosa que infelizmente não foi examinada pelos entendidos. Os telegramas de guerra mataram essa pendência que agora procuro desenterrar.

Em resumo, o sr. Mário de Andrade sustentou, com citações e argumentos de peso, esta coisa intuitiva: um sujeito que se dedica ao ofício de escrever precisa, antes de tudo, saber escrever. Há tempo o sr. Rubem Braga, num artigo curto, desprovido de citações e com poucos argumentos, tinha dito o mesmo. Isto é quase uma verdade laplaciana.

Dificilmente podemos coser ideias e sentimentos, apresentá-los ao público, se nos falta a habilidade indispensável à tarefa, da mesma forma que não podemos juntar pedaços de couro e razoavelmente compor um par de sapatos, se os nossos dedos bisonhos não conseguem manejar a faca, a sovela, o cordel e as ilhós. A comparação efetivamente é grosseira: cordel e ilhós diferem muito de verbos e pronomes. E expostos à venda romance e calçado, muita gente considera o primeiro um objeto nobre e encolhe os ombros diante do segundo, coisa de somenos importância. Essa distinção é o preconceito. Se eu soubesse bater sola e grudar palmilha, estaria colando, martelando. Como não me habituei a semelhante gênero de trabalho, redijo umas linhas, que dentro de poucas horas serão pagas e irão transformar-se num par de sapatos bastante necessários. Para ser franco, devo confessar que esta prosa não se faria se os sapatos não fossem precisos. Por isso desejo que o fabricante deles seja honesto, não tenha metido pedaços de papelão nos tacões. E espero também que os meus fregueses fiquem satisfeitos com a mercadoria que lhes ofereço, aceitem as minhas ideias ou pelo menos, em falta disto, alguns adjetivos que enfeitam o produto.

Evidentemente o sr. Mário de Andrade, homem de cultura e gosto, não iria aproximar um escritor dum operário. Mas agora estou pensando nos rapazes do *Dom Casmurro*. E não atino com a razão por que eles torceram o nariz à opinião do crítico.

Afinal, que são os rapazes do *Dom Casmurro*? Os sapateiros da literatura. Não se zanguem, é isto. Somos sapateiros, apenas. Quando, há alguns anos, desconhecidos, encolhidos e magros, descemos das nossas terras miseráveis, éramos retirantes, os flagelados da literatura. Tomamos o costume de arrastar os pés no asfalto, frequentamos as livrarias e os jornais, arranjamos por aí ocupações precárias e ficamos na tripeça, cosendo, batendo, grudando.

Certamente há outros que são literatos por nomeação. Necessitamos letras, como qualquer país civilizado, e escolhemos para representá-las um certo número de indivíduos que se vestem bem, comem direito, gargarejam discursos, dançam e conversam besteira com muita suficiência.

Os rapazes do *Dom Casmurro*, uns pobres-diabos, não sabem fazer nada disso. Peçam ao sr. Joel Silveira ou ao sr. Wilson Louzada uma conferência a respeito do namoro e verão o desastre: as moças da plateia se chatearão horrivelmente.

Restam, pois, a esses desgraçados, a essas criaturas famintas as sovelas e a faca miúda com que se corta o couro. Mas é preciso que a faca e as sovelas sejam bem manejadas. Quando lá fora disserem: "Esta crônica está bem-feita, este livro é mais ou menos legível", os autores, uns infelizes, pensarão: "Bem. Não há no mundo uma pessoa que tenha interesse em elogiar-nos. Fizemos qualquer coisa apreciável, é claro." E dormirão tranquilos um sono curto.

Enfim as sovelas furam e a faca pequena corta. São armas insignificantes, mas são armas.

Os tostões do
sr. Mário de Andrade

O sr. Mário de Andrade, há algum tempo, lamentando o mau gosto e a imperícia que atualmente reinam e desembestam na literatura nacional, utilizou uma imagem espirituosa e monetária: dividiu os nossos escritores em duas classes — a dos contos de réis, pelo menos centenas de mil-réis, onde se metem alguns indivíduos que arrumam ideias com desembaraço, e a dos tostões, gavetinha que encerra criaturas de munheca emperrada e escasso pensamento. O sr. Joel Silveira, sergipano bilioso, incluiu-se modestamente na segunda categoria, tomou a defesa do troco miúdo, dos níqueis literários que enchem revistas, jornais, cafés, livrarias, cômodos ordinários em pensões do Catete.

Enquanto o autor de *Macunaíma* exige acatamento à tradição e à regra, o jovem contista de *Onda raivosa* se mostra desabusado e rebelde: não chega a atacar a cultura, mas refere-se a ela com tristeza, julga-a remota e inacessível ao homem comum.

Há uma técnica na arte, diz o sr. Mário de Andrade. Romain Rolland foi mais longe: afirmou, creio eu, que a arte é uma técnica. O moço nortista repele semelhantes exigências. Vivemos arrasados, o numerário foge, há dívidas abundantes e falta-nos vagar para os cortes, as emendas necessárias. Não faz mal que a produção artística saia capenga.

O que nos desagrada nessa questão, hoje morta, é notar que o crítico paulista, colando em alguns escritores etiquetas com preços muito elevados e rebaixando em demasia o valor de outros, vai tornar antipática a boa causa que defende, prepara terreno favorável ao paradoxo sustentado pelo sr. Joel Silveira. E teremos então uma demagogia louca. "Somos tostões, perfeitamente, um considerável número de tostões. Somem tudo isto e verão a quantia grossa que representamos."

Não há nada mais falso. Mas os indivíduos que se imaginam com boa cotação no mercado naturalmente se encolhem, silenciosos por vaidade ou por não quererem molestar os níqueis comparando-se a eles. E as moedinhas devem andar rolando por aí, satisfeitas, areadas, brilhantes, pensando mais ou menos assim: "Joel Silveira é dos nossos, inteiramente igual a qualquer um de nós. Ignorante que faz medo, nunca leu um livro. Conversa mal, não vai além destas pilhérias que a gente larga nos cafés. Mora numa casa cheia de pulgas, é amarelo como flor de algodão e tem a fala arrastada. Pobrezinho, com certeza come pouco ou não come. Pensa pouco ou não pensa. Um tostão, como eu, como tu, como aquele. Podemos supor que Joel Silveira valha mais de um tostão? Não podemos, razoavelmente, porque ele chegou perto de nós e gritou: *Eu sou um tostão*. Entretanto Joel Silveira inventa uns negócios que sujeitos entendidos elogiam. Ora se Joel, tão arrastado, tão amarelo, tão barato, faz contos e crônicas interessantes, por que não faremos nós coisa igual? Mexamo-nos, fundemos sociedades e pinguemos em revistas os nossos cinco vinténs de literatura."

Um desastre. É necessário pôr fim a essa confusão, que nos pode render muito prejuízo. Já existe por aí uma quantidade enorme de livros ruins. E o sr. Joel Silveira não é tostão, nunca foi. Escreveu um excelente artigo para demonstrar que não sabe escrever.

1939

A viúva Lacerda

Sempre me pareceram os melhores nomes para vias públicas os que se referem a coisas, heróis e fatos indeterminados. Estácio de Sá, a Assembleia e 13 de Maio provocam evidentemente enorme respeito, mas há pessoas incontentáveis que não gostam dos portugueses ou admiram os franceses, desdenham o sufrágio universal e pensam que a abolição foi tolice.

Ninguém, porém, creio eu, achará mal batizados o beco das Cancelas, a rua Bambina, a travessa Doux. Essas denominações não contrariam nenhuma espécie de ideia: são eufônicas, de significação muito elástica e podem sem inconveniente permanecer nas esquinas. Entre Ouvidor e Buenos Aires não existem cancelas, mas é possível que tenham existido. Bambina para nós não tem aplicação. Aplica-se, contudo, bastante na Itália, e os cariocas que desejam aprender italiano já gravaram na memória um vocábulo necessário. Quanto a Doux, é um excelente adjetivo francês, útil na indústria e no sonho.

A rua de melhor rótulo é provavelmente a Viúva Lacerda. Rua Viúva Lacerda. Isso é ótimo. Convém a todas as inteligências, a todos os gostos, a todos os partidos; serve ao popular, ao funcionário, ao sujeito sabido, ao crente, ao ímpio, à maioria dos transeuntes.

Certamente é difícil identificarmos Lacerda, assim isento de prenome, alcunha ou título, de qualquer acréscimo que ele tenha usado na vida. E se o procuramos em vão, na memória ou no papel, descobrir-lhe a viúva torna-se na verdade impossível. Mas exatamente por não conhecermos essas personagens, a nossa imaginação poderá trabalhar com proveito e afinal admitir as figuras que nos satisfaçam.

Para o caixeiro da venda, Lacerda foi um negociante de secos e molhados, sagaz e prudente, de suíças brancas na cara gorda. O pagador do banco verá nele um ministro da Fazenda. O estudante pensará num velho professor maciço, de calva, carranca e vasta sabedoria.

No meu entender, o Lacerda em questão é o lexicógrafo, homem capaz, hoje notabilidade, merecedor de abundantes honras. Deve ser ele. Não tenho notícia de nenhum outro Lacerda notável. Há o Lacerdão também, um que ensinou inglês no Pedro II, mas esse está vivo e solteiro. É o dicionarista, sem dúvida. Realmente ignoro se ele casou, mas o nome da rua mostra que sim.

Por que então, em vez de render-lhe a homenagem a que tem direito, escolheram sua viúva? Com certeza porque essa digna senhora, julgo eu, possuía virtudes maiores que a ciência vernácula do marido. Pelo menos era dotada de infinita paciência. Efetivamente passar trinta anos colecionando fichas, ordenando verbetes, estragando o estômago, os olhos, os nervos e o juízo em cima de textos roídos de traça, é horrível. Mas viver trinta anos em companhia do um indivíduo que fabrica um dicionário é muito pior.

Compreendemos sem dificuldade o sacrifício da senhora Lacerda, a contribuição resignada e oculta que ela involuntariamente levou às letras duras e compactas do esposo, amigo da ordem clássica, das definições rigorosas. A pobre mulher habituou-se a falar de trás para diante e a usar palavrões arcaicos na conversação familiar. Se lhe acontecia deixar um período incompleto ou escorregar em estrangeirismos, havia cenas tremendas. O companheiro inchava como peru, o sangue que lhe restava subia o rosto e avermelhava os olhos, a boca espumava, largava impropérios enérgicos e castiços.

Esse homem competente adoecia com regularidade: tinha numerosas vísceras em cacos, uma zanga concentrada, que de tempos a tempos rebentava em furúnculos. Vivia da cama para a mesa de trabalho. Na cama os travesseiros misturavam-se a enormes cartapácios. Na mesa rumas de papel cresciam, amarelavam-se, trituravam-se, envelheciam, sepultavam-se em gavetas marcadas com inscrições técnicas em demasia. Proibido alguém tocar nos despojos venerandos, espanar os livros, deslocar o tinteiro e a pena de pato. Em consequência, uma camada espessa de poeira cobria o móvel, fixava-se nele, recebia outras camadas, que se agregavam, combinadas a substâncias diversas. Com o decorrer dos anos, isso formou uma bela casca negra, onde a vista do sábio repousava depois de longas vigílias.

Ao casar, a senhora Lacerda já podia considerar-se meio viúva. E no fim da labuta de catalogação, exemplificação e expurgo, estava definitivamente viúva. Mas viúva de um homem que ainda se mexia, ranzinza, maníaco, achacado.

É razoável que uma placa lhe celebre a viuvez permanente, necessária à composição de um dos mais importantes dicionários da língua portuguesa.

julho de 1944

Alguns tipos sem importância

Um amigo me pede que diga como nasceram as personagens principais de alguns romances meus ultimamente publicados. Eu desejaria não tratar dessa gente que, arrumada em volumes, se distanciou de mim. Na fase da produção era natural que me interessasse por ela, presumisse que lhe dava um pouco de vida; agora tudo esfriou, os caracteres se deformaram — os leitores veem o que não tive a intenção de criar, aumentam ou reduzem as minhas figuras, e isto prova que nunca realizei o que pretendi. Referindo-me, portanto, a essa cambada, não penso no que ela é hoje multiforme, incongruente, modificada pelo público, mas nos tipos que imaginei e tentei compor inutilmente. Falharam todos. Esta declaração é necessária: talvez não anule, mas pelo menos atenuará uns toques de vaidade que por acaso apareçam nas linhas que se seguem. O assunto me foi dado com a encomenda, já lhe disse.

Bem. Devo declarar, logo no começo, que nunca supus ajeitar-me a este indecente meio de vida. É certo que, por volta dos treze anos, achei que devia ser agradável construir uma espécie de *Inocência* ou *Casa de Pensão* e fiz algumas tentativas. Com o correr do tempo os modelos se tornaram maiores, mas aí veio o bom senso e vieram ocupações razoáveis: a ideia de ser literato desapareceu completamente.

Há alguns anos porém, achei-me numa situação difícil — ausência de numerário, compromissos de peso, umas noites longas cheias de projetos lúgubres. Esforcei-me por distrair-me redigindo contos ordinários e em dois deles se esboçaram uns criminosos que extinguiram as minhas apoquentações, o terceiro conto estirou-se demais e desandou em romance, pouco mais ou menos romance, com uma quantidade apreciável de tipos miúdos, desses que fervilham em todas as cidades pequenas do interior. Várias pessoas se julgaram retratadas nele e supuseram que eu havia feito crônica, o que muito me aborreceu.

Nessas páginas horríveis, onde nada se aproveita, um fato me surpreendeu: as personagens começaram a falar. Até então as minhas infelizes criaturas abandonadas incompletas tinham sido quase mudas, talvez por tentarem expressar-se num português certo demais, absolutamente impossível no Brasil. O livro que menciono saiu cheio de diálogos, parece drama. Publiquei-o oito anos depois de escrito, por insistência de Augusto Frederico Schmidt, que tinha virado editor. É uma narrativa idiota, conversa de papagaios.

Nesses oito anos deram-se graves desarranjos na minha vida: mudanças, viagens, doenças, ocupações novas, uma trapalhada medonha. Outra vez assaltado por ideias negras, lembrei-me dos criminosos dos contos. Um deles entrou a perseguir-me, cresceu desmedidamente, um que batizei com o nome de Paulo Honório e reproduzia alguns coronéis assassinos e ladrões meus conhecidos.

Talvez me fosse útil afirmar que escritores importantes, naturalmente estrangeiros, me haviam induzido a fabricar uma novela. Seria mentira: as minhas leituras insuficientes iam deixando o século passado. Em falta de melhor, estava ali à mão um coronel, indivíduo interessante, embora não fosse abonado por mestres de nomes difíceis.

A verdade é que os meus negócios andavam encrencadíssimos. É possível que esse sujeito reflita alguma tendência que no autor existisse para matar alguém, ato que na realidade não poderia praticar um cidadão criado na ordem acostumado a ver o pai, homem sisudo e meio termo, pagar o imposto regularmente.

Não reli o conto, receando que o protagonista não estivesse lá como eu agora o via enorme e que os comparsas, uns bonecos silenciosos do tempo da gramática, me atrapalhassem a composição que iniciei doente e interrompi quando entrei no hospital. Ao sair, arrastado ainda com a barriga aberta, findei o trabalho.

Em 1935 novas dificuldades me surgiram — e o criminoso do outro conto me importunou. Localizei esse tipo na capital, fiz dele um pequeno funcionário, último galho duma família rural estragada, e dei-lhe um nome insignificante. Luís da Silva, condenado a passar despercebido, era prejuízo certo para o editor. Foi o que eu disse a José Olympio quando ele me falou a respeito da publicação.

— Não vende cem exemplares.

Foi o que eu disse. Vendeu mais porque algumas pessoas querendo ou sem querer, fizeram do livro uma propaganda imerecida, em consequência dum trambolhão muito sério que dei involuntariamente. Sim senhor, involuntariamente.

O meu Estado é um Estado respeitável e tem produzido homens de consideração, até alguns heróis. Foi lá que se comeu o bispo Sardinha, em 1556. Enfim, é um Estado de que nos orgulhamos. Mas tem o defeito de ser pequeno e estar repleto. Por isso lá nos apertamos e nos incomodamos. Afinal emigramos. É o meu caso, emigrei. Ou antes, fui emigrado em condições bem desagradáveis. Essa viagem inesperada contribuiu para que vários leitores travassem conhecimento com o meu Luís da Silva, o que não teria sucedido se ele e eu vivêssemos ainda na nossa modesta capital, bocejando nas repartições.

Em 1937 escrevi algumas linhas sobre a morte duma cachorra, um bicho que saiu inteligente demais, creio eu, e por isso um pouco diferente dos meus bípedes. Dediquei em seguida várias páginas aos donos do animal. Essas coisas foram vendidas, em retalho, a jornais e revistas. E como José Olympio me pedisse um livro para o começo do ano passado, arranjei outras narrações, que tanto podem ser contos como capítulos de romance. Assim nasceram Fabiano, a mulher, os dois filhos e a cachorra Baleia, as últimas criaturas que pus em circulação.

Todos os meus tipos foram constituídos por observações apanhadas aqui e ali, durante muito anos. É o que penso, mas talvez me engane. É possível que eles não sejam senão pedaços de mim mesmo e que o vagabundo, o coronel assassino, o funcionário e a cadela não existam.

agosto de 1939

Prêmios

Estamos num tempo de concursos literários, parece que nunca houve tantos concursos. Tivemos os prêmios de literatura infantil, do Ministério da Educação, os da Sociedade Felipe de Oliveira, os da Fundação Graça Aranha. O prêmio Machado de Assis, instituído pela Editora Nacional, e o Lima Barreto, da *Revista Acadêmica*, viveram pouco: temos a impressão de que foram experiências malogradas.

A Academia cochila, naturalmente. Quase nada saberíamos dela se o sr. Cassiano Ricardo não fizesse lá dentro um barulho que a despertou da antiga modorra. Depois de muitos gritos, discursos e entrevistas, ficamos cientes de que a sra. Cecília Meireles tinha ganho, com um livro de poesias, dois contos de réis, quantia bem módica para tão grande celeuma.

Muitos outros prêmios têm sido ultimamente conferidos a pessoas de todas as latitudes deste país, uns em dinheiro, outros em artigos, elogios e esperança de uma edição recomendada por júri direito ou por sufrágio mais ou menos universal.

Depois do prêmio Lima Barreto, a *Revista Acadêmica* assanhou há meses um vasto eleitorado para escolher os dez melhores contos brasileiros e agora pretende arranjar a lista dos dez melhores romances. Ignoramos as intenções do sr. Murilo Miranda: que desejará ele fazer com essas vinte obras notáveis, graúdas e miúdas?

O prêmio Humberto de Campos da livraria José Olympio permanece: foi dado este ano ao escritor pernambucano Luís Jardim. O hebdomadário *Dom Casmurro* encerrou há dias um concurso de contos e já anuncia um de romances. A revista *Boa Nova* escolheu meia dúzia de contos entre oitocentos que lhe foram enviados, todos pequenos demais, concentrados em poucas linhas, quase telegráficos. *Diretrizes* vai chamar concorrentes para uma história da República, livro destinado às crianças. Além disso há os concursos semanais de *Cigarra*, *Carioca* e *Vamos Ler*, que atraem os moços.

Existem, pois, no Rio de Janeiro numerosas instituições interessadas em aumentar a produção literária, coisa que se vende bem, na opinião de certos cavalheiros otimistas. Descaramento ou ingenuidade. Ninguém de bom senso que tenha visto de perto um literato pode afirmar que literatura seja profissão no Brasil, pelo menos que seja profissão decente. Para que então chamar para isso tantos indivíduos que, sem o engodo de alguns cobres escassos e de uma publicidade vã, talvez não tivessem a ideia infeliz de manejar a pena ou bater em teclado?

Há por aí milhares de contos, centenas de romances à espera de editor ou do julgamento dum desses júris que por aí fervilham. O editor não surge, os júris espalham por todo o país amarguras e humilhações. Mas os candidatos vencidos não desanimam: endireitam os seus produtos, depois de ligeiro abatimento, e, quando chega outro concurso, lá vão colher novas decepções.

É possível que nestes últimos tempos a qualidade da mercadoria tenha melhorado. Entre sessenta volumes remetidos à comissão do Humberto de Campos havia seis ou oito bem legíveis e dois bons. Infelizmente a livraria só dava um prêmio. Ou felizmente. Se desse dois, talvez o autor do livro bom que foi preterido estivesse hoje ligando pouca importância às suas ocupações de médico ou de agricultor e tomasse um caminho errado.

Um homem trabalha doze meses num romance e envia-o ao secretário da comissão. É possível que o romance não preste, mas representa um ano de esforço, de noites em claro, de dores de cabeça e consultas ao dicionário. Outros noventa e nove cidadãos comportam-se de igual maneira: perdem noites fumando, apertando a cabeça, riscando papel, rasgando papel e consultando o dicionário. Constroem noventa e nove romances, que são mandados ao júri. Lido tudo, tudo medido e pesado convenientemente, decide-se qual é o livro melhor — e o autor embolsa dois contos de réis. Muito pouco. Cem anos de trabalho por dois contos de réis.

Apesar de tudo afirmam que é possível alguém viver aqui de literatura. E dizem que vão aparecer prêmios de cinquenta contos. Bem. O futuro a Deus pertence. Há razão, porém, para supormos que um literato não receberá nunca essas quantias astronômicas. É possível que elas sejam oferecidas a tipos hábeis que se apresentem como literatos. Há por aí dezenas deles.

agosto de 1939

Atribulações de Papai Noel

Batida meia-noite, pingados os primeiros minutos de 25 de dezembro, Papai Noel estirou o braço, apertou na parede o botão do comutador, espreguiçou-se e, chateado, bocejando, sentou-se na cama. A luz da lâmpada iluminou-lhe a cara vermelha e raspada, as sobrancelhas brancas, a calva brilhante.

Ainda uma vez aquela obrigação anual e cacete de enfeitar-se, deixar o cômodo apartamento do arranha-céu e largar-se pelas ruas, a oferecer brinquedos aos meninos. Entrado em anos, começava a enjoar-se da profissão: desejava aposentar-se e fazia tempo que pedira um substituto.

Levantou-se, escancarando a boca, exibindo a brancura sã dos dentes postiços. Dirigiu-se ao banheiro, deitou pasta na escova, ficou algum tempo ocupado com a higiene.

Voltou enxugando-se, os beiços contraídos pelo gosto excitante do dentifrício. Tirou o pijama, vestiu a camisa e as cuecas, arreliado, lançando um olhar rancoroso ao calendário que se pendurava por cima da mesa, junto a um *crayon* de Portinari. Meteu-se na roupa encarnada, ajeitou a gola de arminho ao espelho e calçou as botas, resmungando: por que era que o Estado Novo não lhe suprimia as funções, conservando-lhe os vencimentos?

Enquanto pensava em redigir algumas notas sobre a reorganização do serviço, pregou a barba de algodão na cara descontente, arrumou no crânio o chinó, tomou o cajado, foi ao quarto vizinho e atirou às costas o enorme saco cheio de brinquedos. Veio de lá, capenga e corcunda, apagou a luz, saiu, trancou a porta, encaminhou-se ao elevador. O ascensorista, incomodado, àquela hora da noite, desceu-o rosnando.

Papai Noel pisou na calçada e, batendo solas no asfalto, andou em muitos bairros, entrou em muitas moradas, distribuindo convenientemente os objetos que levava. Às crianças ricas ofereceu bicicletas, álbuns de figuras, cavalos de rodas, bonecas falantes, automóveis e estradas de ferro em miniatura; às pobres deu espingardas de folha, apitos, balõezinhos, cornetas, bolas de borracha e outras miudezas da casa de Cr$ 4,40. E todas as crianças ficaram satisfeitas: porque as primeiras não saberiam brincar com espingardas e cornetas, as segundas teriam receio de sujar os cavalos e os livros de figuras. A distribuição era razoável: não prejudicava hábitos adquiridos, não atentava contra a natural diferença que há entre os meninos, não estabelecia confusão no espírito deles.

— Porque enfim, refletia Papai Noel, apitos e gaitas valem uma fortuna para o garoto que não possui nada; automóveis e estradas de ferro pouco interesse despertam no pequeno que tem um quarto cheio de trapalhadas semelhantes. Assim, o que devemos fazer é dar coisas preciosas aos indivíduos que não precisam delas e deixar trastes sem valor aos necessitados. Acho que há muita sabedoria nisto.

Infelizmente o saco se esvaziou antes que o ótimo velho percorresse toda a cidade. Por isso não foram visitadas as casas cobertas de lata com remendos de tábuas. Na ladeira de um morro vagabundo os últimos presentes desapareceram — e, ao amanhecer, Papai Noel, fatigado, as pernas bambas, sentou-se ali no chão, disposto a cochilar uns minutos antes de se recolher. As botas apertadas machucavam-lhe os calos, o ombro esquerdo arriava, doído, magoado pela correia do saco.

— Estúpido conservar a tradição quando ela já não convém, rosnou o velho. Estúpido. Um saco, ora vejam. Esfolou-me o ombro. Com a evolução da técnica, deveríamos adotar um caminhão.

Mastigou o aborrecimento, pouco a pouco cerrou os olhos, deixou a cabeça pender e encostou o queixo barbudo ao peito. Ia adormecendo quando numerosas gargalhadas e vozes de espanto o sobressaltaram. Ergueu-se repentinamente e descobriu ali perto vários moleques do morro que iam encher as vasilhas no chafariz.

— Que desordem é essa? — bradou com indignação, agarrando o cajado. Isso lá são modos? Debanda, canalha.

Os rapazes continuavam a rir. E um deles adiantou-se:

— Parece um tipo de carnaval. Donde vem o senhor?

— Donde venho? exclamou o ancião quase engasgado. Ora aí está a consequência do livre exame. Então vocês não me conhecem?

— Diga logo quem é, ganiu um pirralho.

— Era o que faltava, eu descer a dar explicações a esta poeira. Vejo que aqui não há polícia. Vão-se embora, patifes, vão encher os potes no chafariz.

Ameaçou-os com o bordão, mas os bichinhos importunos conservaram-se por ali rondando, sem se afastar muito. Um mais afoito aproximou-se e perguntou baixinho:

— Mas por que é que o senhor não diz o seu nome?

— Está bem, murmurou o funcionário. Com bons modos tudo se arranja. Você se comporta direito, meu filho. Continue assim. A maior das virtudes é o respeito às pessoas e às coisas antigas, percebe? Eu sou uma criatura muito antiga.

— Diga o nome, gritou um rapazinho.

— Santo Deus! resmungou o velho, enjoado. Será possível que ainda não saibam? Que falta de inteligência! Então preciso explicar a vocês que sou Papai Noel?

As risadas dos moleques rebentaram outra vez no morro.

— Que pilhéria!

— Pilhéria não, safadinho. Tu mereces cadeia, para não rires das antiguidades respeitáveis. Estão aí os frutos da democracia.

O cajado ergueu-se, mas, como a algazarra não diminuiu, o digno homem voltou às boas:

— Vamos deixar de barulho. Assim não se compreende nada. Com franqueza, nunca ouviram falar em mim?

— Ouvimos, respondeu um sujeitinho quando a bulha serenou. Mas é tapeação, ninguém acredita nisso.

— Meu caro, você é bem exigente. Está aí de olho arregalado para a minha cara e fala desse jeito. Que diabo! Então não há prova que lhe sirva.

— A culpa é do senhor. Aparece num caminho, sentado na grama, cochilando como um pau-d'água.

— Cala a boca, atrevido. Realmente eu devia ter entrado em todas as casas alta noite e deixado lá qualquer coisa. A luz do sol estraga tudo, é desfavorável ao mistério. Se vocês encontrassem pela manhã um sinal da minha passagem, talvez tivessem um pouco de crença. Tempo desgraçado em que a fé se apoia em bolas de borracha, gaitas e cornetas. Infelizmente a população cresceu demais: não há bola de borracha nem corneta que chegue.

— Que história esquisita ele está contando! soprou um dos moleques. Parece que endoideceu.

— Deve ter endoidecido, concordaram os outros.

E afastaram-se.

— Que insolência! exclamou Papai Noel tentando aprumar-se. Estão insuportáveis. Vá um homem demonstrar alguma verdade a esses bandidos. Afinal insisto na minha ideia de substituir o saco pelo caminhão.

Bocejou, mostrando os dentes postiços:

— Um caminhão certamente.

Pegou o cajado e retirou-se lento, coxeando, aperreado com os calos. Antes de entrar na cidade, refletiu, deteve-se, tirou a barba de algodão e o chinó, meteu no bolso estes atavios noturnos. De gibão, calções e botas altas era ainda bem ridículo, mas não tanto como quando usava cabeleira e barba. Chegando ao edifício onde morava, arrastou-se até o elevador, suspirando:

— É necessário atualizar tudo isto.

23 de dezembro de 1939*

---

*Esta data refere-se à publicação do artigo no *Cruzeiro*. A data do manuscrito é 26 de julho de 1939.

Desordens

Os jornais têm andado bastante indiscretos, alarmando o público todos os dias com telegramas de arrepiar. Apreende-se aqui material bélico, ali surge o beato Lourenço em companhia de outros beatos e beatas, matam-se jagunços no S. Francisco, e Porto Nacional, em Goiás, pega fogo. Um fim de mundo.

Agora chegam informações desagradáveis de Alagoas, onde os cangaceiros fizeram proezas, afugentando a população de Palmeira dos Índios, segundo as folhas. Alagoas é uma região tranquila, até demasiado tranquila, e Palmeira dos Índios um município que tem produzido cidadãos notáveis por vários modos, mas de notabilidade quase sempre realizada moderadamente, com pouco espalhafato.

No fim da semana passada apareceram lá uns discípulos de Lampião, mataram quatro pessoas em Lagoa da Areia, dirigiram-se ao povoado Canafístula, onde amarraram e espancaram diversos indivíduos, todos excelentes criaturas e eleitores até pouco tempo. Existe nessa povoação uma estrada de rodagem, que serviu para os malfeitores se deslocarem com rapidez. Felizmente o prefeito e outros cavalheiros de influência receberam auxílio das cidades vizinhas e, depois da saída dos cangaceiros, foram procurá-los na zona das operações, onde não os encontraram, naturalmente.

Prejuízo considerável: consta que mataram gente, surraram homens pacatos, roubaram dinheiro e joias. Os bandidos, é claro. Com certeza levaram pouco dinheiro e muito poucas joias, que Lagoa da Areia e Canafístula são pobres demais. Talvez até nem tenham achado joia nenhuma e as mencionadas no telegrama figurem nele como enfeite, para dar brilho e importância a esses vagos lugarejos.

Está aí um pormenor insignificante a prejudicar a verossimilhança duma tragédia. Começamos a duvidar da história. É bom duvidarmos. Para que nos vêm contar semelhantes horrores, que estragam os preparativos do carnaval e não se harmonizam com a índole pacífica do nosso povo?

Estávamos em sossego, quase felizes, lendo as reduzidas notícias da Espanha e da China, que ficam longe, graças a Deus. De repente se descobrem armas e munições aqui perto, surgem beatos e beatas, o interior da Bahia cheira a pólvora, uma cidadezinha de Goiás se transforma em praça de guerra. E até Palmeira dos Índios, lugar de ordem, recebe visitas incômodas e assusta-se em telegramas compridos. É incrível. Afinal não há razão para sangue e barulho. Que deseja essa gente?

Conversa fiada

Dois renques de bangalôs miudinhos, idiotas, jardins com muros de folhas bem aparados e discretos, meia dúzia de crianças divertindo-se na rua estreita. Podem saltar e rodar nos patins quase sem perigo: há duas horas que não ronca um automóvel no asfalto. Além das vozes agudas e do som das rodas na calçada, remotos cantos de galo, o pregão dum vendedor ambulante, marteladas, longe, meio indistintas. As portas se fecharam; às janelas assomam raramente vultos que logo se recolhem, com desinteresse.

Vê-se bem que isto é um lugar de hábitos moderados e vida tranquila, baseada em regras dignas de respeito. Estamos em segurança, é exato. O monte que se eleva ali sobre as casas fronteiras levará uma eternidade para se desgastar. Se um bloco de pedra se deslocasse dele, faria cá embaixo um estrago feio. Mas isto não acontecerá: o morro é firme, duma firmeza terrível.

Continuando esta imobilidade e este sossego, não envelheceremos: dentro dum século comportar-nos-emos como agora. Seis crianças patinarão na calçada; um sujeito, com o tabuleiro à cabeça, lançará um grito interminável; diversas figurinhas insignificantes, metidas em apartamentos insignificantes, pensarão em negócios insignificantes. Estamos bem, é claro. Tomamos o nosso café, o aluguel está pago, ninguém nos importunará.

Desgraçadamente lemos os jornais — e a lembrança deles nos incomoda. Invasão da Holanda, invasão da Bélgica, sem falar no Luxemburgo. Bombardeios aéreos, sangue e morte — evidentemente isto não se compadece com as nossas inclinações pacíficas. Querem ver que ainda irão atacar outros países neutros, inofensivos, cultos? Isto desanima, com franqueza.

Certamente estamos em segurança. O morro é duro. Quantos anos serão necessários para consumir-se aquela pedra toda?

As crianças largaram os patins e começaram a cantar. A inocência das crianças é também eterna, eterna como as pedras do morro.

Estarão agora destruindo crianças na Holanda e na Bélgica? Medonho. De fato sempre fizeram isso, mas eram coisas vagas, perdidas na distância e no tempo, talvez narradas com exagero. Os nossos nervos sensíveis e cristãos recusavam-se a admitir semelhantes horrores. Depois da leitura da alarmante notícia, a segurança diminuiu. Afirmamos que não, mas intimamente nos sentimos abalados.

A Holanda e a Bélgica estão perto de nós, leram o Evangelho e prolongam a Linha Maginot. E há o rei

Alberto, há Maurício de Nassau. Será que tencionam, efetivamente, desmantelar a Holanda e a Bélgica, dar um golpe tão grande na civilização ocidental? Então a que ficarão reduzidos o Congo Belga e a Ilha de Java? Como poderão aguentar-se no mundo os pretos e os javaneses, se os seus naturais dirigentes amunhecarem?

Ainda ontem estávamos quietos, sem preocupar-nos com essa barbaridade que se aproxima. De repente choveram os telegramas — e receios assaltaram-nos.

Se o telégrafo não existisse, ficaríamos alguns dias amando calmamente, digerindo calmamente, ignorando essas calamidades. Mas há o telégrafo, há o rádio, que nos transmite sambas e desgraças. Certamente os inventores do aeroplano não pretenderam criar uma horrível máquina de guerra. As melhores intenções se deturpam.

A vida vai-se tornando insuportável — e o morro que ali se eleva sobre as casas fronteiras perde a consistência. Realmente não nos achamos em segurança. Esse ataque à Holanda e à Bélgica perturba-nos, tira-nos o apetite.

Mesquinhos, estávamos protegidos pela nossa pequenez, protegidos como ratos em tocas. Não podemos agora confiar nisso.

Na rua estreita e silenciosa há sinais de ruína. As crianças que patinavam desapareceram. Será que os homens fortes irão matá-las?

maio de 1940

Paulo Barreto, S. João Batista e D. Mariana

É estranho que esses nomes aqui se juntem, pois nenhuma relação parece haver entre eles. Contudo surgem no centro da cidade, vizinhos e paralelos, designando ruas que desembocam na Voluntários da Pátria. Por que deram a vias públicas patronos de valores tão diversos? Terão eles merecido a honra de figurar na placa azul de letras brancas e nos catálogos de telefones? Uma rápida notícia do que fizeram essas criaturas não será talvez inútil aos passageiros do ônibus 8 e do bonde Jardim—Leblon, uma notícia em que as três personagens se apresentem mais ou menos atualizadas. Atualizadas, expostas em linguagem contemporânea do filme e do rádio, para que algum leitor não vá pensar que uma das ruas existia na Palestina, há dois mil anos.

Paulo Barreto, cronista admirável, tradutor de Oscar Wilde, redator da *Gazeta de Notícias*, defendia Portugal, cortava os cabelos à escovinha, para evitar possíveis indiscrições raciais, e era membro da Academia de Letras. Não foi propriamente uma glória nacional. Nunca fez discursos na Câmara, não praticou ações notáveis, não deixou uma daquelas frases decisivas que atravessam os séculos e imortalizam um homem. Como escrevia bem, teve um reduzido público e está hoje meio desconhecido. As suas obras não se exibem nas vitrinas onde avultam numerosos livros estrangeiros e a abundante literatura indígena posterior ao modernismo. Sabemos perfeitamente que é autor de "O bebê de tartalana rosa", mas vários dos cidadãos que, no concurso da *Revista Acadêmica*, acharam esse conto um dos melhores do Brasil, não o leram. Paulo Barreto, falecido há pouco tempo, desfruta uma reputação bastante moderada. Por isso a homenagem que lhe tributaram é modesta: ofereceram-lhe uma rua curta.

S. João Batista, homem de esquerda, panfletário de talento, considerava-se, talvez sem razão, uma voz a clamar discípulos. Fugindo às boas normas profissionais, atacou violentamente no seu jornal a senhora do tetrarca da Galileia, alto funcionário protegido pelo imperialismo romano. Em consequência foi preso, é claro, e encerrado num campo de concentração, onde achou meio de continuar a emitir as suas imprudentes e furiosas diatribes. Conhecemos em segunda mão esses libelos tremendos, realmente dignos do revolucionário sombrio que, reagindo contra os hábitos amolecedores do tempo, fez o voto de não se banhar, alimentar-se de gafanhotos e cobrir-se de peles. Em seguida a uma intriga doméstica, em que tomaram parte duas mulheres, o grande agitador morreu decapitado. Ficou muitos anos obscuro, depois entrou no agiológio, e atualmente aparece nas estampas sob a forma duma criança quase despida, que se entretém com um carneirinho. Tornou-se inofensivo: pode, sem nenhum perigo, receber manifestações populares em junho e ter o nome nas esquinas.

D. Mariana, pessoa diferente das figuras mencionadas, nunca se ocupou em demasia com a ética nem com a estética. As suas ideias, firmes e reduzidas, acomodavam-se às da maioria, as suas necessidades interiores não feriam conveniências. D. Mariana falava baixo, era portadora de ótimo estômago, repousava regularmente dez horas, livre de sonhos, uma vez por semana ouvia missa, não fazia mal nem bem ao próximo, jogava no bicho e educava os filhos no temor de Deus. Excelente mãe de família, esposa mais ou menos exemplar, possuía ações de fábricas, muitas casas e as virtudes indispensáveis a um vivente da boa sociedade. Não se gastou em prazeres excessivos nem se consumiu em dores violentas, compreendeu vagamente a metade do que lhe disseram e sempre concordou: "Pois é". Teve um médico amigo e um diretor espiritual amigo, não leu jornais, distribuiu esmolas com parcimônia e regularidade. Engordou, enviuvou, finou-se aos noventa e seis anos, confessada, sacramentada, com todos os dentes. Não deixou saudades profundas, mas, além das exceções naturais, ninguém se regozijou com a sua morte. Boa alma. Viveu invariavelmente na ordem. E por isso é razoável que lhe tenham dado o nome a uma rua comprida, larga e arborizada. Uma rua cheia de sombras.

agosto de 1940

Booker Washington

Esse negro, famoso nos Estados Unidos por volta de 1900, apresentado aos brasileiros depois que a Editora Nacional lhe publicou as memórias, foi um tipo curioso e merece que tentemos estudar-lhe o caráter, ver os caminhos que andou para, tendo nascido escravo, hospedar aos quarenta anos o presidente da república, o ministério, dois generais, com famílias, secretários, repórteres e fotógrafos. Teve um êxito completo na vida. Percorreu o país, buscando fundos para o instituto de Tuskegee, mas sempre viveu no sul, na região escravista, e achou aí meio de não ser importuno. Acomodou-se nos vagões dos brancos, em companhia de senhoras distintas que lhe ofereceram ceia e lhe prepararam gentilmente o chá, tornou-se diretor de um enorme estabelecimento de ensino, recebeu da universidade Harvard um título honorífico, declamou na exposição de Atlanta um discurso que o celebrizou.

Narrou as desgraças que o afligiram na senzala e na cabana miserável, presente da abolição. Alforriou-se muito novo, fez-se criado, trabalhou no sal e no carvão, roeu chifres para adivinhar o alfabeto, adquirir um chapéu e alguma roupa, viajar cento e cinquenta léguas e ser admitido no instituto de Hampton, na Virgínia. Dormiu em calçadas e curtiu fome.

Esses padecimentos, porém, não avultaram muito na existência do moleque. Referiu-se a eles e procurou estirá-los à força de repetições, mas o que nos surpreende é a rapidez com que os afastou. Chegou a Hampton, sabia manejar a vassoura e espanar móveis; ao cabo de três anos concluía o curso e era nomeado diretor de uma escola de negros.

Não podemos dizer que isso tenha sido voo de inteligência superior às inteligências ordinárias. Não. Booker Washington diferia pouco dos homens comuns. Em arte escrita admirou os jornais e a biografia. Achincalhou o grego e o latim, com ironia grossa, e indignou-se ao ver um rapaz embrenhar-se nos mistérios da gramática francesa. Passou três meses na Europa, dormindo regularmente quinze horas por dia. E as observações que lá fez, nos instantes roubados ao sono, foram curtas e bocejadas. Na Bélgica viu de longe uma festa de igreja, descrita em seis linhas. Na Holanda entusiasmou-se com os rebanhos de gado Holstein. Em Paris visitou o museu do Luxemburgo e aprovou a tela de um pintor negro bem relacionado, afirmou que os pretos são capazes de utilizar o pincel, cozinhar, lavar, tratar dos cavalos, fabricar manteiga e cultivar batatas. Na Inglaterra observou a rainha Vitória, o embaixador americano e uns duques.

Apesar dessa indigência interior, Booker Washington deixou-nos traços firmes da vida rural no seu país. Nas páginas em que se eximiu da obrigação de expor ideias foi simples, verdadeiro e humano.

Talvez se deva a sua prosperidade à escassez de ideias. Booker Washington pensava num reduzido número de coisas, mas pensava com energia. Teve desejos limitados e concretos, e para realizá-los serviu-se de muitos recursos.

Não era propriamente negro: tinha cinquenta por cento de sangue branco. Esforçou-se por aproximar os dois grupos étnicos adversos, apresentou-se como grande amigo deles; mas era frio, calculista, e parece que intimamente os desprezava. Não pertencia a nenhuma das raças e pôs as duas em contribuição: dos brancos tirou capital, aos pretos exigiu trabalho. E foi incontentável.

Casou três vezes. As primeiras mulheres não aguentaram o serviço pesado e finaram-se depressa. De algum modo o instituto de Tuskegee prolongou a escravidão. Iniciado numa estrebaria e num galinheiro, possuía, dezenove anos depois, quarenta edifícios, dos quais trinta e seis tinham sido construídos pelos alunos. Entre estes havia pedreiros, ferreiros, marceneiros, eletricistas, oleiros e agricultores. As moças mourejavam na lavandaria, na colchoaria e na cozinha. Booker Washington não se inquietava com a educação literária, mas era exigente na oficina. E não dispensava as cerimônias religiosas na capela. Queria, além disso, que os negros fossem leais, bem comportados e, nas eleições, votassem na chapa dos seus antigos senhores.

Com tão bons propósitos, obteve a confiança dos brancos. Suspeitosos a princípio, abriram-lhe por fim os cofres e as almas, cobriram-no de pecúnia e glória. Antes de conhecê-lo, Collis Huntington, proprietário de caminhos de ferro, ofereceu-lhe dois dólares; conhecendo-o, mandou-lhe um cheque de cinquenta mil dólares. Booker Washington agradeceu o primeiro donativo, agradeceu o segundo e continuou a amolar Collis Huntington e a senhora com relatórios e pedidos, que tiveram bom acolhimento. Andrew Carnegie resistiu dez anos, mas enfim capitulou: deu vinte mil dólares para uma biblioteca. Rockefeller, que tinha receio de ser enganado, antes de largar o dinheiro examinava severo as contas de Tuskegee. Como achava tudo em ordem, cedia.

Booker Washington era rigorosamente honesto. Conquistou subvenções do Estado do Alabama, da fundação Peabody, da fundação John Slater, e, em conformidade com as quantias recebidas, fez as referências necessárias ao deputado Foster, ao agente Curry, ao tesoureiro Jesup.

Homem dependente, em geral Booker Washington não atacava ninguém, pelo menos não atacava pessoa capaz de lhe causar dano. Manifestou-se um dia contra os pastores de cor. Uma nuvem de pretos caiu-lhe em cima — e ele emudeceu, até que a desavença esfriou e um bispo lhe deu razão. Combateu a Ku-Klux-Klan, mas numa época em que esta horrível associação tinha desaparecido. Referiu-se com desgosto à canalha das cidades, aos negros esbanjadores, aos camponeses sujos e improvidentes. Generalizações, nada de exemplos. Os brancos que viu, especialmente os ricos, foram ótimas criaturas. Um, por acaso, em Boston, tratou-o mal. Não lhe sabemos, porém, o nome.

Bom orador, Booker Washington gostava de falar a negociantes, os seus melhores ouvintes, diz ele. Derramou sobre o general Armstrong elogios excessivos. Dividiu em seguida as qualidades que ornavam o seu protetor e concedeu-as aos contribuintes de Tuskegee.

É possível que esse vivente meticuloso possuísse uma espécie de coração. Escreveu uma página chorosa sobre a morte da mãe, tocou de leve na irmã, lamentou precisar ausentar-se da família, viver nos trens, deitar-se em três camas numa noite. Mas estas coisas foram ditas com o mesmo sentimento que adotava cantando loas à filantropia intensa dos americanos. O que o sensibilizava no filho era a tendência do garoto para a fabricação dos tijolos. A irmã sumiu-se de repente, não se sabe como, sem deixar mossa no espírito. E o enterro da mãe consumiu os adjetivos indispensáveis.

Contudo não enxergamos em Booker Washington um egoísta. Era um sujeito de ação, muito hábil. Nos Estados Unidos tomou lugar, naturalmente entre os negros. E forçou-os a trabalhar com desespero, enquanto esfolava os brancos. Desejava dar ao preto independência econômica. O grego, o latim, as artes, as ciências, todos os enfeites internos de que ele próprio tinha vaga notícia, viriam depois.

2 de novembro de 1940

Aurora e o seu Oscar

Uma, duas vezes por semana, a cuíca ronca no morro, onde se elabora a fornada nova de sambas que a cidade vai ouvir durante o carnaval. Essa elaboração, porém, não se faz toda nas casas de madeira e lata: começa aí, mas a segunda fase da produção realiza-se na planície. O morro vende matéria-prima e compra mercadoria — dá ritmos e sentimentos, recebe obras musicadas, literatizadas, impressas em folhetos, expostas no disco e no rádio.

Não sabemos até que ponto a métrica, a rima, o adjetivo campanudo, desfiguram a coisa bruta e virgem nascida no Querosene. Como, entretanto, apesar de corrompida, coberta de bugigangas, ela é bem aceita aí de regresso, julgamos que o habitante do Querosene a reconhece e adota, admira as miçangas que a enfeitam. De fato não deve ter havido alteração profunda. Apenas o necessário para ser cantada no rádio e não desagradar muito no papel, escrita. A coisa bruta continua mais ou menos virgem.

Entre essas criações populares conhecidas hoje no país inteiro, duas avultam: seu Oscar, do ano passado, e Aurora, surgida há meses. Juntaram-se, formam o inevitável casal desajustado, mas no morro não se comportam como se vivessem em outro lugar ou em outra classe. Seu Oscar, homem gemente e queixoso, aperreado pela dor dos infelizes, nunca se revolta: definha, curte o desgosto, não se envergonha de mostrar-se ridículo narrando indiscretamente as ruindades da companheira e os sacrifícios que fez por ela. Oferece-lhe o que não possui, para trazê-la ao bom caminho: um apartamento em arranha-céu, ar refrigerado, a consideração dos fornecedores. Aurora, isenta de fantasias, e de coração, desdenha a promessa: arruma a trouxa, despede-se num bilhete, abandona o amigo e cai na baderna. Seu Oscar soluça no pinho as suas mágoas inúteis. Que aconteceria, pergunta, se tivesse conta no banco e um prédio confortável? Supõe que lhe seria possível acomodar em ambientes diversos a sua alma terna e resignada. Engano.

Imaginemos o casal muito rico. Aurora, transformada em madame, não deixa a casa: tem as derrapagens naturais, dentro das conveniências, e é boa mãe de família. Seu Oscar, livre de apoquentações, faz vista grossa a insignificâncias, recolhe os favores duma segunda Aurora, depois os duma terceira, o que provoca vingança. E assim por diante.

Um degrau abaixo, com posses menores e maior dose de moral, inibido de achar alívio, seu Oscar se aborrece um pouco, sente-se vítima duma injustiça e tem o cuidado de se apresentar bastante feliz, para evitar escândalo.

Afastando-se daí, proprietário de algumas luzes e precisando manifestar-se em letras, seu Oscar arranja uma história introspectiva, cataloga as ruínas que o ciúme produz no espírito dum cristão.

No interior seu Oscar está quase em segurança. Caso more em cidade pequena e disponha de recursos, tem a população, devota e ociosa, para fiscalizar de graça os costumes de Aurora, que procede bem à força. No campo, membro da canalha, facilmente larga a Aurora infiel, ou lhe dá uma surra, ato que ajusta as contas até nova traição.

A desgraça verdadeira para seu Oscar é pertencer à classe média e residir na capital. Arma-se contra ele uma quantidade enorme de desvantagens, a perfídia conjugal determina complicações irremediáveis. Funcionário escrupuloso, dono dum botequim no subúrbio ou vendedor de geladeiras, tipo de hábitos medidos, dócil ao ponto, ao horário do negócio, ao vencimento da prestação, deseja, recolhendo-se, achar em ordem a mulher e os chinelos. Certamente seu Oscar não dedica um afeto excessivo a Aurora, mas isto não é razão para que se prive dela. Também não se apaixonou pelo *bureau* da repartição ou pela caixa registradora do estabelecimento, e perturbar-se-ia se um desses objetos desaparecesse. As ações de seu Oscar estão orçadas e rigorosamente escrituradas. Há um dia para o cinema, um dia para as visitas, e as viagens se fazem sempre no mesmo ônibus. O chofer já se acamaradou e para o carro antes da esquina. Seu Oscar dorme regularmente nove horas, trata do xexéu, lê o noticiário da polícia, respeita em demasia a opinião dos chefes, dos amigos, vizinhos. Evidentemente numa existência assim organizada as escorregadelas da consorte originam distúrbios imensos. Aquilo não está previsto, ataca preceitos firmados. Seu Oscar se desorienta, procura uma saída, mas falta-lhe imaginação e falta-lhe pecúnia, coisas indispensáveis para desatrapalhar-se. Os chinelos sumiram-se, a mulher se demora na rua, e isto é horrível. A mulher e os chinelos são como órgãos — seu Oscar sente-se amputado. Não se conforma. Que dirão os vizinhos, os amigos, os chefes? De que modo reagiriam eles se se vissem num aperto semelhante? Seu Oscar perde o sono, perde o apetite e perde o ônibus, atrasa-se no serviço, embrulha-se nas contas ou nas informações. Se o caso lastimoso existisse desde o princípio, não seria lastimoso: tudo estaria muito bem. Como não existia, ou parecia não existir, ocasiona uma surpresa — e as surpresas são intoleráveis. Que fazer? Fervilham resoluções disparatadas, diferentes das que o jornal noticia nas encrencas sentimentais. Seu Oscar emagrece, deixa a barba crescer, baralha as despesas. Vai murchando, secando, pega uma ideia que o alucina. Piora sempre — e ao cabo dum ano dá cinco tiros em Aurora e é preso. Exatamente como os outros, os figurantes das reportagens que ele costuma ler. Provavelmente o que sucederia aos amigos, aos vizinhos, aos chefes.

Nada disso no morro. Lá seu Oscar não lê jornais, não receia a opinião pública, ignora o que se passa no resto do mundo. Lastima-se, cata ingênuo os espinhos que tem no íntimo. E, paciente e choroso, não desanima: "Aurora, se você fosse sincera..."

1º de janeiro de 1941

"Para nós, humildes..."

Há dias, em conversa, um dos nossos críticos mais conceituados, juízo sólido e ótimo caráter, arrepiava-se à ideia de comentar o livro de certa figura bastante conhecida na livraria e no jornal. Decididamente não escreveria o artigo.

— Diabo!

Era então um volume desagradável demais? Longe disso. Era um volume bem agradável, que seria elogiado se o autor fosse um cristão vulgar. Tratava-se, porém, dum sujeito firmado em vastos recursos, e o intelectual a que me refiro evitava possíveis interpretações maldosas. Repelia, quase indignado, o produto considerável do artista graúdo.

Veio-me à lembrança a confissão dum influente homem de letras, venerado e odiado em excesso nestes últimos vinte anos. Conta-nos ele o prazer que sente em amparar novatos e exibir as falhas de indivíduos traquejados no ofício. Louvável, sem dúvida. Rigor para os veteranos, condescendência para os recrutas. Apenas o exagero pode motivar o que o sr. Osório Borba censura na admirável coleção de frascos de veneno agora exposta, coberta de lisonjas em particular e insuficientemente discutida em público, está claro, porque o escritor pernambucano é um tarimbeiro calejado. Tanto receamos depenar, magoar pelancos, sempre numerosos, que eles endurecem os canhões, batem as asas, voam facilmente, e isto se tornou o paraíso dos arrivistas. Aninham-se depois, acomodam-se — e fica-nos a certeza de que os gênios aqui murcham depressa, dão, com a idade, para fazer tolices.

Nada mais falso. A brochurazinha lançada por uma glória imberbe e recebida com exclamação e superlativos não era o que se dizia quando ela apareceu. As obras de homens maduros são melhores. E não há razão para desprezarmos estas, se se fizeram políticos, ganharam dinheiro ou entraram na Academia. Aceitamos, porém, os estreantes e os mortos. Só. José de Alencar ou o rapazinho de Goiás, completamente desconhecido.

Estive remoendo essas brasileirices ao folhear a última plaqueta da sra. Béatrix Reynal, *Au fond du cœur*, uma plaqueta que toda a gente acharia magnífica se a poetisa não tivesse a desventura de possuir uma casa provençal no Leblon, com arte abundante, larga biblioteca e um fogão decorativo que, neste horrível calor de verão contínuo, se enche de flores. Ninguém lhe pediria nesse meio, para exaltar-lhe a poesia, a necessária certidão de indigência.

Com certeza não lhe regatearão amabilidades justas. Faltar-lhe-á, contudo, a palavra austera que o catonismo nacional prodigaliza ao bê-á-bá da literatura. Muitas independências naturalmente se desviarão dela.

Poderemos, entretanto, vê-la como há alguns anos ela aqui vivia, desalentada, economizando o salário modesto. Esse tempo de escassez, que os triunfadores gostam de esquecer, a sra. Béatrix Reynal conserva na memória e narra com franqueza. Realmente achamos nos seus versos recordações duma existência ainda mais obscura que a que teve ao mudar-se para a América. Cenas do campo da Provença, coisas da infância: um riacho a cantar, moças bailando, os caracóis brancos da avozinha, grandes cães mansos, uma fita azul nos cabelos de Maria. Pequenez, humildade:

> *Pour nous, les humbles, le bonheur*
>   *C'est peu de chose:*
> *C'est une chanson, une fleur,*
>   *C'est un ciel rose.*

Simplicidade, pureza:

> *O ma petite chambre,*
> *Avec son lit tout blanc,*
> *Et sa bonne odeur d'ambre,*
> *Sous le toit fléchissant.*

Um Cristo na parede, a Virgem, a chaminé pobre, o aroma dum jasmineiro entrando pela janela estreita, inundando o quarto. E uma ingênua menina a afastar-se dali, a transformar-se, a procurar-se angustiosamente nos caminhos floridos, nas sombras do bosque, nas ruas da aldeia clara. De fato não se transforma nem se afasta: parece conservar-se em espírito nos arredores de Arles. Percorre os trigais com os seus tamancos novos. E toma parte nas festas rurais.

> *En danse, ce soir,*
> *Chez nous, au village,*
> *Des airs du terroir.*
> *Chez nous, au village.*

Bebe-se vinho, os rapazes se excitam e caem na algazarra. A loura Nanon calçou meias, pôs um ramo de flores no corpete, escorrega em algumas imprudências moderadas. A culpa é da primavera. Nanon tem um coração de ouro. Quase todos são bons: mamãe, a avozinha. Nanon, Maria, com a sua fita azul nos cabelos, os dois grandes cães, Peloux e Médor. Para que mencionar as criaturas que não são boas? A sra. Béatrix Reynal, na intimidade, expressa-se deste jeito:

— Sim, decerto, há ingratos. Como não? Convém não pensar neles.

Contudo ela pensa, mas sem ódio, desculpando-os: "Et de ne plus t'aimer je ne suis pas coupable. Amie, il faut me pardonner." Perdoa. Nunca se revolta, nunca se desespera. Resigna-se aos males inevitáveis, admite-os como criança dócil que aceita um remédio amargo. Não protesta, não grita. E se se lamenta, lamenta-se baixinho,

"Pour nous, les humbles..." Sim, evidentemente. Aos humildes bastam cantigas, flores, pedaços de céu cor-de-rosa. Depois o abandono, a traição, a vida concentrada em fugitivas lembranças remotas. A aldeia, a fita azul, os caracóis brancos, as veredas úmidas, o campanário, o riacho. "De l'enfant pâle aux tresses brunes, petit ruisseau, te souviens-tu?"

Vejo que me esqueci de juntar às estrofes da sra. Béatrix Reynal os adjetivos convenientes. Na gíria que usamos eles são indispensáveis. Se dizemos que um livro é bom, os amigos saberão logo que ele não vale nada. Se nos referimos, porém, a um grande livro, a coisa é diferente. O público não percebe essas nuanças.

Au fond du cœur e *Tendresses mortes* dispensam rótulos. São livros que nos comovem e nos melhoram. Levam-nos para os campos da Provença, oferecem-nos o vinho doce, fazem-nos um instante dançar com a loura Nanon, "qui n'est pas toujours sage".

28 de abril de 1941

A última noite de Natal

Os grandes olhos claros e aguados boiavam na sombra nevoenta, cheios de espanto. Esfregou-os, arrastou-se pesado e entanguido, mal seguro à bengala, sentou-se num banco do jardim, fatigado, suspirando, examinou a custo os arredores. Gastou uns minutos passeando as mãos desajeitadas na gola do casaco. O exercício penoso enfureceu-o. Resmungou palavras enérgicas e incompreensíveis, esforçou-se por dominar a tremura. Com certeza era por causa do frio que os dedos caprichosos divagavam no pano esgarçado e os queixos banguelos se moviam continuamente. Era por causa do frio, sem dúvida. Se conseguisse abotoar o casaco e levantar a gola, os movimentos incômodos cessariam.

Em que estava pensando ao chegar ali? Ia jurar que pensava em coisas agradáveis. Ou seriam desagradáveis? Pedaços de recordações incoerentes dançavam-lhe no espírito, acendiam-se, apagavam-se, como vaga-lumes, confundiam-se com os letreiros verdes, vermelhos, que se acendiam e apagavam também quase invisíveis na poeira nebulosa. Tentou reunir as letras, fixar a atenção nas mais próximas, brilhantes, enormes.

A igreja toda aberta resplandecia. O incenso formava uma neblina perturbadora. E, através dela, os altares refulgiam como sóis, a luz das velas numerosas chispava nas auréolas dos santos.

Que doidice! Não é que estava imaginando ver ali, nas transitórias claridades, a igreja vista sessenta anos antes? Tresvariava. Sacudiu a cabeça, afastou a lembrança importuna. De que servia desenterrar casos antigos, alegrias e sofrimentos incompletos?

O que devia fazer... Pôs-se a mexer os beiços, procurando nas trevas úmidas e leitosas que o envolviam o resto da frase. O que devia fazer... Repetiu isto muitas vezes, numa cantilena, distraiu-se olhando a chuva amarela, verde, vermelha, dos repuxos. Impossível distinguir as cores. Ultimamente a cidade ia escurecendo. As pessoas que transitavam junto aos canteiros sem flores eram vultos indecisos; os prédios se diluíam nas ramagens das árvores, manchas negras; os letreiros vacilantes não tinham sentido.

O que devia fazer... De repente a ideia rebelde surgiu. Bem. Devia meter os botões nas casas e agasalhar o pescoço. Depois cruzaria os braços, aqueceria as mãos debaixo dos sovacos, ficaria imóvel e tranquilo. Mas os dedos finos e engelhados avançavam, recuavam, não havia meio de governá-los. Se pudesse riscar um fósforo, chegá-lo a um cigarro, esqueceria os inconvenientes que o aperreavam: o frio, a dureza das juntas, o tremor, a zoeira constante, sussurro de maribondos assanhados. Dores errantes andavam-lhe no corpo, entravam nos ossos e vinham à pele, arrepiavam os cabelos, fixavam-se nas pernas, esmoreciam.

Agora não estava no banco do jardim, perto das estátuas, das árvores, do coreto, dos esguichos coloridos. Estava longe, a sessenta anos de distância, ajoelhado na grama, diante da igreja da vila. Os rostos embotados, que se dissociavam, juntaram-se no largo onde um padre velho dizia a missa da meia-noite. Fervilhavam matutos em redor das barracas, num barulho de feira, e uma sineta badalava impondo em vão respeito e silêncio. Os cavalinhos rodavam. Esgueiravam-se casais pelos cantos. O padre velho dirigia olhares fulminantes àquela cambada de hereges. Uma figura pequenina cantava os hinos ingênuos, de versos curtos, fáceis. Tudo parecera de chofre muito sério, eterno. Os hinos capengas elevavam-se, estiravam-se. A mulher tinha um rosto de santa e exigia adoração. Sessenta anos. As fachadas enfeitavam-se com lanternas de papel, janelas escancaradas exibiam presépios, listas de foguetes cortavam o céu negro. A sineta badalava, zangada. E o burburinho da multidão não diminuía.

Sessenta anos. Da cinza que ocultava os olhos frios saltou uma faísca; os alfinetes pregados na carne trêmula embotaram-se; o espinhaço curvo endireitou-se; um débil sorriso franziu os beiços murchos; os braços ergueram-se lentos, buscando a imagem de sonho.

Imagem de sonho, que doidice! Era apenas uma bonita criatura de bom coração. Ligara-se a ela. E dezenas de vezes tinham-se os dois ajoelhado ali na grama, olhando as lanternas, os presépios, os foguetes, o padre que dizia a missa da meia-noite. Algumas esperanças, muitos desgostos. Os meninos cresciam, engordavam. E no jardim da casa miúda um jasmineiro recendia.

Depois tudo fora decaindo, minguando, morrendo. Achara-se novamente só. Os filhos e os netos se haviam espalhado pelo mundo. Agora... Que extensa caminhada, que enormes ladeiras, pai do céu! Já nem se lembrava dos lugares percorridos.

Conseguiu abotoar o casaco e levantar a gola.

Andar tanto e afinal chegar ali, arriar num banco, não perceber as letras que se acendiam e apagavam.

Certamente àquela hora, diante duma igreja aberta, outro homem novo admirava outra pessoinha ajoelhada, sentia desejos imensos, formava planos absurdos. Os desejos e os planos iam desfazer-se como a fumaça luminosa dos repuxos.

20 de dezembro de 1941

Milagres

Cartomantes, quiromantes, profetas, espíritas, adivinhos de toda a casta, a santa de Coqueiros e o padre Cícero. Quando um desses está em evidência, os jornais aumentam a tiragem. Lemos as notícias, bocejamos, sentimos desgosto. Realmente o povo é supersticioso.

Pensando assim, afastamos por um momento as nossas superstições, censuramos com azedume as superstições alheias. Depois voltamos às nossas.

Adoramos vários deuses, uns imateriais, outros de ferro, movidos por água ou alimentados a carvão e a gasolina. É necessário que alguém nos salve, a Divina Providência ou Henry Ford.

Faltam-nos muitas coisas, e o pior é não nos esforçarmos por obtê-las. Esperamos que elas nos venham de fora; do céu, da Rússia, dos Estados Unidos ou da Itália.

Milagres. Quem reduzirá o aluguel das casas e elevará o câmbio? O governo, provavelmente. Não podemos viver sem tabus: eleições, por exemplo, o voto secreto.

O essencial é que o país tenha um homem, ou antes um super-homem, um herói. Enquanto ele não chega, contentamo-nos imaginando alguns. Os que estão perto diminuem e os que estão longe aumentam, o que parece um disparate, mas não é.

Há por aí numerosos talentos. Deviam ser aproveitados. Acreditamos neles, oh! temos grande confiança neles. Um dia lemos o que eles escrevem — e o entusiasmo encolhe-se.

Como é indispensável darmos emprego às nossas aptidões de basbaques, procuramos outros. Onde andam eles? Meu Deus! por que foi que o Rui Barbosa morreu? Um cavalheiro que produziu tantos discursos que a gente admirava sem perigo! Se ele ainda vivesse, a constituição estaria pronta. A constituição é uma réplica.

A constituição, sim senhor, é o que vai fazer milagres. Como será a constituição? Comprida ou curta? Semelhante à primeira ou diferente dela? Escrita em português ou em brasileiro? Ninguém sabe, e inspira por isso um imenso respeito.

Mas o milagre que nos convém será gramatical ou geográfico? Projetaram estraçalhar o mapa e cosê-lo de novo. Improvisaram uma divisão encrencada, com estados, províncias e territórios. Como ficaria essa manta de retalhos? Os pedaços seriam irregulares, como em toda a parte ou quadrados, como na América do Norte, onde a própria terra é quadrada.

De qualquer modo desejamos um milagre de oito milhões de quilômetros para o Brasil e outro muito maior para o resto do mundo. Democrático ou aristocrático? Quem sabe lá? Uns querem um governo popular, outros apelam para os figurões.

Milagre de natureza parlamentar ou de ordem técnica? Necessitamos estradas, portos, um bando de coisas que todos pedem e ninguém se aventura a executar.

E a instrução, é bom não esquecer a instrução. Como estamos longe do tempo em que, pela graça divina, sem professores, dicionários e outras maçadas, um sujeito aprendia do pé para a mão as línguas do mundo inteiro! A verdade é que hoje seria muito bem recebido um milagre, ou um decreto, que nos armasse depressa, não apenas com as línguas, mas com todos os conhecimentos que distinguem os homens da Academia de Letras, do Liceu Alagoano, da Sociedade de Medicina etc.

Também seria importante a supressão repentina dos bandidos do Nordeste e o desaparecimento das secas.

Milagre estupendo era o que Pernambuco nos queria impingir há dias, essa história de agarrar a eletricidade que anda pelas nuvens. Um milagre terrível! Infelizmente a eletricidade portou-se mal, fez como esses defuntos mal-educados que, nas sessões de espiritismo, quando se anuncia uma demonstração espalhafatosa, metem a viola no saco.

E o milagre gorou.

É conveniente que se arranjem outros.

O que deveríamos fazer

No último número desta revista lemos a seguinte frase: "Muitos escritores brasileiros parece que ainda não tomaram conhecimento da guerra."

É verdade, e seria útil perguntarmos a razão de semelhante verdade. Creio que a devemos ao fato de não constituirmos um grupo social razoável. Dificilmente poderia um militar, mobilizado, no campo de operações, desejar a derrota do seu exército. Também não concebemos sentimentos antipatrióticos no cavalheiro entalado em combinações de vulto, no industrial que altera a fábrica, deixa a produção de automóveis e lança ao mercado aeroplanos, tanques, bombas.

O sujeito que escreve é diferente. Liga-se decerto a indivíduos que se dedicam ao mesmo exercício, mas afasta-se de outros, e o afastamento produz muitas vezes ódios mortais, expressos, dadas condições favoráveis na calúnia, na delação. Estes nomes, horríveis, não são empregados: invocam-se, para acobertar indecências, motivos nobres! Falta um interesse comum, falta profissão de literato. No jornal e no livro, o homem defende as conveniências da sua classe, que não é formada pelos frequentadores da livraria. Juntam-se lá pessoas residentes em diversos pontos da sociedade, mas erraremos se pensarmos que, por se cumprimentarem, permutarem amabilidades, encurtam as distâncias que as separam. Entre Copacabana e a rua Bento Lisboa alargam-se espaços intransponíveis, é absurdo imaginar relações estáveis do palacete com a casa de pensão. Sucede avizinharem-se espiritualmente, mas como nem sempre vivem espiritualmente, conservam, literatos do Catete e literatos do Leblon, necessidades particulares, amigos particulares, desilusões, encrencas particulares, graúdas e miúdas. E até linguagens particulares, que não figuram nos artigos e nos romances.

Como exigir que todos procedam uniformemente? Notem que os adjetivos *integral*, *total*, que andaram em moda e produziram bom efeito, estão repudiados e ninguém quer usá-los.

Realmente o cidadão verboso não se recusará a dizer a palavra necessária. Acontece, porém, que em certos casos essa palavra desafina com outras ditas pelo mesmo cidadão o ano passado — e é natural um vago constrangimento. Seria bom deixarem o papel onde se acham escritas opiniões comprometedoras amarelecer um pouco.

Convém lembrarmos o entusiasmo com que oradores de longo fôlego copiaram as caretas e os berros dos papões totalitários, semearam a discórdia, ameaçaram com enormes castigos as criaturas que não se vestiam como eles, não desfilavam em passeatas coloridas nem gritavam. Nacionalistas exaltados, entendiam-se bem com gringos, carcamanos, asiáticos, oblíquos, e fingiam desprezar os sangues inferiores. Não chegaram a realizar matanças de aparato, porque não subiram muito, conforme esperavam. Além disso os judeus, pouco numerosos, mal davam para um progrom modesto. E os pretos abundavam: a supressão deles devastaria o país. Limitaram-se, pois, à eliminação teórica dessas raças. Os semitas seriam expulsos oportunamente, quando os arianos conquistassem o poder. E evitou-se qualquer referência ao pessoal escuro das favelas. O professor Artur Ramos foi chamado à ordem:

— Essa história de africanismo é conversa. O senhor tenta sublevar os negros, assanhá-los contra a autoridade constituída.

Com certeza ainda vivem personagens que assim pensam, embora tais ideias não tenham sido ultimamente expostas no jornal e no comício. Longamente alertaram a população, exibindo-lhe medonhos perigos internos. E elogiaram demais o nazismo e o fascismo, apresentaram-nos como remédios enérgicos. Continuam a apresentá-los, cochichando.

Ora, é disparate supor que alguém possa expressar-se honestamente de um modo em público, de outro em voz baixa.

Evidentemente há os que renegaram a política e as letras do sr. Plínio Salgado, quando ele era uma figura quase terrível, apesar da magreza. Existem, porém, as deserções efetuadas em tempo de maré vazante — e não causa estranheza conservarmos dúvidas a respeito da sinceridade que as determinou.

Seria ótimo que todos se esforçassem pela vitória das Nações Unidas. Infelizmente muitos espíritos fugiram delas. E uma, pelo menos, era aqui julgada sucursal do inferno.

3 de março de 1943

Reviravoltas

Rev.ma pregou no céu os olhos, onde havia uma luz de esperança, e murmurou:

— Graças a Deus, a Rússia está resistindo.

Meses antes o primeiro-ministro inglês expunha em discurso as virgens eslavas orando, pedindo a vitória das armas soviéticas.

Refleti nos dois fatos e lembrei-me do ano dezoito deste século, quando na Rússia não existia Deus nem existiam virgens. Os jornais vinham cheios dos horrores que lá se praticavam, diariamente choviam telegramas narrando monstruosidades. Foi uma época tormentosa. A família imperial dos Romanov tornou-se um grupo inocente de cordeirinhos trucidados pela sanha de magarefes irresponsáveis. Soldados da guarda-vermelha, bêbedos, invadiam as igrejas, dançavam em cima dos altares, quebravam santos com os tacões das grossas botas enlameadas. Se um maquinista barbudo, sujo, bruto, sentia desejo de afeiçoar-se a alguém, requisitava uma duquesa — e o soviete prontamente lhe satisfazia a necessidade e o capricho. Era terrível.

Desapareceram da memória pública todos os negócios que manchavam a família imperial. Coitadinhos o czar, a czarina, o filho, tão novo. Poucos notavam que num altar não há espaço conveniente para danças. E não pareceu absurdo viverem duquesas que bastassem a todos os maquinistas. Essa história das duquesas foi aceita e figurou em mensagem remetida por um presidente da República brasileira ao congresso.

Evidentemente os selvagens não podiam continuar a afligir um país civilizado. Iam naufragar. Foram atacados com valentia longos anos e, contra a expectativa geral, aguentaram-se. Aguentaram-se mal, garantiam os jornais. Estavam famintos, em desânimo enorme, eram governados por uma burocracia estúpida, e os seus trens chegavam regularmente às estações com vinte e quatro horas de atraso. Não havia moral, não havia casamento, não havia nada. Malandros, patifes. E sem organização nenhuma. Tanto se repetiu essa parolagem que afinal os autores dela se convenceram de que diziam a verdade. Um caos.

Depois veio o plano quinquenal — e timidamente surgiram nos espíritos algumas dúvidas. Estariam lá construindo qualquer coisa? Articulistas profundos persistiam no arrasamento. Faltavam escolas, faltavam técnicos, os indivíduos capazes haviam transposto a fronteira ou tinham sido fuzilados. Outros desertavam pelo suicídio. O resto, infeliz rebanho de escravos, mourejava pesadamente nas fábricas e nas plantações, sob o chicote. Não se produzia coisa com jeito. A indústria era uma lástima, torpe macaqueação da estrangeira. Máquinas inconsistentes, automóveis desarranjando-se como se fossem feitos de papelão. — Não há nada, juravam observadores atentos e espiões.

E as camadas altas do Ocidente respiravam, certas de que o petróleo do Cáucaso era ruim e o trigo da Ucrânia era péssimo.

De repente foram presos, condenados e eliminados vários políticos e generais da quinta-coluna, que ficaram sendo muito competentes e heróis. Vivos, eram uns bandidos, como os outros. Mortos, foram bastante elogiados e mudaram-se em mártires.

A Rússia se despovoava. Fome, peste, depurações. Os desgraçados que se arrastavam penosamente na grande senzala suspiravam, admirando o alemão. Quando o alemão chegasse, eles o abraçariam, largariam oficinas, quartéis e fortalezas, produtos duma engenharia capenga e bárbara.

Chegou. Ao chegar já havia salvo diversas nações e tencionava salvar outras, que se arrepiavam, esperavam um milagre, torciam para que os sapateiros transformados em generais resistissem uns meses, as livrassem do aperto, dos bombardeios. E sucedeu que a miserável massa de escravos se achou inexplicavelmente ligada aos criminosos que a torturavam e recusou a libertação. Foi uma surpresa, imensa e agradável surpresa para os que a tinham caluniado.

Apenas é difícil suprimir de chofre as consequências duma longa propaganda feita com sabedoria no mundo inteiro. Nestes próximos anos as populações ignorantes ainda julgarão, amedrontadas, que a Rússia é um vasto lupanar onde reina a desordem. Apesar de contar hoje com a proteção divina. Apesar de estarem agora lá virgens rezando. Os homens vulgares hesitarão talvez em receber essa poesia e essa religião. Mas desde já podem admitir que na Rússia existem muitos canhões. E que o exército russo não é comandado por sapateiros.

14 de abril de 1943

Poom-Lin

Nasceu na celeste república de Chiang-Kai-Shek e, como surgiu depois da revolução do sr. Sun, não usa rabicho, não se diverte com papagaios de papel, certamente nunca leu um daqueles romances enjoativos e célebres que têm quase mil anos. Pelos modos, esqueceu a tradição e admirou o Ocidente — a locomotiva, o aeroplano, a metralhadora, o comício, a literatura que se arruma em vinte e poucas letras. Talvez não seja capaz de manejar e escrever decentemente na tábua algumas linhas verticais. Talvez até seja cristão.

Chegando à idade de procurar ofício, meteu-se num cargueiro inglês, que foi torpedeado, naturalmente. Foi aí que Poom-Lin se tornou homem notável. Antes de adquirir notabilidade, servira a bordo como taifeiro sete anos. Taifeiro comum. De repente uma espécie de glória, coisa aceitável nestes desgraçados tempos em que um vagabundo pintor de paredes recebe duas fitas de cabo e passa a dominar povos, logo se transforma em general.

Poom-Lin não se fez comandante de navio: distinguiu-se como náufrago. Quando o cargueiro foi a pique, agarrou um facão e saltou na água. Nadou muito, nadou três horas, defendeu-se, afinal descobriu uma jangada, ocupou-a e alcançou terra depois duma viagem penosa de cento e trinta dias.

Ignoramos se teve companheiros. Sabemos, pelos telegramas, que na embarcação havia alimentos. Existiam lá pessoas, ou tinham existido, na hora em que Poom-Lin entrou nela, mas essas pessoas não se mencionam, o que nos leva a conclusão temerária, porque enfim o chinês estava armado. Este juízo malévolo não o prejudica: as leis necessárias em terra, baseadas na moral, diferem das que regem alguns indivíduos famintos e em desespero, mal seguros em cima de pranchas oscilantes, na onda. O pensamento mau que nos assalta não injuria a natureza humana.

Deixemos ideias perversas. A história nos diz que o amarelo boiou sozinho e apenas eliminou viventes aquáticos, pescados com um prego torcido, feito anzol.

De qualquer forma Poom-Lin vagou no mar quatro meses e dez dias, à toa — e é citado com respeito: nunca houve marinheiro tão resistente. Emagreceu, tem hoje cinquenta e cinco quilos. Mas está sendo muito bem tratado, recobrará o peso anterior.

Depois... Depois será introduzido na equipagem de outro navio e naufragará de novo, com certeza. Não achará um facão, uma jangada, um prego, e dará o mergulho definitivo. É provável.

Para que serve a resistência de Poom-Lin, santo Deus?, perguntamos arrepiados. Que vale a força dele contra a bomba, o torpedo, a metralha? Desta vez escapou, milagrosamente, mas o ano vindouro, se a guerra continuar, irá direitinho para a barriga do peixe. Há uma quantidade enorme de submarinos.

Se tivesse ficado em casa... Se tivesse ficado em casa, estaria no exército de Chiang-Kai-Shek e seria fuzilado pelo japonês.

É o Ocidente, Poom-Lin, é a civilização que vocês assimilam. Somos cristãos. A China é também Ocidente. O velho Confúcio não gostaria disto, mas quem se lembra lá do velho Confúcio? Você está branco, Poom-Lin, está horrivelmente branco. Fala inglês, utiliza alfabeto latino e habituou-se ao canhão. No dia em que os seus compatriotas tiverem indústria pesada, possuírem aviões, fortalezas e tanques, os racistas mais ferozes perceberão neles sangue de superior qualidade. Não descansarão, protegidos pela grande muralha, cidadãos pacíficos, venerando Buda, comendo arroz, abanando-se com leques de bambu. Tudo cristão, civilizado e agitado, Poom-Lin. Tinha de ser. Vocês tentaram isolar-se. Opuseram muitos anos ao progresso uma covardia sábia e prudente. Mas acabaram cedendo. Natural. Se não imitassem o europeu, seriam comidos por ele. Imitaram. Que remédio? Abandonaram o formalismo complicado, as boas maneiras, a cortesia excessiva. Os filhos dos mandarins entraram nas universidades americanas, jogaram o futebol e puseram os pés em cima das mesas. Grande homem, Chiang-Kai-Shek. Você está completamente inglês. É o diabo, Poom-Lin.

23 de abril de 1943

Um homem forte

Tem sessenta e oito anos, a pele negra, os cabelos encarapinhados. Nasceu em Pernambuco, chama-se Domingos Jorge da Costa e, sem nunca ter ouvido falar no conde de Gobineau, é inimigo natural dele. Vende peixe nas ruas e faz comícios contra os alemães e o racismo, num botequim em Sampaio, defronte do Ginásio 28 de Setembro. Distingue-se assim de muitos arianos nacionais e intransigentes que, desdenhando raças inferiores, buscam disfarçar a escuridão da epiderme.

Com sessenta e oito anos, Domingos Jorge da Costa possui boa vista. E, olhando a mão única, dura e calejada no trabalho, reconhece honestamente que ela é negra. Reconhece e confessa.

A mão esquerda perdeu-se quando essa personagem, com onze anos, ia tomar um bonde no Recife e caiu do estribo. A profissão de mendigo seria hoje perfeitamente aceitável. O homem não se conformou com isso. E, independente, fala aos gritos, abafando as vozes dos frequentadores do botequim.

— Meu filho médico...

Ahn? Julgamos ter ouvido mal. As criaturas que vendem peixe nas ruas calçam tamancos e vestem roupa safada em geral não têm filhos médicos, especialmente quando são pretas. De fato, Domingos Jorge da Costa, vendedor ambulante de peixe em Sampaio, não tem um filho médico: tem três filhos médicos.

Como conseguiu isso? Ele explica, dando risadas e batendo na mesa com a mão única, interrompendo a narração para atacar os alemães e o racismo.

Ao ver-se livre da mão esquerda, no desastre do bonde, mudou-se para Caruaru e estabeleceu um frege-moscas diante da estação.

O negócio prosperou, em pouco tempo surgiu um hotelzinho, onde os matutos solteiros que iam tomar o trem dormiam à razão de mil e quinhentos réis por cabeça. Os casais pagavam cinco mil-réis. Essa diferença contra os casados foi motivo principal da fortuna de Domingos Jorge da Costa, que, aprumado, importante, escolheu uma boa dona de casa, Luísa, e ligou-se a ela no religioso e no civil. Branca? Não senhor, morena, cor de taioca, mas sólida, para todo o serviço, econômica e direita. Cumpriu os seus deveres e faleceu tranquilamente, deixando três meninos e uma menina, que foram estudar no Recife e adquiriram regular sabedoria.

Alguns anos depois a hospedagem dos passageiros defronte da estação de Caruaru tinha rendido quinhentos contos de réis em mercadorias e propriedade. Esses bens, convertidos em notas do Tesouro, encolheram-se, reduziram-se a pouco mais de trezentos contos, importância com que Domingos Jorge da Costa aqui desembarcou em 1918.

Logo se encaminhou ao Pedro II, inquiriu se os estudos lá eram como os de Pernambuco e se os papéis dos filhos estavam em regra. Estavam. E os rapazes se matricularam na Praia Vermelha, a moça no Instituto de Educação. Diplomaram-se e entraram nos caminhos convenientes.

D. Maria José da Costa, professora, casou e em 1936 morreu. O dr. João Batista da Costa é funcionário no Ministério da Saúde. O dr. Luís de França Costa, empregou-se na Light. O dr. Mário de França Costa, o mais velho, separou-se do pai: mora em Nilópolis, onde tem farmácia.

Todos os outros membros dessa admirável família, acrescida com a mulher do dr. João Batista e o viúvo de d. Maria, vivem juntos na rua Frei Caneca, nº 284, primeiro andar. Estão aí em perfeita harmonia, comodamente, procurando levar o grande patriarca maneta a, depois de tanta fadiga, largar o cesto de peixe e dar repouso ao velho corpo.

Naturalmente Domingos Jorge da Costa não precisa continuar a estafar-se para ganhar uns mil-réis por dia. Mas Domingos Jorge da Costa é incapaz de ficar ocioso. Realizou uma enorme tarefa. E agora, que tudo está feito e nada mais deseja, distrai-se com tarefas pequenas. Abandonados os tamancos, a roupa esfiapada, o cesto, mergulha num banho quente, veste o pijama fino e vai estirar-se no divã, sorrir bonachão aos filhos, à nora, ao genro. Não poderia conservar-se muito tempo assim. Os móveis são macios. E Domingos Jorge da Costa habituou-se a uma vida áspera. Se o obrigassem a viver deitado em colchão fofo, morreria de tédio. Passa aí algumas horas, dorme. No dia seguinte deixa o sossego, veste a roupa estragada, calça os tamancos, pega o cesto e vai distribuir peixe aos fregueses. Será um homem útil, enquanto andar na terra.

11 de setembro de 1943*

---

*Esta data refere-se à publicação do artigo no *Cruzeiro*. A data do manuscrito é 27 de janeiro de 1942.

Monólogo numa fila de ônibus

Duzentos e cinquenta milheiros de alemães bravos e teimosos foram cercados em Stalingrado, muitos desapareceram no canhoneio e na metralha, ou caíram de fome, e o resto se entregou. O oitavo exército inglês deixou o Egito e acompanhou o marechal Rommel numa viagem rápida até a vizinhança da Tunísia. Churchill fumou o seu charuto em Casablanca, junto de Roosevelt, que fumava cigarro.

Muito bem. Casablanca, o Egito e Stalingrado ficam longe, o Atlântico é largo, os aeroplanos têm muito serviço — e provavelmente não nos chegarão infelicidades.

Choveram bombas em hospitais e em escolas, faleceram doentes numerosos e diversas crianças. E é pena. Mas os doentes faleceriam talvez sem as bombas e as crianças ainda não tinham vivido. Além disso, desde 1914, estamos habituados à devastação de hospitais e de escolas. São os prédios mais expostos — evidentemente os aviadores carecem de imaginação.

É o diabo. Uma briga terrível enchendo os jornais. Stalingrado, Tunis, Guadalcanal. Onde será Guadalcanal? Engraçado, acabamos aprendendo geografia. Guadalcanal situa-se no outro mundo, os americanos e os japoneses que já se atracam vigorosamente não nos poderão molestar. Achamo-nos em boa posição, graças a Deus.

Stalingrado, Kharkov, Rokossovsky é nome de gente ou nome de cidade? Quanto "k" nas palavras russas! Os revisores e os tipógrafos devem atrapalhar-se. Afinal não houve perturbação irremediável. Ainda existem os revisores, os tipógrafos, os negociantes de secos e molhados, os senhorios e o aluguel da casa. Tudo vai bem, ou tudo vai mal, conforme o ganho do cidadão.

Temos o futebol, sim senhor, e temos o cinema. Temos também a esperança do carnaval. No futebol admiramos Leônidas e Perácio, se é que esses dois heróis permanecem no cartaz. No carnaval aplaudimos o samba, nacionalmente. Contentar-nos-emos agora com sambas velhos, pois a produção deste gênero diminuiu, como a de outros gêneros. Voltaremos ao seu Oscar, à Helena, à Aurora. Horrível. Precisamos reagir contra o carnaval.

Precisamos? Por que precisamos? Há votação nas folhas. É possível perdermos o que já está feito, as fantasias etc.? Que diz o senhor prefeito? Necessário resolver esse negócio democraticamente.

Em falta do carnaval, iremos ver no cinema aeroplanos caindo, navios mergulhando. Pavoroso. Indignar-nos-emos ou bateremos palmas. Hitler é um monstro. Há por aí quem goste de Hitler? Há? não há. Quem o defendeu e exaltou em excesso percebeu o erro, entrou no bom caminho. E, em consequência, somos todos irmãos. É bom.

Se vestíssemos farda e fôssemos morrer onde outros morrem, seríamos defuntos, não ouviríamos o samba no rádio.

Afinal Giraud se entende com De Gaulle ou não se entende? Foi para ver se se entendiam que Churchill e Roosevelt passaram mais duma semana em Casablanca. O primeiro fumava charuto, o segundo fumava cigarro. Tomem nota desse pormenor.

Mussolini?... Acabou-se Mussolini. Onde estão os amigos de Mussolini? Espalhados, transformados, sem memória.

— *A noi.*

A noi coisa nenhuma! Não temos nada com o Mediterrâneo. Somos brasileiros, descendentes de fidalgos e caboclos. Vivemos a quase dez graus de latitude norte, a mais de trinta de latitude sul. Aguentamo-nos, livres de ideias exóticas. Temos Copacabana, a Urca, várias instituições recomendáveis. Levantamos grandes montes de ferro nas praças e os ônibus deixaram a Avenida, passaram a rodar pela rua Uruguaiana. Vamos bem.

Stalingrado? Stalingrado é um ponto quase imperceptível no mapa. E na Rússia, conforme nos dizem com segurança há mais de vinte anos, existe miséria completa, desordem, anarquia.

28 de janeiro de 1943

Os passageiros pingentes

Os passageiros pingentes são criaturas que nenhum regulamento distingue das que vão sentadas, mas viajam mal e constituem nos bondes uma espécie de segunda classe: arriscam-se a bater nos postes e nos automóveis parados à beira do passeio, sacolejam-se horrivelmente nas curvas e não inspiram respeito ao condutor. Movendo-se no estribo sobrecarregado, esse agente antipático e de farda passa junto aos indivíduos que se agarram às colunas, esfrega-se neles de maneira indecorosa, provoca gestos de indignação, berros, protestos, algum palavrão cabeludo resmungado com ódio. O condutor é o inimigo, maltrata o pingente, sem dúvida, porque, sendo também pingente, se irrita contra os seres que lhe disputam o pedaço de tábua necessário para mexer-se e exercer a sua atividade. Se o condutor viajasse no interior dos carros, talvez fosse mais severo com as pessoas que se sentam nos bancos e deixasse em paz as que se penduram, em cachos, nas colunas lisas e sujas. Isto, porém, não seria regular. Tolice pretender que o pedestre seja amável com os outros pedestres e áspero com os que podem sentar-se. Estes se arranjam perfeitamente: só se acomodam cinco em um banco, têm espaço suficiente para afastar os cotovelos, estirar as pernas, abrir o jornal — e, se se encostam a vizinhos de sexo diferente, não o fazem com a intenção de molestá-los.

O número de pingentes é indefinido: impossível sabermos como se aguentam tantos indivíduos em cima duma tábua estreita. Temos a impressão de que a tábua cresce muito para contê-los. Engano: o que se dá é que os pingentes diminuem, emagrecem, formam uma confusa massa de pernas e braços que se misturam. Nenhum direito, muitos deveres, perigos. E o passageiro que desce nunca deixa de pisar um pé. Pisa e afasta-se rapidamente, sem pedir desculpa. Dentro dos carros os homens têm todos os direitos, inclusive o de infringir a lei. O único preceito sério, a proibição de fumar nos três bancos da frente, perdeu a eficácia. É uma regra idiota, como outras muito graves e muito antigas, mas foi respeitada, valeu como um exercício de obediência. Caducou. O pingente de ordinário não fuma, embora isto lhe seja permitido. Não fuma porque tem as mãos ocupadas. E duas mãos ainda são insuficientes para uma pessoa conduzir embrulhos e transformar-se em macaco. Outro par de mãos não seria inútil. O cidadão que viaja sentado às vezes não paga a passagem. Se toma um banco traseiro e o condutor não anda por ali, tem quase a certeza de enganar a companhia. Abre um livro, examina as casas à esquerda ou os bondes que rodam em sentido contrário, cochila. Quando o funcionário tem dúvidas, para indeciso, esperando que o homem se mexa. Se isto não acontece, afasta-se e o passageiro pode acordar, olhá-lo com firmeza, se ele voltar com intenções ruins. O pingente em geral paga. É inútil fingir-se distraído, franzir a testa exibindo importância. O cobrador impertinente espeta-o com o dedo: "Faz favor." Ou chocalha perto da cara dele um punhado de moedas. E o níquel escorrega, salvo se o sujeito se resolve a saltar do carro em movimento — desonestidade perigosa. Está claro que nenhum passageiro dos bancos deseja ser pingente e que todos os pingentes gostariam de sentar-se. Sucede, porém, que o pingente se acostuma a andar pendurado e, no fim da viagem, se deixa ficar onde está, ainda que haja lugares no carro. Subir para logo depois descer — que maçada! Não vale a pena. Continua como está, pingente. Adquiriu alma de pingente.

A imprensa francesa clandestina

Num velho romance inglês aparece um cavalheiro normando em luta com um mouro, na 3ª Cruzada. O primeiro está metido em peças de ferro, usa lança, machado, espadagão, e o cavalo que o suporta, igualmente coberto de ferro, mal se pode mexer no terreno arenoso. O segundo, quase nu, maneja um arco e atira flechas ao espantalho desengonçado, que perde tempo e se irrita:

— Se lhe deitar a mão...
— Pois sim. Experimenta deitar a mão.

As flechas resvalam inofensivas na couraça, dirigem-se à viseira, ameaçam os olhos — e isto força o cristão a virar-se para um lado e para outro, despender energia, fatigar-se.

No solo movediço da França realiza-se agora um combate semelhante. Contra a máquina aparatosa, que já emperra, vêm da sombra muitas armas sutis. Produzem picadas, mas quando a armadura alemã começa a estalar, essas picadas venenosas ferem lá dentro o corpo vacilante, que aguentou a neve do Cáucaso e as tempestades de areia, lançando gritos de vitória, e hoje se encolhe e já não grita.

— Se lhe pudéssemos deitar a mão...

Ah! Certamente seriam pulverizados aqueles insetos de ferrões agudos. Mas onde estão eles? Escondem-se bem — e as delações tornaram-se difíceis. Todos os delatores se revelaram, se desmascararam, junto aos patifes que enxovalham a mais guerreira das nações.

Sendo impossível identificar os inimigos, fuzilam-se algumas dúzias de comunistas e judeus. Isto não tem importância. A onda de terror passa, o carrasco enfada-se, depois se desassossega, receando a força — e o trabalho subterrâneo continua.

São dezenas e dezenas de jornais. Não se sabe onde se editam, e nem parecem jornais: publicações esporádicas, lembram as antigas folhas volantes, anteriores à Grande Revolução. Semelhantes aos pasquins que circulavam aqui na primeira metade do século passado, diferem na distribuição da matéria: não apresentam uma coluna só, como livros. Vendo-os, pensamos no hebdomadário de trinta centímetros que esclarece os espíritos de uma cidadezinha do interior. Trinta centímetros. Os de trinta centímetros são os mais consideráveis. Há menores, muito menores. Têm feição de brinquedos, essas coisas terrivelmente sérias. Todo o espaço está ocupado: as margens quase desapareceram, os títulos se contraem, em geral não se abrem parágrafos. Necessário economizar papel, dar voltas ao pensamento para dizer numa catilinária de meio palmo as verdades indispensáveis. Lemos comovidos essas diatribes mirins, desenvolvendo-as, adivinhando o que não foi expresso. Escreveram-nas decerto em adegas sombrias, aí se compuseram e imprimiram, enquanto aeroplanos roncavam lá fora e bombas arrasa-quarteirões semeavam estragos nas fortificações do invasor. Esforço imenso foi gasto para que a palavra cochichada saísse dos abrigos úmidos, surgisse à luz, atravessasse o mar, viesse dizer-nos que o sangue da velha França da Jacquerie não se corrompeu.

Temos aqui um tremendo libelo contra os carneiros de Vichy. Tipo graúdo, serifado, provavelmente saído das caixetas de uma tipografia arcaica de província, esquecida no ferro-velho. Adiante, linhas pálidas, meio ilegíveis, batidas pacientemente no reco-reco. Cheios de respeito, viramos as páginas do maravilhoso caderno de revolta, dor, vergonha, ódio, coragem. De repente, uma surpresa: esta composição em linotipo cheira a oficina legal. Como diabo conseguiram esconder uma linotipo? Evidentemente a espionagem alemã não é atilada, como sempre afirmaram os admiradores dela, hoje desanimados e capiongos. Uma linotipo — vejam só — desafiando os generais teutos e a matilha de Pétain. Saiu uma gazeta vultosa, elegante, quase do tamanho de uma folha de almaço. Graças a Deus já não é preciso utilizar linguagem telegráfica. Num artigo de dez polegadas, corpo seis, sem entrelinhas, é possível adotar, sacrificando adjetivos, a prosa literária comum. Vemos agora um jornal que certamente vive em dificuldades enormes: tem duas páginas. E aqui está um manuscrito. Sim, manuscrito, como os órgãos das sociedadezinhas que se formam nos colégios pobres da roça.

Eis a imprensa verdadeira da França. Existem os diários importantes de Paris e de Vichy — agências de informações alemãs. Inspiram repugnância. A imprensa genuína da França está ali, arranjada em velhos prelos de madeira e em mimeógrafos. Os escritores debandaram, dispersaram-se por todos os continentes. Vários sucumbiram em campos de concentração. Há um grande silêncio. Houve quem asseverasse que a França estava morta. Engano. Já não nos manda livros. Manda-nos, porém, esse precioso caderno, sinal de vitalidade, a maior dádiva que ultimamente recebemos dela.

2 de fevereiro de 1944

Conversa de bastidores

Com o papel caro, o livro pela hora da morte, as tipografias abarrotadas, o livreiro se esconde, recusa de longe as ofertas de escritas que inundam o mercado. Pois sei de editor rigoroso que andou em busca de um literato inédito, desconhecido, tão desconhecido que até lhe ignorávamos o nome.

Talvez seja conveniente narrarmos este absurdo, pois o autor em questão, depois de longo silêncio e longas viagens, surgiu de repente, causando barulho em jornais e revistas. Acho-me em boa situação para considerá-lo sem exageros e contar um sururu artístico sucedido há quase dez anos. Alguns leitores apreciam tais leviandades, em falta delas criam anedotas, supondo interessante a vida dos sujeitos que usam pena e tinta. Engano: é chatice.

Ora, em maçada horrível, das piores, que sempre nos facultam como prova de consideração, respeito etc., senti-me envolvido em 1938. Um concurso, precisamente o concurso Humberto de Campos, da livraria José Olympio. Pertenci ao júri. Que remédio? Ante o sorriso amável e assassino do negociante de papel impresso, aceitei o convite, amarelo, disposto a não ler nada, jogar o trabalho sobre o resto da comissão. É o que pensamos ao tomar semelhantes incumbências.

— Que influi o meu parecer? Confio no juízo dos outros, voto com a maioria — e está acabado.

No julgamento percebe-se que todos procederam do mesmo jeito e prorroga-se o negócio. Com certeza há nova dilatação, até que alguém resolva amolar-se.

Pois nesse júri de 1938 aconteceu que cinco indivíduos, murchos com o golpe de 10 de novembro, indispostos ao elogio, enfastiados, decidiram ler mais de cinquenta volumes. Podem imaginar como a tarefa se realiza. A gente folheia o troço, bocejando, fazendo caretas, admite enfim que a leitura é desnecessária; solta-o, pega um papel, rabisca um título, um pseudônimo, um zero, às vezes qualquer reflexão enérgica. E passa adiante. Alguma coisa razoável é posta de lado e mais tarde se examina.

Aborrecendo-me assim, abri um cartapácio de quinhentas páginas grandes: uma dúzia de contos enormes, assinados por certo Viator, que ninguém presumia quem fosse. Em tais casos rogamos a Deus que o original não preste e nos poupe o dever de ir ao fim. Não se deu isso: aquele era trabalho sério em demasia. Certamente de um médico mineiro, lembrava a origem: montanhoso, subia muito, descia — e os pontos elevados eram magníficos, os vales me desapontavam. Admirei um excelente feitiço, a patifaria de Lalino Salatiel e, superior a tudo, uma figura notável, dessas que se conservam na memória do leitor: seu Joãozinho Bem-Bem. Por outro lado enjoei um doutor impossível, feito cavador de enxada, o namoro de um engenheiro com uma professorinha e passagens que me sugeriam propaganda de soro antiofídico.

Houve discussão e briga. No dia do julgamento, eliminadas composições menos sólidas, ficamos horas no gabinete de Prudente de Morais, hesitando entre esse volume desigual e outro, *Maria Perigosa*, que não se elevava nem caía muito. Optei pelo segundo — e, em consequência, Marques Rebêlo quis matar-me: gritou, espumou, fez um número excessivo de piruetas ferozes. Defendi-me com três armas: o doutor, a professora, as injeções antiofídicas.

— Ora essa! Discutimos literatura de ficção. Deixemos em paz o Instituto Butantã.

Dias da Costa apoiou-me. Prudente de Morais sustentou Marques. E Peregrino Júnior, transformado em fiel de balança, exigiu quarenta e oito horas para manifestar-se. Escolheu *Maria Perigosa* — e assim Luís Jardim obteve o prêmio Humberto de Campos em 1938.

Viator desapareceu sem deixar vestígio. Desgostei-me: eu desejava sinceramente vê-lo crescer, talvez convencer-me de que me havia enganado preterindo-o. Afinal os julgamentos são precários — e naquele tínhamos vacilado. Eu, pelo menos, vacilara. Às vezes assaltava-me vago remorso e perguntava a mim mesmo onde se teria escondido Viator. Em conversa com José Olympio, referi-me a ele. Se se cortassem alguns contos, publicar-se-ia um bom livro. E o meu amigo, com entusiasmo fácil, logo se pôs em busca do escritor misterioso, chegou a sugerir-me um artigo, espécie de anúncio. Todas as pesquisas foram inúteis.

Em fim de 1944, Ildefonso Falcão, aqui de passagem, apresentou-me J. Guimarães Rosa, secretário de embaixada, recém-chegado da Europa.

— O senhor figurou num júri que julgou um livro meu em 1938.

— Como era o seu pseudônimo?

— Viator.

— Ah! O senhor é o médico mineiro que andei procurando.

Ildefonso Falcão ignorava que Rosa fosse médico, mineiro e literato. Fiz camaradagem rápida com o secretário de embaixada.

— Sabe que votei contra o seu livro?

— Sei, respondeu-me sem nenhum ressentimento.

Achando-me diante de uma inteligência livre de mesquinhez, estendi-me sobre os defeitos que guardara na memória. Rosa concordou comigo. Havia suprimido os contos mais fracos. E emendara os restantes, vagaroso, alheio aos futuros leitores e à crítica. Falei na intenção de José Olympio, mas julgo que o meu novo companheiro já tinha compromisso.

Vejo agora, relendo *Sagarana* (Editora Universal — Rio — 1946), que o volume de quinhentas páginas emagreceu bastante e muita consistência ganhou em longa e paciente depuração. Eliminaram-se três histórias, capinaram-se diversas coisas nocivas. As partes boas se aperfeiçoaram: "O Burrinho Pedrês", "A Volta do Marido Pródigo", "Duelo", "Corpo Fechado", sobretudo "A Hora e Vez de Augusto Matraga", que me faz desejar ver Rosa dedicar-se ao romance. Achariam aí campo mais vasto as suas admiráveis qualidades: a vigilância na observação, que o leva a não desprezar minúcias na aparência insignificantes, uma honestidade quase mórbida ao reproduzir os fatos. Já em 1938 eu havia atentado nesse rigor, indicara a Prudente de Morais numerosos versos para efeito onomatopaico intercalados na prosa. Vou reencontrá-los. Lá estão, à pagina 25, fixando a marcha dos bois nos caminhos sertanejos, dois períodos (o primeiro feito de adjetivos aplicáveis ao gado) composto de pentassílabos: "Galhudos, gaiolos, estrelos, espácios, combucos, cubetos, lobunos, lompardos, caldeiros, sambraias, chamurros, churriados, corombos, coruetos, bocaleos, borralhos, chumbados, chitados, vareiros, silveiros... E os toscos da testa do mocho macheado, e as rugas antigas do boi corualão..." Notem que temos aí dez aliterações. O rumor dos cascos no chão duro se prolonga — e à página 26 ainda é martelado em dezesseis versos de cinco sílabas: "As ancas balançam, e as vagas de dorsos das vacas e touros, batendo com as caudas, mugindo no meio, na massa embolada, com atritos de couros, estratos de guampas, estrondos e baques, e o berro queixoso do gado junqueira, de chifres imensos, com muita tristeza, saudade dos campos, querência dos pastos de lá do sertão..."

Esse doloroso interesse de surpreender a realidade nos mais leves pormenores induz o autor a certa dissipação naturalista — movimentar, por exemplo, uma boiada com vinte adjetivos mais ou menos desconhecidos do leitor, alargar-se talvez um pouco nas descrições. Se isto é defeito, confesso que o defeito me agrada.

A arte de Rosa é terrivelmente difícil. Esse antimodernista repele o improviso. Com imenso esforço escolhe palavras simples e nos dá impressão de vida numa nesga de catinga, num gesto de caboclo, uma conversa cheia de provérbios matutos. O seu diálogo é rebuscadamente natural: desdenha o recurso ingênuo de cortar *ss*, *ll* e *rr* finais, deturpar flexões, e aproximar-se, tanto quanto possível, da língua do interior.

Devo acrescentar que Rosa é um animalista notável: fervilham bichos no livro, não convenções de apólogo, mas irracionais direitos, exibidos com peladuras, esparavões e os necessários movimentos de orelhas e de rabos. Talvez o hábito de examinar essas criaturas haja aconselhado o meu amigo a trabalhar com lentidão bovina.

Certamente ele fará um romance, romance que não lerei, pois, se for começado agora, estará pronto em 1956, quando os meus ossos começarem a esfarelar-se.

16 de maio de 1946

Uma viagem a bonde

Na grande cidade, plana, montanhosa, rica, miserável, cheia de hiatos, horrores e belezas, o viajante da província, chegado há pouco num vaporzinho ronceiro, coleciona surpresas e contradições. O morro pitoresco visto de longe, verde e pedregoso, coberto de tábua e lata, parece baixar-se de repente, alargar-se na planície. É uma elevação quase imperceptível, sem verdura nem pedra, mas lá fervilha uma sociedade como a das grandes alturas, das ladeiras íngremes e ziguezagueantes. A favela desceu; torcem-se becos na areia, labirinto complicadíssimo. As árvores do Jardim Botânico erguem-se na vizinhança. As casas próximas cresceram e tornaram-se palacetes, o arranha-céu baixa a cabeça e espia, constrangido, a vermina que lhe formiga os pés. Rolam ônibus e meia dúzia de passos. E ali, na tábua dura e na lata enferrujada, Aurora se contempla num pedaço de espelho, seu Oscar arranca tristezas do pinho, os meninos de seu Oscar pegam vasilhas e vão mendigar água nos corredores.

O viajante estira o pescoço, desvia-se do jornal, larga Churchill e Hitler, faz reflexões ponderosas, receita mentalmente remédios enérgicos e paliativos, logo esquecidos. Saiu do hotel pela manhã e, atordoado por estranhos rumores, gritos de chofores e buzinar de automóveis, incorporou-se na multidão e foi estudar topografia. Como na terra dele se diz que todo o caminho dá na venda, achou desnecessário munir-se de carta: entrou num veículo e rodou para o sul.

Apeou-se em Copacabana, onde viu numerosas criaturas de roupas escassas banhando-se ou lagarteando, estateladas. Afastou-se, repeliu severamente aquela nudez e aquela mistura, foi descansar nos bancos da praça, ver as palmeiras, o coreto. Voltou a examinar os banhistas, dobrou esquinas, circulou na praia e nas vias interiores, admirou a altura dos prédios, o tamanho dos elevadores e os cartazes dos cinemas. Desnorteado, meteu-se num bonde e distraiu-se algum tempo olhando as placas das ruas compridas. Saltou no fim de Ipanema, tomou outro bonde e, atraído por uma espaventosa manchete, pôs os óculos e começou a ler disfarçadamente, com o rabo do olho, o jornal dum companheiro de banco. Entreteve-se atentando na favela.

Agora repousa a vista numa longa fileira de bangalôs tranquilos, decentes, meio ocultos em vegetais educados nos limites impostos pela tesoura do jardineiro, plantas desambiciosas, chinfrins e burocráticas. Algumas crianças patinam moderadamente na calçada; com certeza mamãe, lá dentro, manipula os vestidos das pequenas; papai chateia-se na repartição. Ordem. Parece que as coisas vão direito. Não há motivo para desgosto. O nosso passageiro esfrega as mãos. Por que esse barulho todo na Europa, essa fúria, essa doidice? De fato há pessoas exigentes, milhões de pessoas exigentes e mal intencionadas.

Rua Voluntários da Pátria, bonito nome. Não morava aqui o Oswaldo Cruz? É, morava. Que bagunça, pai do céu! Tempo esquisito! Berros no Congresso, artigos medonhos, fuzuê, gente morrendo por causa da vacina. Hoje não há disso, graças a Deus. A imprensa é razoável, somos todos razoáveis, e os discursos, no rádio, perderam a eficácia.

Parada no Pavilhão Mourisco, cinco minutos junto à fonte vazia e suja. Nova mudança de veículo.

Bem. Isto por aqui deve ser Botafogo, não? Leituras antigas auxiliam o provinciano. Antigas e recentes. Botafogo, sem dúvida. Que é da placa? Vive ali uma das personagens do sr. Gilberto Amado. Onde ficarão as palmeiras? O homem conhece a boa literatura. Instituto Juruena. Naquele jardim o sujeito do paraquedas se esborrachou. Caíram na vizinhança pedaços do aeroplano onde viajava o ministro de Cuba. Escangalharam-se dois aviões e uns dez indivíduos entregaram a alma a Deus, mas só nos lembramos do dr. Catá. O resto sumiu-se, como os paraquedistas metralhados e os marinheiros que afundam.

Marquês de Abrantes. Quem terá sido o marquês de Abrantes? O passageiro ignora muitos patronos das vias públicas, o que não o inibe de respeitá-los.

Numa praça miúda, com folhas de papel na mão, José de Alencar está sentado em posição ridícula. Muito grande, José de Alencar. Necessário melhorar-lhe a estátua. *O Guarani*, que poucos leram e todos admiram, há de tornar-se um livro fundamental, maior que *Os Sertões*. Falta uma estátua de Euclides da Cunha: cidadão deste século, ainda não amadureceu convenientemente.

Rua Machado de Assis. Ah! Esse era enorme e continua a crescer. Superior, infinitamente superior a Eça de Queirós. Precisamos afirmar isto. Sem comparação não há grandeza. Só Deus é Deus e Maomé é o seu profeta.

Lá está o Catete. Sim senhor é ali. Nos arredores, a casa de móveis do judeu, literatos padecendo no fundo de pensões ordinárias, bodegas de frutas, as meninas de Rubem Braga, em chinelos, transitando na calçada. Muito democrático.

Pouco adiante, o relógio da Glória e o combate nos tempos pré-históricos, divulgados nas estampas que enfeitam peças de fazenda barata, no interior. Estamos chegando.

O Passeio Público encolheu-se e pedirá demissão qualquer dia. O Monroe. Para quê? Chi! Quanto cinema! A Biblioteca Nacional e, defronte, o monumento de Floriano com diversos atavios, *Y-juca-pyrama*, *O Caramuru* e outras habilidades.

O viajante desce do carro e mergulha no apertão da Avenida, morrinhento, encharcado de suor. Depois dará uma volta por Engenho de Dentro ou pelo Méier. Mas isto é província. Por enquanto precisa recolher-se, deitar-se.

25 de maio de 1941

O fator econômico no romance brasileiro

A leitura dos romances brasileiros, até dos melhores, quase sempre nos dá a impressão de que os nossos escritores não conseguem fazer senão trabalhos incompletos. Sem nos deixarmos vencer pelo pessimismo que nos leva a olhar com desconfiança a obra de arte nacional, pessimismo às vezes interrompido bruscamente por acessos de exaltação ingênua, meio infantil, devemos reconhecer que nos trabalhos de ficção brasileiros falta alguma coisa.

A mania indígena de se comparar o literato cá da terra a um figurão estrangeiro, hábito inocente e antigo, sempre em moda, é apenas um meio de fazer crítica e não deve ser tomada a sério.

Perguntamos com desânimo se estamos condenados a ver surgirem nas vitrinas livros que fazem barulho e em menos de um ano morrem e se enterram, a elogiar outros que um patriotismo vesgo afirma serem ótimos e ninguém lê.

Prudente de Morais Neto me dizia há alguns anos que atribuía a deficiência dos nossos romances à escassez de material romanceável. Discordei. Se o mal fosse de natureza objetiva, estaríamos definitivamente perdidos, a menos que o meio se transformasse. Não devia ser isso.

Faltava-nos naquele tempo, e ainda hoje nos falta, a observação cuidadosa dos fatos que devem contribuir para a formação da obra de arte. Numa coisa complexa como o romance o desconhecimento desses fatos acaba prejudicando os caracteres e tornando a narrativa inverossímil.

Parece-nos que novelistas mais ou menos reputados julgaram certos estudos indignos de atenção e imaginaram poder livrar-se deles. Assim, abandonaram a outras profissões tudo quanto se refere à economia. Em consequência disso, fizeram uma construção de cima para baixo, ocuparam-se de questões sociais e questões políticas, sem notar que elas dependiam de outras mais profundas, que não podiam deixar de ser examinadas.

Talvez os amadores que falam tanto em Balzac e fingem imitá-lo não hajam percebido que este escritor em um só livro estuda a fabricação do papel, a imprensa de Paris, casas editoras, teatros, restaurantes, oficinas de impressão etc. Levantada essa base econômica, é que principia a mover-se a sociedade balzaquiana, políticos, nobres, jornalistas, militares, negociantes, prostitutas e ladrões, tipos vivos que ainda nos enchem de admiração. Mesmo as figuras exageradas, que resvalam para o folhetim, familiarizam-se com as outras: o jogo, a finança, a indústria, o comércio, aquele mundo de negócios, tudo as conduz para a realidade, quase para a atualidade, apesar de se terem afastado muito de nós, de se haverem iluminado com velas de cera e viajado em diligências.

Os romancistas brasileiros, ocupados com a política, de ordinário esquecem a produção, desdenham o número, são inimigos de estatísticas. Excetuando-se as primeiras obras de José Lins do Rego e as últimas de Jorge Amado, em que assistimos à decadência da família rural, queda motivada pela vitória da exploração gringa sobre os engenhos de banguê e as fazendas de cacau, o que temos são criações mais ou menos arbitrárias, complicações psicológicas, às vezes um lirismo atordoante, espécie de morfina, poesia adocicada, música de palavras.

Lendo certas novelas, temos o desejo de perguntar de que vivem as suas personagens. Está claro que os autores não conseguem furtar-se a algumas explicações referentes a este assunto, mas fazem-no como quem toca em matéria desagradável, percebemos que eles se repugnam e não querem deter-se em minúcias.

Um cidadão é capitalista. Muito bem. Ficamos sem saber donde lhe veio o capital e de que maneira o utiliza. Outro é agricultor. Não visita as plantações, ignoramos como se entende com os moradores se a safra lhe deu lucro. O terceiro é operário. Nunca o vemos na fábrica, sabemos que trabalha porque nos afirmam que isto acontece mas os seus músculos nos aparecem ordinariamente em repouso.

Não surpreendemos essas pessoas no ato de criar riqueza. A riqueza surge criada, como nas histórias maravilhosas, faz-nos pensar no deserto, onde o povo eleito recebia alimento do céu. Torna-se irreal, misteriosa — e como é indispensável à existência humana, irrealidade e mistério transmitem-se aos indivíduos que circulam na maior parte dos livros nacionais.

Não me refiro, está claro, às combinações pacientes e caprichosas de vocábulos sonoros, infelizes quebra-cabeças do tempo em que um sujeito, sem nunca sair do Rio de Janeiro, descrevia sertões absolutamente desconhecidos, quando não se aventurava a mais longas viagens pelo Egito e pela Índia. Tudo aí é falso, naturalmente, e hoje nos espantamos de que alguém se tenha dedicado a essas composições. Espantamo-nos porque vivemos numa época de lutas e dificuldades horríveis, mal pensamos que no princípio do século os homens tinham vagar para divertimentos inúteis.

Refiro-me à literatura nascida nestes últimos anos, diferente da que existia na pasmaceira anterior à outra guerra, diferente em quantidade e em qualidade.

Testemunhas do conflito em que se debatem o capital e o trabalho, os romancistas brasileiros nos apresentam ora o capitalista, ora o trabalhador, mas as relações entre as duas classes ordinariamente não se percebem. Temos de um lado hábitos elegantes, sutilezas, conversações corretas, nada parecidas às que ouvimos na rua, insatisfação, torturas complicadas que a gente vulgar não pode sentir; do outro lado, bastante miséria, ódio e desejo de vingança.

Ignoramos, porém, se os sofrimentos daqueles homens requintados têm uma origem puramente religiosa ou se eles criam desgostos por falta de ocupação.

E, não tendo visto o operário no serviço, dificilmente acreditamos que ele manifeste ódio a um patrão invisível e queira vingar-se. Em *Suor*, de Jorge Amado, as personagens descansam ou se exercitam nos movimentos de greve, e em *Jubiabá* mexe-se uma gente vagabunda, que vive de pequenos furtos e contrabandos. O trabalho aparece aí quase como um prazer e torna meio inconsequente esse livro notável, que tem passagens como a sentinela de defuntos, uma das melhores páginas escritas no Brasil.

Procuramos a razão da indiferença dos nossos escritores para os assuntos de natureza econômica. Talvez isso se relacione com as dificuldades em que se acham quase todos num país onde a profissão literária ainda é uma remota possibilidade e os artistas em geral se livram da fome entrando no funcionalismo público. Constrangidos pelo orçamento mesquinho, esses maus funcionários buscam na ficção um refúgio e esquecem voluntariamente as preocupações que os acabrunham. Sendo assim, temos de admitir que são exatamente cuidados excessivos de ordem econômica que lhes tiram o gosto de observar os fatos relativos à produção. O que eles produzem rende pouco, rende uma insignificância, e é possível que não queiram pensar nisso.

Acontece que alguns escritores se habituam a utilizar em romance apenas coisas de natureza subjetiva. Provavelmente há o receio de que, sendo comércio e indústria, oferta e procura etc. vistos muito de perto, a questão social venha à baila. Deve existir também um pouco do velho preconceito medieval que jogava para um plano secundário os produtores.

Como quer que seja, vemos aqui nos livros uma pequena humanidade incompleta, humanidade que às vezes sente e pensa, mas é absolutamente desprovida das necessidades essenciais. Com certeza os nossos autores dirão que não desejam ser fotógrafos, não têm o intuito de reproduzir com fidelidade o que se passa na vida. Mas então por que põem nomes de gente nas suas ideias, por que as vestem, fazem que elas andem e falem, tenham alegrias e dores?

Pode efetivamente haver grandeza nesses monstros, mas é inegável que são monstros. Abandonando os fatos objetivos, investigando exclusivamente o interior dos seus tipos, alguns escritores geraram uma fauna de seres estranhos em que há um pouco de homens, muito de espíritos e demônios.

Afinal essas complicações internas escapam ao leitor comum e apenas despertam a curiosidade das pessoas mais ou menos monstruosas. E às vezes fazem que gênios se embaracem para resolver questões miúdas, facilmente liquidáveis por sujeitos medíocres que tenham os seus negócios bem arrumados.

Foi o que sucedeu a Dostoievski na parte relativa à situação financeira das personagens de *Crime e Castigo*.

Raskolnikoff e a irmã, Sônia e o resto da família do bêbedo estão arrasados, dificilmente poderiam continuar a figurar na história. Nesse ponto surge Svidrigailoff e suicida-se, deixando aos necessitados o dinheiro preciso para o romance acabar. Certamente Svidrigailoff morreu direito e teve antes o cuidado de passar a noite num pesadelo que é uma verdadeira maravilha, mas isto não impede que ele haja dado cabo da vida expressamente com o fim de deixar alguns milhares de rublos àquela gente sem recursos.

É possível que esse nobre exemplo tenha contribuído para que certos romancistas vejam apenas metade de um homem. Essa metade pode crescer muito, pode ser a metade de um gigante, mas será sempre metade, e isto não nos agrada.

Deixemos de parte as inteligências capazes de forjar humanidade diferente da nossa, humanidade de hospícios, cheia de aberrações, seres semelhantes às figuras mitológicas que representam animais e homens num corpo só. O lado humano confunde-se com um deus, o lado animal é qualquer coisa parecida com o diabo. Mas há desequilíbrio. Às vezes a divindade pesa demais, outras vezes o inferno prevalece.

Queremos a fusão dessas idealizações loucas. Somos criaturas medíocres, nem deuses nem diabos. E não nos interessa, fora das obras eternas feitas por degenerados extraordinários, a representação de anomalias. Leitores comuns e perfeitamente equilibrados, buscamos na arte figuras vivas, imagens de sonho; tipos que se comportem como toda a gente, não nos mostrem ações e ideias que brigam com as nossas.

Está visto que não desejamos reportagens, embora certas reportagens sejam excelentes. De ordinário, entrando em romance, elas deixam de ser jornal e não chegam a constituir literatura. É inútil copiar bilhetes, pedaços de noticiário, recibos, anúncios e cartazes.

Mas se essas cópias nos desagradam, mais desagradáveis achamos a imitação de obras exóticas, que nenhuma relação têm conosco. Simulando horror excessivo ao regional, alguns romancistas pretendem tornar-se à pressa universais. Não há, porém, sinal de que o universo principie a interessar-se pelas nossas letras, enquanto nós nos interessamos demais por ele e voluntariamente desconhecemos o que aqui se passa.

Para sermos completamente humanos, necessitamos estudar as coisas nacionais, estudá-las de baixo para cima. Não podemos tratar convenientemente das relações sociais e políticas, se esquecemos a estrutura econômica da região que desejamos apresentar em livro.

Quando um negociante toca fogo na casa, devemos procurar o motivo deste lamentável acontecimento, não contá-lo como se ele fosse apenas um arranjo indispensável ao desenvolvimento da história que narramos. Se um cavalheiro mata os filhos e se suicida é bom não afirmarmos precipitadamente que ele endoideceu: vamos tomar informações, tentar saber em que se ocupava o homem, que ordenado tinha, quanto devia à dona da pensão. Geralmente ninguém queima o negócio nem se suicida à toa.

Dizer que um ato reprovável foi praticado porque o seu autor obedeceu a impulso irresistível é pouco: isto satisfaz o leitor de notas policiais. Seria razoável que tentassem descobrir a causa do impulso, não se limitassem a apresentar-nos o comerciante incendiário como desonesto, o assassino como um sujeito perverso ou louco.

Admitimos sem esforço a desonestidade e a loucura, mas precisamos saber por que elas existem, não queremos que sejam presentes do escritor às personagens. O romancista não é nenhum deus para tirar criaturas vivas da cabeça.

Romanceando por exemplo o crime e a loucura, está visto que ele deve visitar os seus heróis na cadeia e no hospício, mas, se quiser realizar obra completa, precisa conhecê-los antes de chegar aí, acompanhá-los na fábrica ou na loja, no escritório ou no campo de plantação. Necessariamente o ofício desses homens deve ter contribuído para que as coisas se passassem desta ou daquela forma.

É intuitivo que o negociante deitou fogo ao estabelecimento porque os seus lucros se reduziam. Digam-nos como se operou a redução.

E o indivíduo que matou os filhos e deu um tiro na cabeça? De que se alimentava esse malvado, a que gênero de trabalho se dedicava? Certamente ele é um malvado. Mas a obrigação do romancista não é condenar nem perdoar a malvadez: é analisá-la, explicá-la. Sem ódios, sem ideias preconcebidas, que não somos moralistas.

Estamos diante de um fato. Vamos estudá-lo friamente.

Parece que este advérbio não será bem recebido. A frieza convém aos homens de ciência. O artista deve ser quente, exaltado. E mentiroso.

Não sei por quê. Acho que o artista deve procurar dizer a verdade. Não a grande verdade, naturalmente. Pequenas verdades, essas que são nossas conhecidas.

15 de julho de 1945

Os amigos do povo

O meu prezado José Lins, grande romancista José Lins do Rego, teve há dias, em artigo na imprensa vespertina, um grito de sinceridade, natural no homem que forjou o *Ciclo da cana-de-açúcar* e a figura inesquecível de Vitorino Papa-Rabo. Esse grito deve ter ecoado — longe — e é inútil mencionar tudo quanto encerra o artigo, certamente lido com amargura e raiva por muito político vaidoso.

É a confissão espontânea de que o partido a que se filia o escritor ruiu fragorosamente por ser uma confusa mistura de paixões e interesses diversos. Andou "às tontas", "sem contato com as massas", e, "num pleito livre, admirável espetáculo de civismo", perdeu em vinte e quatro horas todos os sonhos acariciados em longos meses de cegueira voluntária, cegueira que o autor de *Banguê*, depois dessa louvável franqueza, tenta inexplicavelmente prolongar.

Aí José Lins se embaraça em contradições. Afirma que só os comunistas têm um "plano estabelecido, com palavras de ordem, firmeza de ação para determinar fins". "Esses homens são um bloco e rolam como um bloco sobre os fatos."

Que devemos concluir? José Lins diz quatro vezes que essas forças batidas representam a democracia — asserção duvidosa — e conclui:

"Por tudo isso cada vez mais se faz urgente a fundação de um partido democrático que una o Brasil, que seja o verdadeiro amigo do povo, um complexo de ideias generosas, de compromissos com a dignidade humana, sem sectarismo, a bem de nossa terra e de nossa gente."

Reproduzi o período inteiro, a fim de notarmos a incongruência do nosso querido romancista.

Quem vai estruturar esse partido? Naturalmente os mesmos homens que se revelam agora incapazes, com certeza pouco dispostos a visitar favelas, pichar muros, viajar centenas de léguas para dizer quatro palavras a algumas dúzias de operários. Assevera José Lins que apesar de terem os "melhores propósitos, a consciência limpa", não conseguiram chegar às massas.

Como poderiam chegar? Não nos interessam os bons propósitos e a consciência limpa de certos privilégios que rodam nos automóveis, infinitamente longe de nós. Basta que um desses cavalheiros, em momento de enjoo, se refira à canalha dos morros, à malta dos desocupados para se desvanecerem todos os bons propósitos. Vivem na superfície, reciprocam amabilidades, incham em demasia

— e supõem que atrás deles há multidões embasbacadas esperando milagres impossíveis.

Nesse período citado integralmente, José Lins, depois de ter sido tão honesto, cai na demagogia e nas promessas vagas. "Um partido que seja o verdadeiro amigo do povo, um complexo de ideias generosas, de compromissos com a dignidade humana." Linguagem diferente da linguagem ordinária do criador de *Fogo morto*. Palavras, nada mais.

Isso que José Lins deseja fundar, sem indicar os meios, já existe, segundo ele próprio declara:

"Só o Partido Comunista foi um órgão inteiriço em todo o território nacional."

Diabo! Não é suficiente? Ou será que não somos amigos do povo, não possuímos ideias generosas nem dignidade humana? José Lins não admite semelhante coisa. Observador por índole e por ofício, sabe perfeitamente isto, o único amigo do povo é o povo organizado; temos ideias bem claras, e as ideias generosas dos amigos da onça nos deixam de orelha em pé; a nossa dignidade é pouco mais ou menos igual à dos outros bichos que a humanidade produz.

Sinto discordar do meu velho amigo José Lins, grande cabeça e enorme coração. Discordo. Penso como Vitorino Papa-Rabo, notável sujeito que deixou de ser personagem de romance e a esta hora deve fazer discursos numa pequena célula remota, no interior da Paraíba.

7 de dezembro de 1945

Antônio Olavo

Conheci Antônio Olavo Pereira ali por volta de 1938. Li por acaso, em revista de tiragem volumosa, destinada a leitores dóceis, um bom conto. Psicologia infantil. Uma garota brincava perseguindo tanajuras. Depois calçava sapatos de tacão alto — e decidia ter maneiras de pessoa adulta. Alguns centímetros de elevação transformavam-na.

— Quem é o autor disto? informei-me intrigado.

Antônio Olavo Pereira. Homem curioso. Num tempo em que era moda escrever mal e depressa, compunha bem e examinava atento a sua personalidade miúda. Procurei ver o literato desconhecido. Apareceu-me um tipo novo, alto, magro, ligeiramente curvo, a tossir. Andava para as bandas de Campos do Jordão, meio tuberculoso. Também me achava assim, com hemoptises obtidas na cadeia. Isto nos aproximou. Felicitei o rapaz. História excelente, a menina das formigas voadoras.

— O senhor gostou? disse constrangido o moço, franzindo um sorriso difícil. Eu não esperava. Acha que devo continuar?

— Tem dúvida? Quais são os seus projetos?

Antônio referiu-se vagamente a uma espécie de novela que tinha na cabeça. Noutras conversas, finda a timidez inicial, estirou minúcias e conseguiu interessar-me. Fabricou ainda alguns contos, e ficou por aí: a ideia exposta uma tarde no fundo escuro da livraria José Olympio desalentou-se. Correu o tempo, acamaradamo-nos. De longe em longe nos víamos, e aquela indiferença, a estranha falta de ânimo, quase me irritava.

— A novela, Antônio? Você tem esse diabo no interior, e não se resolve a extraí-lo?

Antônio, com jeito de urso mal domesticado, movia as patas vagarosas, em busca de explicações. Enfim, há cinco ou seis meses chegaram-me setenta ou oitenta páginas mal datilografadas: realizara-se o trabalho em doze anos. A leitura corroborou a minha confiança no diletante preguiçoso. Quando nos encontramos, percebi nele o receio de exibir o fruto da gestação demorada. Combati como pude a modéstia excessiva, despropósito verdadeiro. Antônio pouco a pouco se desenroscou. Depois de muitas voltas, confessou-me o intuito de mandar o livro a um júri literário. Mandou. Venceu concorrentes de peso, alcançou o maior prêmio e convenceu-se de que devia oferecer ao público a narrativa. Enxerguei nela, sem nenhuma surpresa, várias modificações do plano primitivo. Isso vinha fortificar o que sempre afirmei: não podemos preestabelecer um romance. Ideias imprevistas surgem na composição; circunstâncias de valor duvidoso ganham relevo, conjugam-se, mudam-se em fatos essenciais, originam circunstâncias novas, estas se reforçam, causam outras, numa extensa cadeia, e isto nos desvia da linha imaginada; a personagem, simples esboço, entra a viver no papel, cresce ou diminui, comporta-se às vezes contra os nossos desejos: os caracteres definem-se na ação. Um escritor me narrava há tempo o seu método. Passava meses a chocar uma história, não esquecia a mais insignificante passagem. Findo o choco, sentava-se e redigia à pressa, alheio a acidente, como se tivesse no juízo todas as vírgulas. Bem. Estava ali a razão de aquele autor nos dar bonecos puxados a cordéis, perfeitamente visíveis. A novela de Antônio diverge bastante da exposição que ele me fez. Havia no projeto, como figura central, um ser melancólico, singular, a desviar-se da humanidade. Sofria demais — e o sofrimento era mais ou menos inútil. Nenhuma solução. Animal solitário, num beco estreito e sem saída. Urso, como o autor, bicho de patas lerdas, a buscar em muros altos saída inexistente. Escuridão, sufocação. Os viventes secundários para bem dizer não eram viventes: deslizavam como sombras, apagavam-se. Só o protagonista se mexia, em duros movimentos de sonâmbulo. Mas resvalava no sonho e na imobilidade — e o sonho era pesadelo, a imobilidade o embotava. Tínhamos em suma pedaços da áspera existência de um indivíduo. Sumiam-se as vidas laterais. Uma viagem subterrânea prolongava-se no fim — noite comprida, nenhuma esperança de sol. Horrível misantropia; doença e abandono; pessimismo e renúncia. O mundo em doze anos dá muitas voltas. Chagas cicatrizam, a febre cai, os jatos de sangue diminuem, espaçam-se, e por fim já nem nos lembramos deles. Agora não temos um indivíduo, fraco e doente, procurando agarrar-se a coisas débeis, fugidias: aparece-nos uma sociedade, pequena sociedade, família pobre a arrastar-se em modesta rua de subúrbio. Nesse meio simples, admiravelmente fixado, o homem triste se desanuvia; ganha raízes, prende-se à terra. Já não pensa nas evasões, em fugas doidas que, na literatura decadente, sujam e matam. Ressurge, o amor lhe penetra a alma dolorida como um jorro de luz. O sol forte, o céu azul, as árvores verdes. O homem quer viver. Um sorriso de mulher, distante, o envolve e aquece.

6 de agosto de 1950

Prefácio para uma antologia

ceitei esta incumbência com embrulho no estômago.

Mais uma antologia.

Pensando bem, acalmei-me. Paciência. Na obrigação de publicar um livro, antes expor coisa lida, mais ou menos julgada, que exibir composição nova. A dificuldade não seria grande: resignar-me-ia a colecionar, dócil, o que outros colecionaram — e numa quinzena a tarefa estaria concluída. Fiar-me-ia em juízos presumivelmente seguros; isto me livraria de esforços e complicações. Os contistas verdadeiros estão classificados, e temos na ponta da língua o que melhor nos deram. Para que reler Machado de Assis, Artur Azevedo, Lima Barreto? Decidi republicar "Uns braços", "Plebiscito", "O homem que sabia javanês". E nessa voluntária disciplina mandaria também dactilografar *As calças do Raposo*, *Maria sem* tempo, *O bebê de tarlatana rosa*, *Galinha cega*, *Colcha de retalhos*, *Gaetaninho*, como se Medeiros e Albuquerque, Domício da Gama, João do Rio, João Alphonsus, Monteiro Lobato e Antônio de Alcântara Machado não houvessem redigido outras páginas.

Desanimei. Não era o que o editor esperava. Se fosse, bastar-lhe-ia arrancar da máquina de escrever alguns volumes e um copista. Arrisquei-me, pois, a abandonar tutelas, procurar saber se esses homens importantes não realizaram obras superiores às que se reproduzem. E no tempo deles, antes e depois deles, não existiram contistas ignorados?

Resolvi ler o que, em ficção miúda, apareceu no Brasil no fim do século passado e neste meio século. Que se tem feito em cidades e aldeias, em lojas, atrás dos balcões, nos ócios das Prefeituras, em casas-grandes, farmácias, cartórios, de cima a baixo, à direita, à esquerda? Não me preocupavam as combinações da regra — verbo assim, pronome assado, flexões perfeitas, regência fradesca. Isso não me impressionava em demasia, embora me hajam obrigado a atentar nisso, pelo desagradável hábito de pensar. Que se tem feito em nossa terra?

Gramei numerosos livros, folheei revistas e jornais velhos, encafuei-me dois meses na Academia de Letras, por favor de Rodrigo Otávio Filho, outros dois na Biblioteca Nacional, chateando à sombra de Sérgio Buarque de Holanda. Proporcionaram-me nesta última casa uma estante e uma funcionária de boas entranhas que me trazia diariamente aquelas gavetinhas de ferro, insidiosas. Achei cinco ou seis contos magníficos, hoje esquecidos. Pareceu-me conveniente reeditá-los.

Escrevi às academias de letras do país e às diretorias de instrução pública. Em geral não me responderam ou deram respostas ásperas. De um Território veio quase desaforo, com muitos solecismos, que traduzi assim, vexado: "S. ex^a o senhor diretor disto e daquilo (um capítulo comprido) manda comunicar-lhe que tratamos de assuntos graves, não nos ocupamos com tolices. Não amole." Resposta amável me chegou num cabograma de Fernando de Noronha: "Não temos literatura. O senhor compreende. E tal, enfim, etc."

Depois da tentativa falha, isento-me de apresentar a alma de um criminoso, a de um seringueiro, almas que desejei expor, não vistas de fora para dentro, mas de dentro para fora, lançadas por gente pequenina, rebotalho social. Infelizmente os prisioneiros e os trabalhadores da borracha não escrevem.

Nada encontrei no Amazonas, em Mato Grosso. Do resto do país vão novidades e velharias.

Não fiz seleção rigorosa. Exibi o que julguei representativo de um lugar, de uma época, de uma escola. Não me detive em comparações absurdas Seria idiota exigir que a história narrada por um diletante do interior, impressa em jornaleco modesto, se arrumasse com o engenho e a técnica de Machado de Assis. Aqui podemos ser exigentes, recusar páginas muito inferiores às do sr. Marques Rebêlo, às da sra. Lia Correia Dutra. Mas noutras partes não devemos ter o mesmo critério.

Contudo este pequeno trabalho não me deixou pessimista. Em revista perdida no centro, em Goiás por exemplo, surge-nos uma folha que nos surpreende, ali sepultada, com erros, há poucos anos. E das coisas de ontem, algumas, admiráveis, caem devagar no esquecimento, roídas pelas traças: "O ratinho tique-taque", "Só", "Tílburi de praça", "Os brincos de Sara", "Só a visita faz fé" — produções de homens famosos. Não basta, porém, dizer que se tornaram famosos: é indispensável mostrar por que se tornaram. Os nomes são insuficientes.

31 de dezembro de 1951

Álvaro Moreyra

onheci Álvaro Moreyra em 1937 — e desde então sempre o achei um homem bom, simples e honesto.

Nesses treze anos muita água correu por baixo das pontes. Invencíveis países se escangalharam, outros se dispõem com galhardia a ter o mesmo fim. No ambiente literário do Brasil numerosas transformações se deram: gente que vivia no leste passou ligeira para oeste, e é comum cidadãos cautelosos acenderem ao mesmo tempo velas a Deus e ao diabo. Na contradança das opiniões Álvaro Moreyra permaneceu fiel às suas ideias. Certo, o indivíduo não é obrigado a pensar invariavelmente de um jeito. Posso hoje ser ateu e amanhã resolver-me a adorar Jeová, cobrir de cinza a cabeça nas lamentações, frequentar a sinagoga. Mas se a mudança rápida me for vantajosa, leva o público a dúvidas. O escritor necessita especial coragem para tal conversão, que inutiliza a obra realizada. Salvo se o sujeito escreve apenas com intuito de encher papel. Diferente espécie de coragem possui Álvaro Moreyra. Perfeita coerência, na verdade prejudicial, se virmos as coisas do lado prático. Não é agradável andar uma pessoa a chorar, em portas fechadas, esforçar-se por escalar muros altos, enquanto em redor cavalheiros hábeis usam com proveito escadas e gazuas. Homem honesto.

Devo referir-me aos outros dois adjetivos empregados ali no começo destas linhas. Álvaro Moreyra tem uma singeleza quase infantil. Rijos padecimentos não lhe deitaram amargor na alma: conservou neles estranha doçura. Oculta as dores com sorrisos, conta-nos anedotas: parece recear transmitir-nos a sua mágoa. Somos bichos complexos, o ofício nos torna vaidosos. E causa-nos espanto vê-lo tão sincero e modesto. Vamos encontrá-lo à mesa, redigindo; olhamos o trabalho, sugerimos alteração. Acha o conselho razoável e agradece. Expõe minucioso as qualidades de um amigo ausente, ótimo companheiro. Esfrega as mãos a exagerar virtudes que dificilmente percebemos. Dá-nos a impressão de julgar a nossa camaradagem um favor. Homem simples.

E bom. Não consigo furtar-me às comparações. Manejamos folhas — e mordemo-nos. Atacar é fácil, gostamos de atacar. Se temos ensejo de louvar alguém, ficamos atrapalhados. Não sabemos cantar loas. Almas secas, duras. Que diabo vamos elogiar nesta miséria? Somos ásperos. Egoístas, mesquinhos, a naufragar, buscando terra dentro do nevoeiro. A terra está próxima, chegaremos lá. Difícil entender isso. E continuamos a arranhar-nos. Nesta tristeza, Álvaro Moreyra nos dá uma lição. Quer juntar-nos, ignora os nossos defeitos. Impossível notar a fraqueza e a maldade. Homem bom.

Simão Dias

lina Paim chegou aqui há quatro anos, novinha, com jeito de freira à paisana.

O romance que nos deu pouco depois não revelava nenhuma timidez e, logo nas primeiras folhas, desmentia a aparência religiosa. Exibia até muita coragem, dava às coisas os nomes verdadeiros, sem respeito exagerado às conveniências.

A estreia recebida com louvores jogou a moça na literatura. Alina fez vários livros. Este, o terceiro, deixa longe a *Estrada da liberdade*, manifesta um valor que o trabalho da juventude apenas indica. A autora observa, estuda com paciência, tem a honestidade rigorosa de não tratar de um assunto sem dominá-lo inteiramente. As suas personagens são criaturas que a fizeram padecer na infância ou lhe deram alguns momentos de alegria, em cidadezinhas do interior. Nenhum excesso de imaginação.

Em geral os homens são vistos a distância, não se fixam. A escritora julga talvez não conhecê-los bem e receia apresentá-los deformados; limita-se quase sempre a fazer referência a eles ou, quando é indispensável, a metê-los na ação em diálogos curtos, em rápidas passagens. Aqui duas figuras masculinas parecem contrariar esta afirmação. Caracteres bem definidos: um velho e um idiota. Mas o primeiro já deixou de ser homem, o segundo ainda se conserva menino.

O que surge com intensidade é a existência das mulheres — complicações, desarranjos, pequeninos problemas. Há umas admiráveis tias velhas, rendeiras, beatas, calejadas nos mexericos.

E há também a criança atormentada, a melhor criança de Alina. Vê-se bem que a romancista cochilou nas orações compridas, trocou bilros na almofada e aguentou muito puxão de orelha. Foi bom. Essas desventuras lhe fornecem hoje excelente matéria.

Dois mundos

Dois mundos, o livro de Aurélio Buarque de Holanda, vem desmantelar um preconceito difundido nestes últimos anos entre reformadores da literatura indígena: a ideia de que sintaxe e bom gosto são incompatíveis.

Esse engano deriva provavelmente duma observação imperfeita. Vistas, julgadas, condenadas com rigor e sem apelação numerosas obras nacionais, decidiu-se que todas se achavam redigidas em português direito — e isto se considerou uma das razões da falência delas. Tornou-se a razão principal, chegou a ser a razão única. Desdenharam-se exames atentos, exigências de pouca monta para afirmações categóricas. Não se provou a ruindade completa dos livros postos no índex. Alguns tinham páginas legíveis. Também não se demonstrou existir neles ausência de incorreções. Vários capengavam. Mas foram reputados inteiramente corretos — e péssimos. Essas generalizações muitas vezes são indispensáveis, quando alguém precisa defender tese difícil. Originou-se uma certeza — e sobre ela se ergueu parte da nossa literatura contemporânea. Liberdade. Carta de alforria. Abaixo o galego. Os direitos do homem. Caímos no exagero. Desejando libertar-nos, reforçamos a dependência escrevendo regularmente contra as normas. Nossos avós ignoravam os pronomes. Estudamos agora essas miudezas e colocamo-las sempre às avessas, não raro em desarmonia com a linguagem popular, invocada como autoridade suprema.

Os contos de Aurélio Buarque de Holanda desfazem abundantes confusões. Têm as palavras que o sentido requer, instaladas nos lugares convenientes e com as flexões exigidas pela regra. Aurélio, professor de gramática, não lesou o seu ofício desdobrando-se, parecendo um homem no colégio, outro na revista e na livraria. Conservou-se ligado à tradição, atitude razoável, pois se erigíssemos em lei tudo quanto ouvimos em conversas, resvalaríamos na mais tremenda anarquia.

Certo é necessário renovar a língua culta, não deixá-la perecer e mumificar-se nos alfarrábios, fixar nela os subsídios que a multidão lhe oferece. Não se conclui daí que devamos tartamudear em livros uma infeliz algaravia indigente, apenas compreensível quando percebemos a entonação e o gesto.

O autor de *Dois mundos* não nos quis impingir corruptela e gíria como instrumentos de arte. Também não se agarrou ao Fernão Mendes, ao Damião de Góis, a outros veneráveis fósseis. Entre a expressão erudita e a vulgar, escolheu esta se nela enxergou a possibilidade de ganhar raiz, vingar, substituir a coisa aristocrática e pedante. Procedeu assim com método, pesando, medindo, comparando, levando a literatos avançados em demasia a convicção de que um professor de gramática não é necessariamente imbecil, produtor de lugares-comuns. Suas histórias — não tenho a intenção de analisar nenhuma, nesta rápida nota, destinada apenas a indicar um dos aspectos do livro — são admiravelmente simples e claras. Com certeza não foram concebidas nesse estado de sonambulismo, indispensável, segundo alguns pensam, à execução da obra sublime. Fizeram-se em plena lucidez — e por isto são sublimes. São porém, humanas, revelam-nos figuras admiráveis — Molambo, João das Neves, o otimista Gonçalo, Maria Araquã, d. Cândida Rosa, sobretudo d. Cândida Rosa, grande velha, personagem que ficaria bem numa literatura sólida.

Esses tipos foram construídos pacientemente, peça por peça. Mas então? O gênio, o sobrenatural, o estalo? Nada. Somente paciência. E, no fim, clareza, simplicidade. Simplicidade e clareza obtidas com esforço. Na ordem. Não podemos dispensar a ordem. O que nos desagrada em nossa pequenina revolução é que promotores dela não conseguem explicar-se. Um solecismo? Isto não tem importância. O leitor corrige o solecismo e passa adiante. O pior é a anfibologia, consequência natural de tanta balbúrdia. Às vezes lemos adivinhando, como se decifrássemos charadas.

Certamente Aurélio Buarque de Holanda Ferreira utiliza muita observação e muita imaginação. Mas utiliza também o dicionário, o que talvez lhe proporcione remoques de espíritos superiores e emancipados. O dicionário, em certos meios, é tão desconsiderado como os palavrões obscenos que a crítica pudibunda repele. Contudo não poderíamos trabalhar sem ele, como não poderíamos trabalhar sem couro ou tijolos se fôssemos sapateiros ou pedreiros.

Uma palestra

Não me aventuro a discussões: limito-me a dar alguns palpites, que provavelmente não serão aceitos, pois contrariam juízos bastante espalhados. Acho-me talvez em erro, mas arrisco-me a falar, procurando fugir a dificuldades que possam comprometer-me. Vamos ao essencial.

Ouvi, com espanto, um escritor afirmar que, em literatura e noutras coisas, era necessário suprimir a técnica. Não nos disse porquê: referiu-se apenas à necessidade. Essa economia de razões levou-me a impugná-lo do mesmo jeito: declarei, simplesmente, o contrário do que ele declarou. E o caso morreu, sem perda nem ganho para o auditório.

Não é conveniente, porém, ficarmos aí: reconheceremos sem esforço que o dito desse homem não tem pé nem cabeça. Se no trabalho simples não nos eximimos da aprendizagem, como evitá-la em trabalho complexo, na produção de um livro?

Ali por volta de 1935 realizou-se em Moscou uma *enquête* sobre a literatura soviética. Lembro-me da resposta de Romain Rolland. Havia nela uma frase de arrojo: "A arte é uma técnica" — o avesso do que ainda neste país asseveram, reproduzindo conceitos em moda entre 1922 e 1930. Com certeza o romancista exagerou: se a definição dele fosse justa, qualquer pessoa alcançaria bom êxito folheando um desses manuais que nos ensinam, em duzentas páginas, a maneira favorável de escrever. Isso não basta, suponho.

Em conversa, um crítico português jogou-me esta fórmula: dez por cento de inspiração e noventa por cento de transpiração. Chega-me também à memória a receita do espanhol a propósito de versos: maiúscula no princípio, rima no fim, talento no meio.

Mas pergunto a mim mesmo se a busca da rima não influirá no talento, se a transpiração demasiada não será vantajosa à inspiração. Acho que sim. É o pensamento de um sujeito medíocre, estão julgando os senhores. De acordo, mas se me for possível, em rija labuta, reduzir um pouco a mediocridade, considero-me bem pago.

Um cavalheiro nos amola querendo atenuar os prováveis defeitos de uma novela forjada em quinze dias. Falhas naturais, não é verdade? Foi a pressa. Quem exigiu tanta pressa? O nosso autor exporia obra mais aceitável se aguentasse dois anos, teimoso e paciente, o suadouro mencionado pelo crítico português. O dever do tipo que se dedica a este ofício é diminuir as suas imperfeições.

Impossível dar cabo delas. Bem, já é um triunfo minorá-las. Não devemos confiar às cegas num amável dom que a Divina Providência nos ofereceu. Em primeiro lugar não é certo havermos recebido tal presente. E, admitindo-se a dádiva, não nos ensinou as regras indispensáveis à fatura de um romance.

Essas miudezas são na verdade horrivelmente chatas. Surgiram na aula primária, alongam-se, originam complicações — e não conseguimos livrar-nos delas. Não conseguimos, que o pensamento vem daí, dessas pequenas arrumações de insignificâncias. Se não tivéssemos o verbo, seríamos animais, na opinião dos entendidos. O grito — emoções traduzidas em berros. Depois a interjeição. Em seguida a onomatopeia. Tornamo-nos afinal palradores, distanciamo-nos dos nossos irmãos mais velhos — e no fim da semana bíblica Deus viu que isto era bom. E aqui estamos a remexer ideias, impossíveis há alguns milênios, quando a humanidade vivia em nudez.

Temos o direito de achar desagradáveis as palavras que nos impingiram na infância, a maneira de flexioná-las e juntá-las. Mas é com essa matéria-prima, boa ou má, que fabricamos os nossos livros.

No Brasil, nesse infeliz meio século que se foi, indivíduos sagazes, de escrúpulos medianos, resolveram subir rápido criando uma língua nova do pé para a mão, uma espécie de esperanto, com pronomes e infinitos em greve, oposicionistas em demasia, e preposições no fim dos períodos. Revolta, cisma, e devotos desse credo tupinambá logo anunciaram nos jornais uma frescura que se chamava "Gramatiquinha da fala brasileira".

Essa gramatiquinha não foi publicada, é claro: não existe língua brasileira. Existirá, com certeza, mas por enquanto ainda percebemos a prosa velha dos cronistas. De fato, na lavoura, na fábrica, na repartição, no quartel podemos contentar-nos com a nossa gíria familiar. Seria absurdo, entretanto, buscarmos fazer com ela um romance. Às vezes a expressão vagabunda consegue estender-se, dominar os vizinhos, alargar-se no tempo e no espaço.

Homens sabidos queimam as pestanas para dizer-nos por que uma palavra se fina sem remédio e outra tem fôlego de sete gatos. Respeitamos esses homens, quando eles metem uma delas no dicionário, respiramos com alívio. Estamos na presença de uma autoridade. No correr do tempo, achamos falhas na autoridade e vamos corrigindo, com hesitações e dúvidas, um ponto, outro ponto. Mas afinal é bom que ela nos oriente. Desejamos saber o que nos diz, embora, depois de refletir, a mandemos para o inferno com muitos desaforos, redigidos, está visto, na sintaxe que abominamos. Enfim paciência. O homem tem rugas e cabelos brancos.

Não toleramos é que um novato nos ordene, esquecendo a regra, desrespeito aos frades. Por quê? Os frades não nos fizeram mal e não terem morrido em automóveis, em aeroplanos, não é motivo para que os matemos no papel. Já não existem galeões nem caravelas, mas a gente da minha terra abrasada, população que nem se pode lavar, conserva expressões dos mareantes aqui desembarcados no século XVI.

Perguntaram-me há dias por que uma personagem sertaneja, esquecida em livro meu, se mexe *de vante a ré*. Sei lá! Sei que ela fala assim. Perdida no interior, longe da água, a minha parentela exprime-se desse modo. — "Como vai, seu Fulano?" — "Assim, assim. Por aqui, navegando." Navegar ali é impossível; contudo a palavra persiste, como no tempo das galés e dos bergantins. — "Anda *ao socairo dele*." Talvez isso em Portugal se tenha arcaizado, mas no sertão do Nordeste, descendentes dos marujos que endureceram manejando socairos ainda guardam a locução esquisita, hoje corrompida. Não dizem ao *socairo* dizem *assucar*.

O que não existe, ao sul, ao norte, a leste, a oeste, são as novidades que pretenderam enxertar na literatura, com abundância de cacofonias, tapeações badaladas por moços dispostos a encoivarar duas dúzias de poemas em vinte e quatro horas e manufaturar romances com o vocabulário de um vendeiro.

Ninguém por estas bandas, que me conste, usou na linguagem falada preposições em fim de período. Essa construção inglesa não nos dará nenhum Swift. Porque em francês se diz *jouer avec*, o literato nacional descobre a pólvora escrevendo: "Temos aqui uma coisinha para a gente brincar com." Tencionarão justificar isso lembrando a sintaxe dos índios, mas a verdade é que não falamos nheengatu, e a composição insensata, alegremente recebida por garotos propensos a conquistar a glória num mês, é falsa.

De nenhum modo insinuo que devemos escrever como Frei Luís de Sousa, mas isto não é razão para acolhermos extravagâncias. Nos dois casos há pedantismo e ausência de clareza. E se não conseguimos ser claros, para que trabalhamos? O nosso interesse é que todas as pessoas nos entendam, *de vante a ré.*

fevereiro de 1952

Posfácio
RUY ESPINHEIRA FILHO

Em *Linhas tortas*, obra rica de muitas maneiras, reunião de textos produzidos em diferentes momentos, o leitor encontra de quase tudo: política, prostituição, cinema, literatura, teatro, religião, mentiras, canções patrióticas, loteria, esmolas, jejum, futebol, autores, editores, seca nordestina, prêmios literários, Papai Noel, cangaço, guerra, tipos populares, Brasil, Brasil, Brasil... Geralmente classificamos *Linhas tortas* como livro de crônicas — mas sem dúvida são crônicas de características especiais, pois muitas têm profundidades e alcances de rara ocorrência nesse gênero literário.

Um implacável espírito crítico está sempre atento nestas páginas. Ninguém — e nada — lhe escapa. Nem mesmo ele, o cronista. Nem mesmo... o leitor. Este certamente se espantou com a abertura da crônica de 15 de abril de 1915:

Amável leitor.

Não tenho o prazer de saber quem és. Não conheço teu nome, tua pátria, tua religião, as complicadas disposições de teu espírito. Ignoro se tens a ventura de ser um pacato vendeiro enriquecido à custa de pequeninas e honestas trapaças, ou se és um celerado de figura sombria, calças rotas, botas sem salto e paletó ignobilmente descolorido com remendos nas costas e sonetos inéditos nas algibeiras. (...) Não te conheço. Entretanto, envio-te isto à guisa de carta meio anônima. Não é lá tarefa muito fácil, porque desejo que não passe por aqui a sombra de uma ideia. Não te admires, leitor amigo — comerciante abastado, poeta maltrapilho ou rapariga adoravelmente devota. Há por vezes ocasiões em que um mísero rabiscador tem necessidade de fazer grandes volteios, circunlocuções sem fim, somente para furtar-se àquilo que algum simplório poderia julgar talvez ser o fito único de um indivíduo que escreve — dizer o que pensa.

E o cronista prossegue: não vai dizer nada. Pelo menos "por enquanto", ou seja: até saber qual a *linha* do jornal, a que "homens ou coisas" é permitido defender ou atacar. E, cerca de seis anos depois (janeiro de 1921), comunica ele ao leitor que não deve esperar "nestas crônicas coisas transcendentes", pois a profundidade "assusta-me e é muito provável que te assuste também a ti", propondo que deveriam ficar, os dois, "calmamente à superfície."

Sua ironia não se limita, porém, ao leitor e ao cronista: envolve o jornalismo de um modo geral. Em texto de 20 de maio de 1915, escolhe como tema o garoto que vende jornais nas ruas, o qual seria "o tipo mais despreocupado e alegre do mundo", possuidor de "uma alma de pássaro". E Graciliano o *acompanha* em seu trabalho cotidiano: lá vai ele, trêfego, galopante, deslizando "como uma sombra" entre os automóveis, colhendo pontas de charuto no chão, roubando frutas expostas nas mercearias, cantando músicas obscenas, fazendo estripulias de macaco nas plataformas dos bondes, falando irreverentemente de política e políticos, destacando agitações, crimes e outras manchetes sensacionalistas. O que mostra que não é somente o jornalista que explora "vantajosamente os crimes", pois ele, o garoto endiabrado, também sabe tirar partido das mais insignificantes perturbações da ordem, revestindo todos os fatos de acessórios que lhe dão proporções extraordinárias, parecendo ter "o dom de pôr um grande vidro de aumentar em cima dos acontecimentos". E a crônica termina desta maneira:

> *É astucioso, impostor, velhaco.*
> *Com uma finura de comerciante velho, emprega artimanhas de mestre, complicados ardis, artifícios que são uma obra-prima de sutileza, tudo para embair os transeuntes. Mente apregoando sedutoras notícias fantásticas.*
> *Enfim, sob certos pontos de vista, o pequeno garoto vendedor de jornais é uma espécie de jornalista em miniatura...*

O vendedor de jornais é, aqui, apenas um *meio*: através dele — pequeno astucioso, pequeno impostor, pequeno velhaco — Graciliano Ramos vergasta o que lhe parecia ser, de um modo geral, o comportamento dos jornalistas do país — grandes astuciosos, grandes impostores, grandes velhacos. Poderíamos dizer que, escrevendo na imprensa, ele estava tentando fazer a justiça começar de casa...

Trata-se, como se vê, de um conformismo (respeito à *linha* do jornal) e de uma superficialidade de pura brincadeira — pois o cronista será sempre um combatente e seus textos frequentemente encerram importantes reflexões. Como quando o assunto é a literatura, particularmente a ficção. Na crônica "Norte e Sul", por exemplo, abordando a distinção que se costumava fazer entre os autores dessas regiões, com desvantagem para os nordestinos, Graciliano Ramos dizia que a geografia não tinha importância, o que havia era que "algumas pessoas gostam de escrever sobre coisas que existem na realidade, outras preferem tratar de fatos existentes na imaginação".

Claro que a literatura nordestina era também feita com imaginação, mas uma imaginação que incomodava por exibir — para usarmos uma expressão de Manuel Bandeira — *a marca suja da vida*. Desta forma, atraía críticas por seu conteúdo de "facas de ponta, chapéus de couro, cenas espalhafatosas, religião negra, o cangaço e o eito, coisas que existem realmente e são recebidas com satisfação pelas criaturas vivas". Quanto às criaturas mortas, prossegue o autor, "empalhadas em bibliotecas, naturalmente se aborrecem disso, detestam o sr. Lins do Rego, que descobriu muitas verdades há séculos, escondidas no fundo dos canaviais, o sr. Jorge Amado, responsável por aqueles horrores da Ladeira do Pelourinho, a sra. Rachel de Queiroz, mulher que se tornou indiscreta depois do *João Miguel*". O parágrafo seguinte é exemplar:

> *Os inimigos da vida torcem o nariz e fecham os olhos diante da narrativa crua, da expressão áspera. Querem que se fabrique nos romances um mundo diferente deste, uma confusa humanidade só de almas, cheias de sofrimentos atrapalhados que o leitor comum não entende. Põem essas almas longe da terra, soltas no espaço. Um espiritismo literário excelente como tapeação. Não admitem as dores ordinárias, que sentimos por as encontrarmos em toda a parte, em nós e fora de nós. A miséria é incômoda. Não toquemos em monturos.*

Os críticos dos nordestinos eram, diz Graciliano, delicados, refinados, com nervos tão sensíveis que não toleravam a imagem da fome e o palavrão obsceno. Diante disto, propõe, com sarcasmo: "Façamos frases doces. Ou arranjemos torturas interiores, sem causa. É bom não contar que a moenda da usina triturou o rapaz, o tubarão comeu o barqueiro e um sujeito meteu a faca até o cabo na barriga do outro. Isso é desagradável." No entanto, observa, é desagradável mas é verdade — e o que é ainda mais desagradável, e também verdade, "é reconhecer que, apesar de haver sido muitas vezes xingada essa literatura, o público se interessa por ela." Diante disto, acrescenta, o jeito é orientar o público, afastá-lo de tais inconveniências. Um dos meios para tanto era o que já vinha sendo utilizado à larga: "Vamos falar mal de todos os romancistas que aludem à fome e à miséria das bagaceiras, das prisões, dos bairros operários, das casas de cômodos. Acabemos tudo isso." Assim, a literatura

> *se purificará, tornar-se-á inofensiva e cor-de-rosa, não provocará o mau humor de ninguém, não perturbará a digestão dos que podem comer. Amém.*

O "espiritismo literário", a que vimos Graciliano referir-se há pouco, é retomado na crônica "O fator econômico no romance brasileiro", quando ele aponta uma coisa que falta na ficção nacional: a observação cuidadosa dos fatos que devem contribuir para a formação da obra de arte — e sem a qual surgem falhas na criação dos caracteres e a narrativa se torna inverossímil. Em outras palavras: os personagens ficam fora do mundo, sem ligação com o cotidiano das pessoas comuns, sem uma trajetória (educação, trabalhos, condicionamentos e razões para tais ou quais situações vividas por eles). Para ser verossímil, o personagem precisa ter, como o homem da chamada vida real, origem, história, existência. Já se disse que a vida pode ser (e muitas vezes é) inverossímil, mas não a literatura. Portanto, o personagem não pode surgir abruptamente do nada, isento de raízes, e gesticular num meio artificial, criado por uma espécie de magia, sem compromisso com o mundo dos humanos, o único que de fato existe para nós. E no qual, orteguianamente, somos o que somos e nossa circunstância, condição que deve ser também a dos personagens de ficção.

Após dizer que os ficcionistas ignoravam, em suas obras, a economia, Graciliano observa que mesmo os que tentavam imitar Balzac não percebiam que ele em um só livro estudava a fabricação do papel, a imprensa parisiense, editoras, teatros, restaurantes, oficinas de impressão — e que só depois levantava, sobre essa base econômica, "a sociedade balzaquiana, políticos, nobres, jornalistas, militares, negociantes, prostitutas e ladrões, tipos vivos que ainda nos enchem de admiração". Já a ficção nacional, diz ele, às vezes nos dá vontade de perguntar "de que vivem seus personagens". E continua:

> *Um cidadão é capitalista. Muito bem. Ficamos sem saber donde lhe veio o capital e de que maneira o utiliza. Outro é agricultor. Não visita as plantações, ignoramos como se entende com os moradores se a safra lhe deu lucro. O terceiro é operário. Nunca o vemos na fábrica, sabemos que trabalha porque nos afirmam que isto acontece mas os seus músculos nos aparecem ordinariamente em repouso. Não surpreendemos essas pessoas no ato de criar riqueza. A riqueza surge criada, como nas histórias maravilhosas, faz-nos pensar no deserto, onde o povo eleito recebia alimento do céu. Torna-se irreal, miste-*

riosa — e como é indispensável à existência humana, irrealidade e mistério transmitem-se aos indivíduos que circulam na maior parte dos livros nacionais.

Assim, lemos mais adiante, o que temos nos livros é "uma pequena humanidade incompleta, humanidade que às vezes sente e pensa, mas é absolutamente desprovida das necessidades essenciais". Mas essa humanidade incompleta ele aponta também em obras voltadas para a temática social, que se desejavam opostas ao *espiritismo literário* — o que mostra que defendia o trabalho dos escritores nordestinos, entre os quais se situava, mantendo sua honestidade crítica acima de quaisquer conveniências.

Os autores *sujos de vida* incomodavam principalmente porque estavam realizando — como realizaram — o grande romance brasileiro do século XX. Alguns dos incomodados se manifestavam de maneira às vezes até patética — como Oswald de Andrade, para quem os "Búfalos do Nordeste" (como chamava os ficcionistas nordestinos da década de 30) perturbavam "a alta especulação literária que eu e Mário de Andrade estávamos realizando em *Memórias sentimentais de João Miramar, Serafim Ponte Grande* e *Macunaíma*".*

O nome de Mário de Andrade entra aí certamente sem autorização. Por falar no Mário, um dos seus textos

---

*Andrade, Oswald de. *Os dentes do dragão*. Pesquisa, organização, introdução e notas de Maria Eugenia Boaventura. São Paulo: Globo/Secretaria do Estado da Cultura, 1990, p. 175.

provocou importantes observações feitas por Graciliano Ramos em "Os sapateiros da literatura". O que ocorrera: num dos seus — como diz Graciliano — "excelentes rodapés do *Diário de Notícias*" —, Mário escrevera condenando a literatura improvisada, sem estudo nem reflexão, pobre de sensibilidade e de técnica, tema de que tratou bastante na luta contra as facilidades do modernismo e pós-modernismo. Ora, o artigo acabara rendendo polêmica — da qual Graciliano resolveu participar. Antes de expressar a própria opinião, ele expõe a posição do outro:

> *Em resumo, o sr. Mário de Andrade sustentou, com citações e argumentos de peso, esta coisa intuitiva: um sujeito que se dedica ao ofício de escrever precisa, antes de tudo, saber escrever.*

E prossegue dizendo que isto é "quase uma verdade laplaciana", pois dificilmente se pode "coser ideias e sentimentos, apresentá-los ao público, se nos falta a habilidade indispensável à tarefa, da mesma forma que não podemos juntar pedaços de couro e razoavelmente compor um par de sapatos, se os nossos dedos bisonhos não conseguem manejar a faca, a sovela, o cordel e as ilhós". Rejeita, a princípio, a comparação, mas logo muda de ideia:

> *A comparação efetivamente é grosseira: cordel e ilhós diferem muito de verbos e pronomes. E expostos à venda romance e calçado, muita gente considera o primeiro um objeto nobre e encolhe os ombros diante do segundo, coisa de*

somenos importância. Essa distinção é o preconceito. Se eu soubesse bater sola e grudar palmilha, estaria colando, martelando. Como não me habituei a semelhante gênero de trabalho, redijo umas linhas, que dentro de poucas horas serão pagas e irão transformar-se num par de sapatos bastante necessários. Para ser franco, devo confessar que esta prosa não se faria se os sapatos não fossem precisos. Por isso desejo que o fabricante deles seja honesto, não tenha metido pedaços de papelão nos tacões. E espero também que os meus fregueses fiquem satisfeitos com a mercadoria que lhes ofereço, aceitem as minhas ideias ou pelo menos, em falta disto, alguns adjetivos que enfeitam o produto.

Ele não compreende porque alguns autores se aborreceram com as palavras do Mário, pois o conhecimento do ofício é sempre indispensável — tanto na literatura quanto na sapataria. O assunto é retomado na crônica seguinte — "Os tostões do sr. Mário de Andrade" —, quando Graciliano, depois de achar espirituosa a imagem "monetária" do paulista (que dividira os escritores brasileiros em duas classes — a dos contos de réis e a dos tostões), novamente a ele se alia a favor da técnica na arte, embora advertindo para o perigo da divisão, que poderia causar problemas na vaidade dos "tostões", os quais, em lugar de estudar e aperfeiçoar o ofício, tenderiam a desenvolver, em protesto, uma política negativa de aceitação orgulhosa de seus meros "cinco vinténs de literatura" (o que, infelizmente, acontece nos dias de hoje, sobretudo na poesia).

Em "Uma palestra", que encerra este volume, Graciliano volta a se manifestar sobre o tema. Conta que ouvira, "com espanto, um escritor afirmar que, em literatura e noutras coisas, era necessário suprimir a técnica". O escritor não disse o porquê de tal supressão, limitando a falar em "necessidade". Registrou o cronista: "Essa economia de razões levou-me a impugná-lo do mesmo jeito: declarei, simplesmente, o contrário do que ele declarou. E o caso morreu, sem perda nem ganho para o auditório." E raciocina, depois de observar que o dito do escritor não tinha "pé nem cabeça": "Se no trabalho simples não nos eximimos da aprendizagem, como evitá-la em trabalho complexo, na produção de um livro?" E lembra exemplos: Romain Rolland dizendo que "a arte é uma técnica" — o que Graciliano considera "o avesso do que ainda neste país asseveram, reproduzindo conceitos em moda entre 1922 e 1930" (conceitos que nunca foram, é óbvio, de gente como Mário e Bandeira, que sempre combateram o desleixo) —, um crítico português falando da importância da *transpiração*, um espanhol com sua receita de versos: maiúscula no princípio, rima no fim, talento no meio. E ele se pergunta se a busca da rima não influiria no talento, se a transpiração demasiada não seria vantajosa à inspiração. E acha que sim. E nos presenteia com esta advertência:

> *Não devemos confiar às cegas num amável dom que a Divina Providência nos ofereceu. Em primeiro lugar não é certo havermos recebido tal*

> *presente. E, admitindo-se a dádiva, não nos ensinou as regras indispensáveis à fatura de um romance.*

Em meio aos variados textos que, neste livro, expõem a preocupação crítica de Graciliano Ramos, dois deles costumam chamar particular atenção — e tratam do mesmo assunto, com anos de diferença: o concurso literário Humberto de Campos, instituído pela Livraria José Olympio em 1938, de cuja comissão julgadora Graciliano Ramos fez parte. O primeiro texto — "Um livro inédito" — fala do voto de Graciliano e de uma inquietação de espírito, enquanto o segundo — "Conversa de bastidores" —, de 16 de maio de 1944, retoma o assunto e relata o fim da inquietação. Na verdade, mais que inquietação: sofrimento.

O julgamento do concurso não foi nada pacífico. No fim, venceu — por apenas um voto — o livro *Maria perigosa*, de Luís Jardim. Em segundo lugar ficou um grosso volume de contos, assinado pelo pseudônimo de Viator, contra o qual Graciliano votou. Ele preferiu, como a maioria dos julgadores, premiar um livro sem grande oscilação de qualidade: "não sobe demais nem desce muito, escreveu na primeira crônica; e na segunda: "não se elevava nem caía muito". E justificou assim o voto:

> *Votei contra esse livro de Viator. Votei porque dois de seus contos me pareceram bastante ordinários: a história dum médico morto na roça, reduzido à condição de trabalhador de eito, e o namoro mais ou menos idiota dum engenheiro*

> *com uma professora de grupo escolar. Esses dois contos e algumas páginas campanudas, entre elas uma que cheira a propaganda de soro antiofídico, me deram arrepios e me afastaram do vasto calhamaço de quinhentas páginas.*

Prêmio dado, livro vencedor publicado, tempo passando — e nada de aparecer o tal Viator. Graciliano estava sempre falando sobre o misterioso autor, o que fez com que José Olympio lhe sugerisse crônica para fazer o homem sair do anonimato. E então surgiu o primeiro texto aqui referido, onde lemos, logo depois do trecho acima transcrito, coisas assim:

> *...Viator não se manifestou, até hoje permanece em rigoroso incógnito (...) Ora, esse silêncio não é razoável. Em virtude da decisão do júri, muita gente supõe que o concorrente vencido seja um escritor de pequena valia. Injustiça: apesar dos contos ruins e de várias passagens de mau gosto, esse desconhecido é alguém de muita força e não tem o direito de esconder-se. Prudente de Morais acha que ele fez alguns dos melhores contos que existem em língua portuguesa.*

Inútil provocação, Viator manteve-se em silêncio. Por fim, em 1944, Graciliano foi apresentado a um secretário de Embaixada, recém-chegado da Europa. Ele mesmo, no segundo texto, conta-nos o diálogo:

— *O senhor figurou num júri que julgou um livro meu em 1938.*
— *Como era o seu pseudônimo?*
— *Viator.*
— *Ah! O senhor é o médico mineiro que andei procurando.*

Ali estava, enfim, o homem misterioso: João Guimarães Rosa. Graciliano perguntou-lhe se sabia que votara contra seu livro: sabia. Graciliano falou de alguns defeitos que achara nos contos, Guimarães Rosa concordou com ele, dizendo que havia suprimido os contos mais fracos e melhorara os demais. Estava ainda em meio a esse trabalho, pois o volume só viria a ser publicado em 1946. Um trabalho que viria a agradar plenamente ao crítico Graciliano Ramos, como se lê no segundo texto:

> *Vejo, agora, relendo* Sagarana *(...), que o volume de quinhentas páginas emagreceu bastante e muita consistência ganhou em longa e paciente depuração. Eliminaram-se três histórias, capinaram-se diversas coisas nocivas. As partes boas se aperfeiçoaram:* "O Burrinho pedrês", "A volta do marido pródigo", "Duelo", "Corpo fechado", *sobretudo* "A hora e vez de Augusto Matraga", *que me faz desejar ver Rosa dedicar-se ao romance.*

Graciliano sofrera por não poder localizar um autor em quem vira grandeza, embora numa obra desigual, e agora via, no grande contista, um grande romancista. E a crônica se fecha com estas palavras:

> *Certamente ele fará um romance, romance que não lerei, pois, se for começado agora, estará pronto em 1956, quando os meus ossos começarem a esfarelar-se.*

Graciliano morreu em 1953.
Grande sertão: veredas foi lançado em 1956.

Enfim, Linhas tortas é obra de profundidades e alcances incomuns. Reunindo páginas compostas em diferentes momentos, no tédio ou numa vibração especial de interesse, com suavidade ou aspereza, bom humor ou impaciência, admiração ou desprezo, respeito ou indignação, além das inevitáveis ironias (como não ser irônico, diante do espetáculo humano?) e das leves abordagens de um tema qualquer do cotidiano — como um passeio de bonde, músicas de carnaval, nomes de rua —, este volume permanece vivo e necessário. Linhas admiráveis que nos iluminam com cintilações do espírito correto, generoso e até mesmo profético de mestre Graciliano Ramos.

Vida e obra de Graciliano Ramos

Cronologia

1892 Nasce a 27 de outubro em Quebrangulo, Alagoas.

1895 O pai, Sebastião Ramos, compra a Fazenda Pintadinho, em Buíque, no sertão de Pernambuco, e muda com a família. Com a seca, a criação não prospera e o pai acaba por abrir uma loja na vila.

1898 Primeiros exercícios de leitura.

1899 A família se muda para Viçosa, Alagoas.

1904 Publica o conto "Pequeno pedinte" em *O Dilúculo*, jornal do internato onde estudava.

1905 Muda-se para Maceió e passa a estudar no colégio Quinze de Março.

1906 Redige o periódico *Echo Viçosense*, que teve apenas dois números.

Publica sonetos na revista carioca *O Malho*, sob o pseudônimo Feliciano de Olivença.

1909 Passa a colaborar no *Jornal de Alagoas*, publicando o soneto "Céptico", como Almeida Cunha. Nesse jornal, publicou diversos textos com vários pseudônimos.

1910-1914 Cuida da casa comercial do pai em Palmeira dos Índios.

1914 Sai de Palmeira dos Índios no dia 16 de agosto, embarca no navio *Itassucê* para o Rio de Janeiro, no dia 27, com o amigo Joaquim Pinto da Mota Lima Filho. Entra para o *Correio da Manhã*, como revisor. Trabalha também nos jornais *A Tarde* e *O Século*, além de colaborar com os jornais *Paraíba do Sul* e *O Jornal de Alagoas* (cujos textos compõem a obra póstuma *Linhas tortas*).

1915 Retorna às pressas para Palmeira dos Índios. Os irmãos Otacílio, Leonor e Clodoaldo, e o sobrinho Heleno, morrem vítimas da epidemia da peste bubônica.

Casa-se com Maria Augusta de Barros, com quem tem quatro filhos: Márcio, Júnio, Múcio e Maria Augusta.

1917 Assume a loja de tecidos A Sincera.

1920 Morte de Maria Augusta, devido a complicações no parto.

1921 Passa a colaborar com o semanário *O Índio*, sob os pseudônimos J. Calisto e Anastácio Anacleto.

1925 Inicia *Caetés*, concluído em 1928, mas revisto várias vezes, até 1930.

1927 É eleito prefeito de Palmeira dos Índios.

1928 Toma posse do cargo de prefeito.

Casa-se com Heloísa Leite de Medeiros, com quem tem outros quatro filhos: Ricardo, Roberto, Luiza e Clara.

1929 Envia ao governador de Alagoas o relatório de prestação de contas do município. O relatório, pela sua qualidade literária, chega às mãos de Augusto Schmidt, editor, que procura Graciliano para saber se ele tem outros escritos que possam ser publicados.

1930 Publica artigos no *Jornal de Alagoas*.

Renuncia ao cargo de prefeito em 10 de abril.

Em maio, muda-se com a família para Maceió, onde é nomeado diretor da Imprensa Oficial de Alagoas.

1931 Demite-se do cargo de diretor.

1932 Escreve os primeiros capítulos de *S. Bernardo*.

1933 Publicação de *Caetés*.

Início de *Angústia*.

É nomeado diretor da Instrução Pública de Alagoas, cargo equivalente a Secretário Estadual de Educação.

1934 Publicação de *S. Bernardo*.

1936 Em março, é preso em Maceió e levado para o Rio de Janeiro.

Publicação de *Angústia*.

1937 É libertado no Rio de Janeiro.

Escreve *A terra dos meninos pelados*, que recebe o prêmio de Literatura Infantil do Ministério da Educação.

1938 Publicação de *Vidas secas*.

1939 É nomeado Inspetor Federal de Ensino Secundário do Rio de Janeiro.

1940 Traduz *Memórias de um negro*, do norte-americano Booker Washington.

1942 Publicação de *Brandão entre o mar e o amor*, romance em colaboração com Rachel de Queiroz, José Lins do Rego,

Jorge Amado e Aníbal Machado, sendo a sua parte intitulada "Mário".

1944 Publicação de *Histórias de Alexandre*.

1945 Publicação de *Infância*.

Publicação de *Dois dedos*.

Filia-se ao Partido Comunista Brasileiro.

1946 Publicação de *Histórias incompletas*.

1947 Publicação de *Insônia*.

1950 Traduz o romance *A peste*, de Albert Camus.

1951 Torna-se presidente da Associação Brasileira de Escritores.

1952 Viaja pela União Soviética, Tchecoslováquia, França e Portugal.

1953 Morre no dia 20 de março, no Rio de Janeiro.

Publicação póstuma de *Memórias do cárcere*.

1954 Publicação de *Viagem*.

1962 Publicação de *Linhas tortas* e *Viventes das Alagoas*.

Vidas secas recebe o Prêmio da Fundação William Faulkner como o livro representativo da literatura brasileira contemporânea.

1980 Heloísa Ramos doa o Arquivo Graciliano Ramos ao Instituto de Estudos Brasileiros da Universidade de São Paulo, reunindo manuscritos, documentos pessoais, correspondência, fotografias, traduções e alguns livros.

Publicação de *Cartas*.

1992 Publicação de *Cartas de amor a Heloísa*.

Bibliografia
de autoria de Graciliano Ramos

Caetés
Rio de Janeiro: Schmidt, 1933. 2ª ed. Rio de Janeiro: J. Olympio, 1947. 6ª ed. São Paulo: Martins, 1961. 11ª ed. Rio de Janeiro: Record, 1973. [32ª ed., 2013]

S. Bernardo
Rio de Janeiro: Ariel, 1934. 2ª ed. Rio de Janeiro: J. Olympio, 1938. 7ª ed. São Paulo: Martins, 1964. 24ª ed. Rio de Janeiro: Record, 1975. [96ª ed., 2014]

Angústia
Rio de Janeiro: J. Olympio, 1936. 8ª ed. São Paulo: Martins, 1961. 15ª ed. Rio de Janeiro: Record, 1975. [69ª ed., 2014]

Vidas secas
Rio de Janeiro: J. Olympio, 1938. 6ª ed. São Paulo: Martins, 1960. 34ª ed. Rio de Janeiro: Record, 1975. [125ª ed., 2014]

A terra dos meninos pelados
Ilustrações de Nelson Boeira Faedrich. Porto Alegre: Globo,

1939. 2ª ed. Rio de Janeiro: Instituto Estadual do Livro, INL, 1975. 4ª ed. Ilustrações de Floriano Teixeira. Rio de Janeiro: Record, 1981. 24ª ed. Ilustrações de Roger Mello. Rio de Janeiro: Record, 2000. [45ª ed., 2014]

Histórias de Alexandre
Ilustrações de Santa Rosa. Rio de Janeiro: Leitura, 1944. Ilustrações de André Neves. Rio de Janeiro: Record, 2007. [11ª ed., 2014]

Dois dedos
Ilustrações em madeira de Axel de Leskoschek. R. A., 1945. Conteúdo: Dois dedos, O relógio do hospital, Paulo, A prisão de J. Carmo Gomes, Silveira Pereira, Um pobre-diabo, Ciúmes, Minsk, Insônia, Um ladrão.

Infância (memórias)
Rio de Janeiro: J. Olympio, 1945. 5ª ed. São Paulo: Martins, 1961. 10ª ed. Rio de Janeiro: Record, 1975. [47ª ed., 2012]

Histórias incompletas
Rio de Janeiro: Globo, 1946. Conteúdo: Um ladrão, Luciana, Minsk, Cadeia, Festa, Baleia, Um incêndio, Chico Brabo, Um intervalo, Venta-romba.

Insônia
Rio de Janeiro: J. Olympio, 1947. 5ª ed. São Paulo: Martins, 1961. Ed. Crítica. São Paulo: Martins; Brasília: INL, 1973. 16ª ed. Rio de Janeiro: Record, 1980. [31ª ed., 2013]

Memórias do cárcere
Rio de Janeiro: J. Olympio, 1953. 4 v. Conteúdo: v. 1 Viagens; v. 2 Pavilhão dos primários; v. 3 Colônia correcional; v. 4 Casa de correção. 4ª ed. São Paulo: Martins, 1960. 2 v. 13ª ed. Rio de Janeiro: Record, 1980. 2 v. Conteúdo: v. 1, pt. 1 Viagens; v. 1, pt. 2 Pavilhão dos primários; v. 2, pt. 3 Colônia correcional; v. 2, pt. 4 Casa de correção. [48ª ed., 2013]

Viagem
Rio de Janeiro: J. Olympio, 1954. 3ª ed. São Paulo: Martins, 1961. 10ª ed. Rio de Janeiro: Record, 1980. [21ª ed., 2007]

Contos e novelas (organizador)
Rio de Janeiro: Casa do Estudante do Brasil, 1957. 3 v. Conteúdo: v. 1 Norte e Nordeste; v. 2 Leste; v. 3 Sul e Centro-Oeste.

Linhas tortas
São Paulo: Martins, 1962. 3ª ed. Rio de Janeiro: Record; São Paulo: Martins, 1975. 280 p. 8ª ed. Rio de Janeiro: Record, 1980. [22ª ed., 2014]

Viventes das Alagoas
Quadros e costumes do Nordeste. São Paulo: Martins, 1962. 5ª ed. Rio de Janeiro: Record, 1975. [19ª ed., 2007]

Alexandre e outros heróis
São Paulo: Martins, 1962. 16ª ed. Rio de Janeiro: Record, 1978. [61ª ed., 2014]

Cartas
Desenhos de Portinari... [et al.]; caricaturas de Augusto Rodrigues, Mendez, Alvarus. Rio de Janeiro: Record, 1980. [8ª ed., 2011]

Cartas de amor a Heloísa
Edição comemorativa do centenário de Graciliano Ramos. São Paulo: Secretaria Municipal de Cultura, 1992. 2ª ed. Rio de Janeiro: Record, 1992. [3ª ed., 1996]

O estribo de prata
Ilustrações de Floriano Teixeira. Rio de Janeiro: Record, 1984. (Coleção Abre-te Sésamo). 5ª ed. Ilustrações de Simone Matias. Rio de Janeiro: Galerinha Record, 2012.

Antologias, entrevistas e obras em colaboração

CHAKER, Mustafá (Org.). *A literatura no Brasil*. Graciliano Ramos ... [et al.]. Kuwait: [s. n.], 1986. 293 p. Conteúdo: Dados biográficos de escritores brasileiros: Castro Alves, Joaquim de Souza Andrade, Carlos Drummond de Andrade, Vinicius de Moraes, Haroldo de Campos, Manuel Bandeira, Manuel de Macedo, José de Alencar, Graciliano Ramos, Cecília Meireles, Jorge Amado, Clarice Lispector e Zélia Gattai. Texto e título em árabe.

FONTES, Amando et al. *10 romancistas falam de seus personagens*. Amando Fontes, Cornélio Penna, Erico Verissimo, Graciliano Ramos, Jorge Amado, José Geraldo Vieira, José Lins do Rego, Lucio Cardoso, Octavio de Faria, Rachel de Queiroz; prefácio de Tristão de Athayde; ilustradores: Athos Bulcão, Augusto Rodrigues, Carlos Leão, Clóvis Graciano, Cornélio Penna, Luís Jardim, Santa Rosa. Rio de Janeiro: Edições Condé, 1946. 66 p., il., folhas soltas.

MACHADO, Aníbal M. et al. *Brandão entre o mar e o amor*. Romance por Aníbal M. Machado, Graciliano Ramos, Jorge Amado, José Lins do Rego e Rachel de Queiroz. São Paulo: Martins, 1942. 154 p. Título da parte de autoria de Graciliano Ramos: "Mário".

QUEIROZ, Rachel de. *Caminho de pedras*. Poesia de Manuel Bandeira; Estudo de Olívio Montenegro; Crônica de Graciliano Ramos. 10ª ed. Rio de Janeiro: J. Olympio, 1987. 96 p. Edição comemorativa do Jubileu de Ouro do Romance.

RAMOS, Graciliano. *Angústia 75 anos*. Edição comemorativa organizada por Elizabeth Ramos. 1ª ed. Rio de Janeiro: Record, 2011. 384 p.

RAMOS, Graciliano. *Coletânea*: seleção de textos. Rio de Janeiro: Civilização Brasileira; Brasília: INL, 1977. 315 p. (Coleção Fortuna Crítica, 2).

RAMOS, Graciliano. "Conversa com Graciliano Ramos". *Temário* — Revista de Literatura e Arte, Rio de Janeiro, v. 2, n. 4, p. 24-29, jan.-abr., 1952. "A entrevista foi conseguida desta forma: perguntas do suposto repórter e respostas literalmente dos romances e contos de Graciliano Ramos."

RAMOS, Graciliano. *Graciliano Ramos*. Coletânea organizada por Sônia Brayner. Rio de Janeiro: Civilização Brasileira; Brasília: INL, 1977. 316 p. (Coleção Fortuna Crítica, 2). Inclui bibliografia. Contém dados biográficos.

RAMOS, Graciliano. *Graciliano Ramos*. 1ª ed. Seleção de textos, notas, estudos biográfico, histórico e crítico e exercícios por: Vivina de Assis Viana. São Paulo: Abril Cultural, 1981. 111 p., il. (Literatura Comentada). Bibliografia: p. 110-111.

RAMOS, Graciliano. *Graciliano Ramos*. Seleção e prefácio de João Alves das Neves. Coimbra: Atlântida, 1963. 212 p. (Antologia do Conto Moderno).

RAMOS, Graciliano. *Graciliano Ramos*: trechos escolhidos. Por Antonio Candido. Rio de Janeiro: Agir, 1961. 99 p. (Nossos Clássicos, 53).

RAMOS, Graciliano. *Histórias agrestes*: contos escolhidos. Seleção e prefácio de Ricardo Ramos. São Paulo: Cultrix, [1960]. 201 p. (Contistas do Brasil, 1).

RAMOS, Graciliano. *Histórias agrestes*: antologia escolar. Seleção e prefácio Ricardo Ramos; ilustrações de Quirino Campofiorito. Rio de Janeiro: Tecnoprint, [1967]. 207 p., il. (Clássicos Brasileiros).

RAMOS, Graciliano. "Ideias Novas". Separata de: *Rev. do Brasil*, [s. l.], ano 5, n. 49, 1942.

RAMOS, Graciliano. *Para gostar de ler*: contos. 4ª ed. São Paulo: Ática, 1988. 95 p., il.

RAMOS, Graciliano. *Para gostar de ler*: contos. 9ª ed. São Paulo: Ática, 1994. 95 p., il. (Para Gostar de Ler, 8).

RAMOS, Graciliano. *Relatórios*. [Organização de Mário Hélio Gomes de Lima.] Rio de Janeiro: Editora Record, 1994. 140 p. Relatórios e artigos publicados entre 1928 e 1953.

RAMOS, Graciliano. *Seleção de contos brasileiros*. Rio de Janeiro: Ed. de Ouro, 1966. 3 v. (333 p.), il. (Contos brasileiros).

RAMOS, Graciliano. [Sete] *7 histórias verdadeiras*. Capa e ilustrações de Percy Deane; [prefácio do autor]. Rio de Janeiro: Ed. Vitória, 1951. 73 p. Contém índice. Conteúdo: Primeira história verdadeira, O olho torto de Alexandre, O estribo de prata, A safra dos tatus, História de uma bota, Uma canoa furada, Moqueca.

RAMOS, Graciliano. "Seu Mota". *Temário* — Revista de Literatura e Arte, Rio de Janeiro, v. 2, n. 4, p. 21-23, jan.-abr., 1952.

RAMOS, Graciliano et al. *Amigos*. Ilustrações de Zeflávio Teixeira. 8ª ed. São Paulo: Atual, 1999. 66 p., il. (Vínculos), brochura.

RAMOS, Graciliano (Org.). *Seleção de contos brasileiros*. Ilustrações de Cleo. Rio de Janeiro: Tecnoprint, [1981]. 3 v.: il. (Ediouro. Coleção Prestígio). "A apresentação segue um critério geográfico, incluindo escritores antigos e modernos de todo o país." Conteúdo: v. 1 Norte e Nordeste; v. 2 Leste; v. 3 Sul e Centro-Oeste.

RAMOS, Graciliano. *Vidas Secas 70 anos*: Edição especial. Fotografias de Evandro Teixeira. 1ª ed. Rio de Janeiro: Record, 2008. 208 p.

ROSA, João Guimarães. *Primeiras estórias*. Introdução de Paulo Rónai; poema de Carlos Drummond de Andrade; nota biográfica de Renard Perez; crônica de Graciliano Ramos. 5ª ed. Rio de Janeiro: J. Olympio, 1969. 176 p.

WASHINGTON, Booker T. *Memórias de um negro*. [Tradução de Graciliano Ramos.] São Paulo: Cia. Ed. Nacional, 1940. 226 p.

Obras traduzidas

Alemão
Angst [Angústia]. Surkamp Verlag, 1978.
Karges Leben [Vidas secas]. 1981.
Karges Leben [Vidas secas]. Verlag Klaus Wagenbach, 2013.
Obra publicada com o apoio do Ministério da Cultura do Brasil / Fundação Biblioteca Nacional.
Kindheit [Infância]. Verlag Klaus Wagenbach, 2013.
Obra publicada com o apoio do Ministério da Cultura do Brasil / Fundação Biblioteca Nacional.
Nach eden ist es weit [Vidas secas]. Horst Erdmann Verlag, 1965.
Raimundo im Land Tatipirún [A terra dos meninos pelados]. Zürich: Verlag Nagel & Kimche. 1996.
São Bernardo: roman. Frankfurt: Fischer Bucherei, 1965.

Búlgaro
Cyx Knbot [Vidas secas]. 1969.

Catalão
Vides seques. Martorell: Adesiara Editorial, 2011.

Dinamarquês
Tørke [Vidas secas]. 1986.

Espanhol
Angustia. Madri: Ediciones Alfaguara, 1978.
Angustia. México: Páramo Ediciones, 2008.
Angustia. Montevidéu: Independencia, 1944.
Infancia. Buenos Aires, Rosario: Beatriz Viterbo Editora, 2010.
Infancia. Buenos Aires: Siglo Veinte, 1948.
San Bernardo. Caracas: Monte Avila Editores, 1980.
Vidas secas. Buenos Aires: Editorial Futuro, 1947.
Vidas secas. Buenos Aires: Editora Capricornio, 1958.
Vidas secas. Havana: Casa de las Américas, [1964].
Vidas secas. Montevidéu: Nuestra América, 1970.
Vidas secas. Madri: Espasa-Calpe, 1974.
Vidas secas. Buenos Aires: Corregidor, 2001.
Vidas secas. Montevidéu: Ediciones de la Banda Oriental, 2004.

Esperanto
Vivoj Sekaj [Vidas secas]. El la portugala tradukis Leopoldo H. Knoedt. Fonto (Gersi Alfredo Bays), Chapecó, SC — Brazilo, 1997.

Finlandês
São Bernardo. Helsinki: Porvoo, 1961.

Flamengo
De Doem van de Droogte [Vidas secas]. 1971.
Vlucht Voor de Droogte [Vidas secas]. Antuérpia: Nederlandse vertaling Het Wereldvenster, Bussum, 1981.

Francês
Angoisse [Angústia]. Paris: Gallimard, 1992.
Enfance [Infância]. Paris: Gallimard.
Insomnie: Nouvelles [Insônia]. Paris: Gallimard, 1998.
Mémoires de Prison [Memórias do Cárcere]. Paris: Gallimard.
São Bernardo. Paris: Gallimard, 1936, 1986.
Secheresse [Vidas secas]. Paris: Gallimard, 1964.

Húngaro
Aszaly [Vidas secas]. Budapeste: Europa Könyvriadó, 1967.
Emberfarkas [S. Bernardo]. Budapeste, 1962.

Holandês

Angst [Angústia]. Amsterdam: Coppens & Frenks, Uitgevers, 1995.

Dorre Levens [Vidas secas]. Amsterdam: Coppens & Frenks, Uitgevers, 1998.

Kinderjaren [Infância]. Amsterdam: De Arbeiderspers, Uitgevers, 2007.

São Bernardo. Amsterdam: Coppens & Frenks, Uitgevers, 1996.

Inglês

Anguish [Angústia]. Nova York: A. A. Knopf, 1946; Westport, Conn.: Greenwood Press, 1972.

Barren Lives [Vidas secas]. Austin: University of Texas Press, 1965; 5ª ed, 1999.

Childhood [Infância]. Londres: P. Owen, 1979.

São Bernardo: a novel. Londres: P. Owen, 1975.

Italiano

Angoscia [Angústia]. Milão: Fratelli Bocca, 1954.

Insonnia [Insônia]. Roma: Edizioni Fahrenheit 451, 2008.

San Bernardo. Turim: Bollati Boringhieri Editore, 1993.

Siccità [Vidas secas]. Milão: Accademia Editrice, 1963.

Terra Bruciata [Vidas secas]. Milão: Nuova Accademia, 1961.

Vite Secche [Vidas secas]. Roma: Biblioteca Del Vascello, 1993.

Polonês

Zwiedle Zycie [Vidas secas]. 1950.

Romeno

Vieti Seci [Vidas secas]. 1966.

Sueco

Förtorkade Liv [Vidas secas]. 1993.

Tcheco

Vyprahlé Zivoty [Vidas secas]. Praga, 1959.

Turco

Kiraç [Vidas secas]. Istambul, 1985.

Bibliografia
sobre Graciliano Ramos

**Livros, dissertações,
teses e artigos de periódicos**

ABDALA JÚNIOR, Benjamin. *A escrita neorrealista*: análise socioestilística dos romances de Carlos de Oliveira e Graciliano Ramos. São Paulo: Ática, 1981. xii, 127 p. Bibliografia: p. [120]-127 (Ensaios, 73).

ABEL, Carlos Alberto dos Santos. *Graciliano Ramos, cidadão e artista*. Rio de Janeiro: UFRJ, 1983. 357 f. Tese (Doutorado) — Faculdade de Letras, Universidade Federal do Rio de Janeiro.

ABEL, Carlos Alberto dos Santos. *Graciliano Ramos, cidadão e artista*. Brasília, DF: Editora UnB, c1997. 384 p. Bibliografia: p. [375]-384.

ABREU, Carmem Lucia Borges de. *Tipos e valores do discurso citado em* Angústia. Niterói: UFF, 1977. 148 f. Dissertação (Mestrado) — Instituto de Letras, Universidade Federal Fluminense.

ALENCAR, Ubireval (Org.). *Motivos de um centenário*: palestras — programação centenária em Alagoas — convidados do simpósio internacional. Alagoas: Universidade Federal de Alagoas: Instituto Arnon de Mello: Estado de Alagoas, Secretaria de Comunicação Social, 1992. 35 p., il.

ALMEIDA FILHO, Leonardo. *Graciliano Ramos e o mundo interior: o desvão imenso do espírito.* Brasília, DF: Editora UnB, 2008. 164 p.

ANDREOLI-RALLE, Elena. *Regards sur la littérature brésilienne.* Besançon: Faculté des Lettres et Sciences Humaines; Paris: Diffusion, Les Belles Lettres, 1993. 136 p., il. (Annales Littéraires de l'Université de Besançon, 492). Inclui bibliografia.

AUGUSTO, Maria das Graças de Moraes. *O absurdo na obra de Graciliano Ramos,* ou, de como um marxista virou existencialista. Rio de Janeiro: UFRJ, Instituto de Filosofia e Ciências Sociais, 1981. 198 p.

BARBOSA, Sonia Monnerat. *Edição crítica de* Angústia *de Graciliano Ramos.* Niterói: UFF, 1977. 2 v. Dissertação (Mestrado) — Instituto de Letras, Universidade Federal Fluminense.

BASTOS, Hermenegildo. Memórias do cárcere, *literatura e testemunho.* Brasília: Editora UnB, c1998. 169 p. Bibliografia: p. [163]-169.

BASTOS, Hermenegildo. *Relíquias de la casa nueva. La narrativa Latinoamericana: El eje Graciliano-Rulfo.* México: Universidad Nacional Autónoma de México, 2005. Centro Coordinador Difusor de Estúdios Latinoamericanos. Traducción de Antelma Cisneros. 160 p. Inclui bibliografia.

BASTOS, Hermenegildo. BRUNACCI, Maria Izabel. ALMEIDA FILHO, Leonardo. *Catálogo de benefícios:* O significado de uma homenagem. Edição conjunta com o livro *Homenagem a Graciliano Ramos,* registro do jantar comemorativo do cinquentenário do escritor, em 1943, quando lhe foi entregue o Prêmio Filipe de Oliveira pelo conjunto da obra. Reedição da publicação original inclui os discursos pronunciados por escritores presentes ao jantar e artigos publicados na imprensa por ocasião da homenagem. Brasília: Hinterlândia Editorial, 2010. 125 p.

BISETTO, Carmen Luc. *Étude quantitative du style de Graciliano Ramos dans* Infância. [S.l.], [s.n.]: 1976.

BOSI, Alfredo. *História concisa da literatura brasileira.* 32ª ed. Editora Cultrix, São Paulo: 1994. 528 p. Graciliano Ramos. p. 400-404. Inclui bibliografia.

BRASIL, Francisco de Assis Almeida. *Graciliano Ramos*: ensaio. Rio de Janeiro: Org. Simões, 1969. 160 p., il. Bibliografia: p. 153-156. Inclui índice.

BRAYNER, Sônia. *Graciliano Ramos*: coletânea. 2ª ed. Rio de Janeiro: Civilização Brasileira, 1978. 316 p. (Coleção Fortuna Crítica).

BRUNACCI, Maria Izabel. *Graciliano Ramos:* um escritor personagem. Belo Horizonte: Autêntica Editora, 2008. Crítica e interpretação. 190 p. Inclui bibliografia.

BUENO, Luís. *Uma história do romance de 30*. São Paulo: Ed. da Universidade de São Paulo; Campinas: Editora da Unicamp, 2006. 712 p. Graciliano Ramos, p. 597-664. Inclui bibliografia.

BUENO-RIBEIRO, Eliana. *Histórias sob o sol*: uma interpretação de Graciliano Ramos. Rio de Janeiro: UFRJ, 1989. 306 f. Tese (Doutorado) — Faculdade de Letras, Universidade Federal do Rio de Janeiro, 1980.

BULHÕES, Marcelo Magalhães. *Literatura em campo minado*: a metalinguagem em Graciliano Ramos e a tradição brasileira. São Paulo: Annablume, FAPESP, 1999.

BUMIRGH, Nádia R.M.C. S. Bernardo *de Graciliano Ramos*: proposta para uma edição crítica. São Paulo: USP, 1998. Dissertação (Mestrado) — Faculdade de Filosofia, Letras e Ciências Humanas, Universidade de São Paulo.

CANDIDO, Antonio. *Ficção e confissão*: ensaio sobre a obra de Graciliano Ramos. Rio de Janeiro: J. Olympio, 1956. 83 p.

CANDIDO, Antonio. *Ficção e confissão*: ensaios sobre Graciliano Ramos. Rio de Janeiro: Editora 34, 1992. 108 p., il. Bibliografia: p. [110]-[111].

CARVALHO, Castelar de. *Ensaios gracilianos*. Rio de Janeiro: Ed. Rio, Faculdades Integradas Estácio de Sá, 1978. 133 p. (Universitária, 6).

CARVALHO, Elizabeth Pereira de. *O foco movente em Liberdade:* estilhaço e ficção em Silviano Santiago. Rio de Janeiro: UFRJ, 1992. 113 p. Dissertação (Mestrado) — Faculdade de Letras, Universidade Federal do Rio de Janeiro.

CARVALHO, Lúcia Helena de Oliveira Vianna. *A ponta do novelo*: uma interpretação da "mise en abîme" em *Angústia* de Graciliano Ramos. Niterói: UFF, 1978. 183 f. Dissertação (Mestrado) — Instituto de Letras, Universidade Federal Fluminense.

CARVALHO, Lúcia Helena de Oliveira Vianna. *A ponta do novelo*: uma interpretação de *Angústia*, de Graciliano Ramos. São Paulo: Ática, 1983. 130 p. (Ensaios, 96). Bibliografia: p. [127]-130.

CARVALHO, Lúcia Helena de Oliveira Vianna. *Roteiro de leitura*: *São Bernardo* de Graciliano Ramos. São Paulo: Ática, 1997. 152 p. Brochura.

CARVALHO, Luciana Ribeiro de. *Reflexos da Revolução Russa no romance brasileiro dos anos trinta*: Jorge Amado e Graciliano Ramos. São Paulo, 2000. 139 f. Dissertação (Mestrado) — Faculdade de Filosofia, Letras e Ciências Humanas, Universidade de São Paulo.

CARVALHO, Sônia Maria Rodrigues de. *Traços de continuidade no universo romanesco de Graciliano Ramos*. São Paulo: Universidade Estadual Paulista, 1990. 119 f. Dissertação (Mestrado) — Universidade Estadual Paulista Júlio Mesquita Filho.

CASTELLO, José Aderaldo. *Homens e intenções*: cinco escritores modernistas. São Paulo: Conselho Estadual de Cultura, Comissão de Literatura, 1959. 107 p. (Coleção Ensaio, 3).

CASTELLO, José Aderaldo. *A literatura brasileira. Origens e Unidade (1500-1960)*. Dois vols. Editora da Universidade de São Paulo, SP, 1999. Graciliano Ramos, autor-síntese. Vol. II, p. 298-322.

CENTRE DE RECHERCHES LATINO-AMÉRICAINES. *Graciliano Ramos: Vidas secas*. [S.l.], 1972. 142 p.

CERQUEIRA, Nelson. *Hermenêutica e literatura:* um estudo sobre *Vidas secas* de Graciliano Ramos e *Enquanto agonizo* de William Faulkner. Salvador: Editora Cara, 2003. 356 p.

CÉSAR, Murilo Dias. *São Bernardo*. São Paulo: Imprensa Oficial do Estado, 1997. 64 p. Título de capa: *Adaptação teatral livre de* São Bernardo, *de Graciliano Ramos*.

[CINQUENTA] 50 anos do romance *Caetés*. Maceió: Departamento de Assuntos Culturais, 1984. 106 p. Bibliografia: p. [99]-100.

COELHO, Nelly Novaes. *Tempo, solidão e morte*. São Paulo: Conselho Estadual de Cultura, Comissão de Literatura, [1964]. 75 p. (Coleção Ensaio, 33). Conteúdo: O "eterno instante" na poesia de Cecília Meireles; Solidão e luta em Graciliano Ramos; O tempo e a morte: duas constantes na poesia de Antônio Nobre.

CONRADO, Regina Fátima de Almeida. *O mandacaru e a flor*: a autobiografia *Infância* e os modos de ser Graciliano. São Paulo: Arte & Ciência, 1997. 207 p. (Universidade Aberta, 32. Literatura). Parte da dissertação do autor (Mestrado) — UNESP, 1989. Bibliografia: p. [201]-207.

CORRÊA JUNIOR, Ângelo Caio Mendes. *Graciliano Ramos e o Partido Comunista Brasileiro*: as memórias do cárcere. São Paulo, 2000. 123 p. Dissertação (Mestrado) — Faculdade de Filosofia, Letras e Ciências Humanas, Universidade de São Paulo.

COURTEAU, Joanna. *The World View in the Novels of Graciliano Ramos*. Ann Arbor: Univ. Microfilms Int., 1970. 221 f. Tese (Doutorado) — The University of Wisconsin. Ed. Fac-similar.

COUTINHO, Fernanda. *Imagens da infância em Graciliano Ramos e Antoine de Saint-Exupéry*. Recife: UFPE, 2004. 231 f. Tese (doutorado) — Centro de Artes e Comunicação, Universidade Federal de Pernambuco. Inclui bibliografia.

COUTINHO, Fernanda. *Imagens da infância em Graciliano Ramos e Antoine de Saint-Exupéry*. Fortaleza: Banco do Nordeste do Brasil, 2012. 276p. (Série Textos Nômades). Esta edição comemora os 120 anos de nascimento de Graciliano Ramos.

COUTINHO, Fernanda. *Lembranças pregadas a martelo:* breves considerações sobre o medo em *Infância* de Graciliano Ramos. In Investigações: Revista do Programa de Pós-graduação em Letras e Linguística da UFPE. Recife: vol. 13 e 14, dezembro, 2001.

CRISTÓVÃO, Fernando Alves. *Graciliano Ramos*: estrutura e valores de um modo de narrar. Rio de Janeiro: Ed. Brasília;

Brasília: INL, 1975. 330 p. il. (Coleção Letras, 3). Inclui índice. Bibliografia: p. 311-328.

CRISTÓVÃO, Fernando Alves. *Graciliano Ramos*: estrutura e valores de um modo de narrar. 2ª ed., rev. Rio de Janeiro: Ed. Brasília/Rio, 1977. xiv, 247 p., il. (Coleção Letras). Bibliografia: p. 233-240.

CRISTÓVÃO, Fernando Alves. *Graciliano Ramos*: estrutura e valores de um modo de narrar. Prefácio de Gilberto Mendonça Teles. 3ª ed., rev. e il. Rio de Janeiro: J. Olympio, 1986. xxxiii, 374 p., il. (Coleção Documentos Brasileiros, 202). Bibliografia: p. 361-374. Apresentado originalmente como tese do autor (Doutorado em Literatura Brasileira) — Universidade Clássica de Lisboa. Brochura.

CRUZ, Liberto; EULÁLIO, Alexandre; AZEVEDO, Vivice M. C. *Études portugaises et brésiliennes*. Rennes: Faculté des Lettres et Sciences Humaines, 1969. 72 p. facsims. Bibliografia: p. 67-71. Estudo sobre: Júlio Dinis, Blaise Cendrars, Darius Milhaud e Graciliano Ramos. Travaux de la Faculté des Lettres et Sciences Humaines de l'Université de Rennes, Centre d'Études Hispaniques, Hispano-Américaines et Luso-Brésiliennes (Series, 5), (Centre d'Études Hispaniques, Hispano-américaines et Luso-Brésiliennes. [Publications], 5).

DANTAS, Audálio. *A infância de Graciliano Ramos*: biografia. Literatura infantojuvenil. São Paulo: Instituto Callis, 2005.

DIAS, Ângela Maria. *Identidade e memória*: os estilos Graciliano Ramos e Rubem Fonseca. Rio de Janeiro: UFRJ, 1989. 426 f. Tese (Doutorado) — Faculdade de Letras, Universidade Federal do Rio de Janeiro.

D'ONOFRIO, Salvatore. *Conto brasileiro*: quatro leituras (Machado de Assis, Graciliano Ramos, Guimarães Rosa, Osman Lins). Petrópolis: Vozes, 1979. 123 p.

DUARTE, Eduardo de Assis (Org.). *Graciliano revisitado*: coletânea de ensaios. Natal: Ed. Universitária, UFRN, 1995. 227 p. (Humanas letras).

ELLISON, Fred P. *Brazil's New Novel:* Four Northeastern Masters: José Lins do Rego, Jorge Amado, Graciliano Ramos [and] Rachel de Queiroz. Berkeley: University of California Press, 1954. 191 p. Inclui bibliografia.

ELLISON, Fred P. *Brazil's New Novel:* Four Northeastern Masters: José Lins do Rego, Jorge Amado, Graciliano Ramos, Rachel de Queiroz. Westport, Conn.: Greenwood Press, 1979 (1954). xiii, 191 p. Reimpressão da edição publicada pela University of California Press, Berkeley. Inclui índice. Bibliografia: p. 183-186.

FABRIS, M. "Função Social da Arte: Cândido Portinari e Graciliano Ramos". *Rev. do Instituto de Estudos Brasileiros*, São Paulo, n. 38, p. 11-19, 1995.

FARIA, Viviane Fleury. *Um fausto cambembe:* Paulo Honório. Tese (Doutorado) — Brasília: UnB, 2009. Orientação de Hermenegildo Bastos. Programa de Pós-Graduação em Literatura, UnB.

FÁVERO, Afonso Henrique. *Aspectos do memorialismo brasileiro*. São Paulo, 1999. 370 p. Tese (Doutorado) — Faculdade de Filosofia, Letras e Ciências Humanas, Universidade de São Paulo. Graciliano Ramos é um dos três autores que "figuram em primeiro plano na pesquisa, com *Infância* e *Memórias do cárcere*, duas obras de reconhecida importância dentro do gênero".

FELDMANN, Helmut. *Graciliano Ramos:* eine Untersuchung zur Selbstdarstellung in seinem epischen Werk. Genève: Droz, 1965. 135 p. facsims. (Kölner romanistische Arbeiten, n.F., Heft 32). Bibliografia: p. 129-135. Vita. Thesis — Cologne.

FELDMANN, Helmut. *Graciliano Ramos:* reflexos de sua personalidade na obra. [Tradução de Luís Gonzaga Mendes Chaves e José Gomes Magalhães.] Fortaleza: Imprensa Universitária do Ceará, 1967. 227 p. (Coleção Carnaúba, 4). Bibliografia: p. [221]-227.

FELINTO, Marilene. *Graciliano Ramos*. São Paulo: Brasiliense, 1983. 78 p., il. "Outros heróis e esse Graciliano". Lista de trabalhos de Graciliano Ramos incluída em "Cronologia": p. 68-75. (Encanto Radical, 30).

FERREIRA, Jair Francelino; BRUNETI, Almir de Campos. *Do meio aos mitos*: Graciliano Ramos e a tradição religiosa. Brasília, 1999. Dissertação (Mestrado) — Universidade de Brasília. 94 p.

FISCHER, Luis Augusto; GASTAL, Susana; COUTINHO, Carlos Nelson (Org.). *Graciliano Ramos*. [Porto Alegre]: SMC, 1993. 80 p. (Cadernos Ponto & Vírgula). Bibliografia: p. 79-80.

FONSECA, Maria Marília Alves da. *Análise semântico-estrutural da preposição "de" em* Vidas secas, S. Bernardo *e* Angústia. Niterói: UFF, 1980. 164 f. Dissertação (Mestrado) — Instituto de Letras, Universidade Federal Fluminense.

FRAGA, Myriam. *Graciliano Ramos*. São Paulo: Moderna, 2007. Coleção Mestres da Literatura. (Literatura infantojuvenil).

FREIXIEIRO, Fábio. *Da razão à emoção II*: ensaios rosianos e outros ensaios e documentos. Rio de Janeiro: Tempo Brasileiro, 1971. 192 p. (Temas de Todo o Tempo, 15).

GARBUGLIO, José Carlos; BOSI, Alfredo; FACIOLI, Valentim. *Graciliano Ramos*. Participação especial, Antonio Candido [et al.]. São Paulo: Ática, 1987. 480 p., il. (Coleção Autores Brasileiros. Antologia, 38. Estudos, 2). Bibliografia: p. 455-480.

GIMENEZ, Erwin Torralbo. *O olho torto de Graciliano Ramos: metáfora e perspectiva*. Revista USP, São Paulo, nº 63, p. 186-196, set/nov, 2004.

GUEDES, Bernadette P. *A Translation of Graciliano Ramos' Caetes*. Ann Arbor: Univ. Microfilms Int, 1976. 263 f. Tese (Doutorado) — University of South Carolina. Ed. fac-similar.

GUIMARÃES, José Ubireval Alencar. *Graciliano Ramos:* discurso e fala das memórias. Porto Alegre: PUC/RS, 1982. 406 f. Tese (Doutorado) — Instituto de Letras e Artes, Pontifícia Universidade Católica do Rio Grande do Sul.

GUIMARÃES, José Ubireval Alencar. *Graciliano Ramos e a fala das memórias*. Maceió: [Serviços Gráficos de Alagoas], 1988. 305 p., il. Bibliografia: p. [299]-305.

GUIMARÃES, José Ubireval Alencar. Vidas secas: um ritual para o mito da seca. Maceió: EDICULTE, 1989. 160 p. Apresentado originalmente como dissertação de Mestrado do autor. — Pontifícia Universidade Católica do Rio Grande do Sul. Bibliografia: p. [155]-157.

HAMILTON JUNIOR, Russell George. *A arte de ficção de Graciliano Ramos*: a apresentação de personagens. Ann Arbor: Univ. Microfilms Int., 1965. Tese (Doutorado) — Yale University. Ed. Fac-similar, 255 f.

HESSE, Bernard Hermann. *O escritor e o infante*: uma negociação para a representação em *Infância*. Brasília, 2007. Tese (Doutorado) — Orientação de Hermenegildo Bastos. Programa de Pós-graduação de Literatura — Universidade de Brasília.

HILLAS, Sylvio Costa. *A natureza interdisciplinar da teoria literária no estudo sobre* Vidas secas. Rio de Janeiro: UFRJ, 1999. 105 f. Dissertação (Mestrado) — Faculdade de Letras, Universidade Federal do Rio de Janeiro.

HOLANDA, Lourival. *Sob o signo do silêncio*: Vidas secas e O estrangeiro. São Paulo: EDUSP, 1992. 91 p. Bibliografia: p. [89]-91. (Criação & Crítica, 8).

LEBENSZTAYN, Ieda. *Graciliano Ramos e a novidade*: o astrônomo do inferno e os meninos impossíveis. São Paulo: Ed. Hedra em parceria com a Escola da Cidade (ECidade), 2010. 524 p.

LEITÃO, Cláudio Correia. *Origens e fins da memória*: Graciliano Ramos, Joaquim Nabuco e Murilo Mendes. Belo Horizonte, 1997. 230 f. Tese (Doutorado) — Universidade Federal de Minas Gerais.

LEITÃO, Cláudio. *Líquido e incerto*; memória e exílio em Graciliano Ramos. Niterói: EdUFF, São João del Rei: UFSJ, 2003. 138 p.

LIMA, Valdemar de Sousa. *Graciliano Ramos em Palmeira dos Índios*. [Brasília]: Livraria-Editora Marco [1971]. 150 p., il. 2ª ed. Civilização Brasileira, 1980.

LIMA, Yêdda Dias; REIS, Zenir Campos (Coord.). *Catálogo de manuscritos do arquivo Graciliano Ramos*. São Paulo: EDUSP, [1992]. 206 p. (Campi, 8). Inclui bibliografia.

LINS, Osman. *Graciliano, Alexandre e outros*. Vitral ao sol. Recife, Editora Universitária da UFPE, p. 300-307, julho, 2004.

LOUNDO, Dilip. *Tropical rhymes, topical reasons*. An Antology of Modern Brazilian Literature. National Book Trust, Índia. Nova Délhi, 2001.

LUCAS, Fabio. *Lições de literatura nordestina*. Salvador: Fundação Casa de Jorge Amado, 2005. Coleção Casa de Palavras, 240 p. "Especificações de *Vidas secas*", p. 15-35, "A textualidade contida de Graciliano Ramos", p. 39-53, "Graciliano retratado por Ricardo Ramos", p. 87-98. Inclui bibliografia.

MAGALHÃES, Belmira. Vidas secas: os desejos de sinha Vitória. HD Livros Editora Curitiba, 2001.

MAIA, Ana Luiza Montalvão; VENTURA, Aglaeda Facó. *O contista Graciliano Ramos*: a introspecção como forma de perceber e dialogar com a realidade. Brasília, 1993. 111 f. Dissertação (Mestrado) — Universidade de Brasília.

MAIA, Pedro Moacir. *Cartas inéditas de Graciliano Ramos a seus tradutores argentinos Benjamín de Garay e Raúl Navarro*. Salvador: EDUFBA, 2008. 164 p.: il.

MALARD, Letícia. *Ensaio de literatura brasileira*: ideologia e realidade em Graciliano Ramos. Belo Horizonte: Itatiaia, [1976]. 164 p. (Coleção Universidade Viva, 1). Bibliografia: p. 155-164. Apresentado originalmente como tese de Doutorado da autora — Universidade Federal de Minas Gerais, 1972.

MANUEL BANDEIRA, Aluisto [i.e. Aluisio] Azevedo, Graciliano Ramos, Ariano Suassuna: [recueil de travaux présentés au séminaire de 1974]. Poitiers: Centre de Recherches Latino-Américaines de l'Université de Poitiers, 1974. 167 p. (Publications du Centre de Recherches Latino-Américaines de l'Université de Poitiers). Francês ou português. Conteúdo: Roig, A. Manuel Bandeira, ou l'enfant père du poète, Garbuglio, J. C. Bandeira entre o Beco e Pasárgada, Vilhena, M. da C. Duas cantigas medievais de Manuel Bandeira, Mérian, J.-Y. Un roman inachevé de Aluisio Azevedo, Alvès, J. Lecture plurielle d'un passage de *Vidas secas*, David-Peyre, Y. Les personnages et la mort dans *Relíquias de Casa Velha*, de Machado de Assis, Moreau, A. Remarques sur le dernier acte de l'*Auto da Compadecida*, Azevedo-Batard, V. Apports inédits à l'oeuvre de Graciliano Ramos.

MARINHO, Maria Celina Novaes. *A imagem da linguagem na obra de Graciliano Ramos*: uma análise da heterogeneidade discursiva nos romances *Angústia* e *Vidas secas*. São Paulo: Humanitas, FFLCH/USP, 2000. 110 p. Apresentado originalmente como dissertação do autor (Mestrado) — Universidade de São Paulo, 1995. Bibliografia: p. [105]-110.

MAZZARA, Richard A. *Graciliano Ramos*. Nova York: Twayne Publishers, [1974]. 123 p. (Twayne's World Authors Series, TWAS 324. Brazil). Bibliografia: p. 121-122.

MEDEIROS, Heloísa Marinho de Gusmão. *A mulher na obra de Graciliano Ramos*. Maceió, Universidade Federal de Alagoas/ Depto de Letras Estrangeiras, 1994.

MELLO, Marisa Schincariol de. *Graciliano Ramos:* criação literária e projeto político (1930-1953). Rio de Janeiro, 2005. Dissertação (Mestrado). História Contemporânea. Universidade Federal Fluminense (UFF).

MERCADANTE, Paulo. *Graciliano Ramos*: o manifesto do trágico. Rio de Janeiro: Topbooks, 1993. 167 p. Inclui bibliografia.

MIRANDA, Wander Melo. *Corpos escritos*: Graciliano Ramos e Silviano Santiago. São Paulo: EDUSP; Belo Horizonte: Editora UFMG, 1992. 174 p. Apresentado originalmente como tese do autor (Doutorado) — Universidade de São Paulo, 1987. Bibliografia: p. [159]-174.

MIRANDA, Wander Melo. *Graciliano Ramos*. São Paulo: Publifolha, 2004. 96 p.

MORAES, Dênis de. *O velho Graça*. Rio de Janeiro: J. Olympio, 1992. xxiii, 407 p., il. Subtítulo de capa: Uma biografia de Graciliano Ramos. Bibliografia: p. 333-354. Inclui índice. São Paulo: Boitempo Editorial, 2012. 2ª ed., 360 p.

MOTTA, Sérgio Vicente. *O engenho da narrativa e sua árvore genealógica*: das origens a Graciliano Ramos e Guimarães Rosa. São Paulo: UNESP, 2006.

MOURÃO, Rui. *Estruturas*: ensaio sobre o romance de Graciliano. Belo Horizonte: Edições Tendências, 1969. 211 p. 2ª ed., Arquivo, INL, 1971. 3ª ed., Ed. UFPR, 2003.

MUNERATTI, Eduardo. *Atos agrestes*: uma abordagem geográfica na obra de Graciliano Ramos. São Paulo, 1994. 134 p. Dissertação

(Mestrado em Geografia Humana) — Faculdade de Filosofia, Letras e Ciências Humanas, Universidade de São Paulo.

MURTA, Elício Ângelo de Amorim. *Os nomes (próprios) em* Vidas secas. Concurso monográfico "50 anos de Vidas secas". Universidade Federal de Alagoas, 1987.

NASCIMENTO, Dalma Braune Portugal do. *Fabiano, herói trágico na tentativa do ser*. Rio de Janeiro: UFRJ, 1976. 69 f. Dissertação (Mestrado) — Faculdade de Letras, Universidade Federal do Rio de Janeiro.

NASCIMENTO, Dalma Braune Portugal do. *Fabiano, herói trágico na tentativa do ser*. Rio de Janeiro: Edições Tempo Brasileiro, 1980. 59 p. Bibliografia: p. 55-59.

NEIVA, Cícero Carreiro. Vidas secas *e* Pedro Páramo: tecido de vozes e silêncios na América Latina. Rio de Janeiro: UFRJ, 2001. 92 f. Dissertação (Mestrado) — Faculdade de Letras, Universidade Federal do Rio de Janeiro.

NERY, Vanda Cunha Albieri. *Graça eterno*. No universo infinito da criação. (Doutorado em Comunicação e Semiótica). Pontifícia Universidade Católica de São Paulo, 1995.

NEVES, João Alves das. *Graciliano Ramos*. Coimbra: Atlântida, 1963. 212 p.

NOGUEIRA, Ruth Persice. *Jornadas e sonhos*: a busca da utopia pelo homem comum: estudo comparativo dos romances *As vinhas da ira* de John Steinbeck e *Vidas secas* de Graciliano Ramos. Rio de Janeiro: UFRJ, 1994. 228 f. Tese (Doutorado) — Faculdade de Letras, Universidade Federal do Rio de Janeiro.

NUNES, M. Paulo. *A lição de Graciliano Ramos*. Teresina: Editora Corisco, 2003.

OLIVEIRA, Celso Lemos de. *Understanding Graciliano Ramos*. Columbia, S.C.: University of South Carolina Press, 1988. 188 p. (Understanding Contemporary European and Latin American Literature). Inclui índice. Bibliografia: p. 176-182.

OLIVEIRA NETO, Godofredo de. *A ficção na realidade em* São Bernardo. 1ª ed. Belo Horizonte: Nova Safra; [Blumenau]: Editora da FURB, c1990. 109 p., il. Baseado no capítulo da tese do autor (Doutorado — UFRJ, 1988), apresentado sob o título: *O nome e o verbo na construção de* São Bernardo. Bibliografia: p. 102-106.

OLIVEIRA, Jurema José de. *O espaço do oprimido nas literaturas de língua portuguesa do século XX*: Graciliano Ramos, Alves Redol e Fernando Monteiro de Castro Soromenho. Rio de Janeiro: UFRJ, 1998. 92 p. Dissertação (Mestrado) — Faculdade de Letras, Universidade Federal do Rio de Janeiro.

OLIVEIRA, Luciano. *O bruxo e o rabugento*. Ensaios sobre Machado de Assis e Graciliano Ramos. Rio de Janeiro: Vieira & Lent, 2010.

OLIVEIRA, Maria de Lourdes. *Cacos de Memória*: Uma leitura de *Infância*, de Graciliano Ramos. Belo Horizonte, 1992. 115 f. Dissertação (Mestrado) — Universidade Federal de Minas Gerais.

PALMEIRA DOS ÍNDIOS. Prefeitura. *Dois relatórios ao governador de Alagoas*. Apresentação de Gilberto Marques Paulo. Recife: Prefeitura da Cidade do Recife, Secretaria de Educação e Cultura, Fundação de Cultura Cidade do Recife, 1992. 44 p. "Edição comemorativa ao centenário de nascimento do escritor Graciliano Ramos (1892-1953)." Primeiro trabalho publicado originalmente: Relatório ao Governador do Estado de Alagoas. Maceió: Impr. Official, 1929. Segundo trabalho publicado originalmente: 2º Relatório ao Sr. Governador Álvaro Paes. Maceió: Impr. Official, 1930.

PEÑUELA CAÑIZAL, Eduardo. *Duas leituras semióticas*: Graciliano Ramos e Miguel Ángel Asturias. São Paulo: Perspectiva, 1978. 88 p., il.

PEÑUELA CAÑIZAL, Eduardo. *Duas leituras semióticas*: Graciliano Ramos e Miguel Ángel Asturias. São Paulo: Perspectiva, Secretaria da Cultura, Ciência e Tecnologia do Estado de São Paulo, 1978. 88 p. (Coleção Elos, 21).

PEREGRINO JÚNIOR. *Três ensaios*: modernismo, Graciliano, Amazônia. Rio de Janeiro: São José, 1969. 134 p.

PEREIRA, Isabel Cristina Santiago de Brito; PATRIOTA, Margarida de Aguiar. *A configuração da personagem no romance de Graciliano Ramos*. Brasília, 1983. Dissertação (Mestrado) — Universidade de Brasília. 83 p.

PINTO, Rolando Morel. *Graciliano Ramos, autor e ator.* [São Paulo: Faculdade de Filosofia, Ciências e Letras de Assis, 1962.] 189 p. fac-sím. Bibliografia: p. 185-189.

PÓLVORA, Hélio. "O conto na obra de Graciliano." Ensaio p. 53-61. *Itinerários do conto: interfaces críticas e teóricas de modern short stories.* Ilhéus: Editus, 2002. 252 p.

PÓLVORA, Hélio. *Graciliano, Machado, Drummond e outros.* Rio de Janeiro: F. Alves, 1975. 158 p.

PÓLVORA, Hélio. "Infância: A maturidade da prosa." "Imagens recorrentes em *Caetés.*" "O anti-herói trágico de *Angústia.*" Ensaios p. 81-104. *O espaço interior.* Ilhéus: Editora da Universidade Livre do Mar e da Mata, 1999. 162 p.

PUCCINELLI, Lamberto. *Graciliano Ramos*: relações entre ficção e realidade. São Paulo: Edições Quíron, 1975. xvii, 147 p. (Coleção Escritores de Hoje, 3). "Originalmente a dissertação de Mestrado *Graciliano Ramos — figura e fundo*, apresentada em 1972 na disciplina de Sociologia da Literatura à Faculdade de Filosofia, Letras e Ciências Humanas da Universidade de São Paulo." Bibliografia: p. 145-146.

RAMOS, Clara. *Cadeia.* Rio de Janeiro: J. Olympio, c1992. 213 p., il. Inclui bibliografia.

RAMOS, Clara. *Mestre Graciliano*: confirmação humana de uma obra. [Capa, Eugênio Hirsch]. Rio de Janeiro: Civilização Brasileira, 1979. 272 p., il. (Coleção Retratos do Brasil, 134). Inclui bibliografia.

RAMOS, Elizabeth S. *Histórias de bichos em outras terras:* a transculturação na tradução de Graciliano Ramos. Salvador: UFBA, 1999. Dissertação (Mestrado) — Instituto de Letras, Universidade Federal da Bahia.

RAMOS, Elizabeth S. Vidas Secas *e* The Grapes of Wrath *— o implícito metafórico e sua tradução.* Salvador: UFBA, 2003. 162 f. Tese (Doutorado) — Instituto de Letras, Universidade Federal da Bahia.

RAMOS, Elizabeth S. *Problems of Cultural Translation in Works by Graciliano Ramos.* Yale University-Department of Spanish and Portuguese, Council on Latin American and Iberian Studies. New Haven, EUA, 2004.

RAMOS, Ricardo. *Graciliano*: retrato fragmentado. São Paulo: Globo, 2011. 2ª ed. 270 p.

REALI, Erilde Melillo. *Itinerario nordestino di Graciliano Ramos*. Nápoles [Itália]: Intercontinentalia, 1973. 156 p. (Studi, 4).

REZENDE, Stella Maris; VENTURA, Aglaeda Facó. *Graciliano Ramos e a literatura infantil*. Brasília, 1988. 101 p. Dissertação (Mestrado) — Universidade de Brasília.

RIBEIRO, Magdalaine. *Infância de Graciliano Ramos*. Autobiografia ou radiografia da realidade nordestina? In: Identidades e representações na cultura brasileira. Rita Olivieri-Gadot, Lícia Soares de Souza (Org.). João Pessoa: Ideia, 2001.

RIBEIRO, Maria Fulgência Bomfim. *Escolas da vida e grafias de má morte*: a educação na obra de Graciliano Ramos. Dissertação (Mestrado). Departamento de Letras e Artes, Universidade Estadual de Feira de Santana, 2003.

RISSI, Lurdes Theresinha. *A expressividade da semântica temporal e aspectual em* S. Bernardo *e* Angústia. Niterói: UFF, 1978. 142 f. Dissertação (Mestrado) — Instituto de Letras, Universidade Federal Fluminense.

SANT'ANA, Moacir Medeiros de. *A face oculta de Graciliano Ramos*. Maceió: Secretaria de Comunicação Social: Arquivo Público de Alagoas, 1992. 106 p., il. Subtítulo de capa: Os 80 anos de um inquérito literário. Inclui: "A arte e a literatura em Alagoas", do *Jornal de Alagoas*, publicado em 18/09/1910 (p. [37]-43). Inclui bibliografia.

SANT'ANA, Moacir Medeiros de. *Graciliano Ramos*: achegas biobibliográficas. Maceió: Arquivo Público de Alagoas, SENEC, 1973. 92 p., il. Inclui bibliografias.

SANT'ANA, Moacir Medeiros de. *Graciliano Ramos*: vida e obra. Maceió: Secretaria de Comunicação Social, 1992. 337 p., il. ret., fac-símiles. Dados retirados da capa. Bibliografia: p. 115-132.

SANT'ANA, Moacir Medeiros de. *Graciliano Ramos antes de* Caetés: catálogo da exposição biobibliográfica de Graciliano Ramos, comemorativa dos 50 anos do romance *Caetés*, realizada pelo Arquivo Público de Alagoas em novembro de 1983. Maceió: Arquivo Público de Alagoas, 1983. 42 p., il. Título de capa: Catálogo, Graciliano Ramos antes de *Cahetés*. Inclui bibliografia. Contém dados biográficos.

SANT'ANA, Moacir Medeiros de. *História do romance* Caetés. Maceió: Arquivo Público: Subsecretaria de Comunicação Social, 1983. 38 p., il. Inclui bibliografia.

SANT'ANA, Moacir Medeiros de. *O romance* S. Bernardo. Maceió: Universidade Federal de Alagoas, 1984. 25 p. "Catálogo da Exposição Bibliográfica 50 Anos de *S. Bernardo*" realizada pelo Arquivo Público de Alagoas em dezembro de 1984. Contém dados biográficos. Bibliografia: p. 17-25.

SANT'ANA, Moacir Medeiros de. Vidas secas: história do romance. Recife: Sudene, 1999. 150 p., il. "Bibliografia sobre *Vidas secas*": p. [95]-117.

SANTIAGO, Silviano. *Em liberdade*: uma ficção de Silviano Santiago. Rio de Janeiro: Paz e Terra, 1981. 235 p. (Coleção Literatura e Teoria Literária, 41).

SANTOS, Valdete Pinheiro. *A metaforização em* Vidas secas: a metáfora de base animal. Rio de Janeiro: UFRJ, 1979. 65 f. Dissertação (Mestrado) — Faculdade de Letras, Universidade Federal do Rio de Janeiro.

SÉMINAIRE GRACILIANO RAMOS, 1971, Poitiers. *Graciliano Ramos: Vidas secas*. Poitiers [França]: Centre de Recherches Latino-Américaines de l'Université de Poitiers, 1972. 142 p. (Publications du Centre de Recherches Latino-Américaines de l'Université de Poitiers). Seminários: fev.-jun. de 1971. Inclui bibliografia.

SERRA, Tânia Rebelo Costa. *Análise histórica de* Vidas secas *de Graciliano Ramos*. Brasília, 1980. 17 f.

SILVA, Bélchior Cornelio da. *O pio da coruja*: ensaios literários. Belo Horizonte: Ed. São Vicente, 1967. 170 p.

SILVA, Enaura Quixabeira Rosa e outros. Angústia *70 anos depois*. Maceió: Ed. Catavento, 2006. 262 p.

SILVA, Hélcio Pereira da. *Graciliano Ramos*: ensaio crítico-psicanalítico. Rio de Janeiro, Aurora, 1950. 134 p., 2ª ed. rev., Ed. G. T. L., 1954.

SILVEIRA, Paulo de Castro. *Graciliano Ramos*: nascimento, vida, glória e morte. Maceió: Fundação Teatro Deodoro, 1982. 210 p.: il.

SOUZA, Tânia Regina de. *A infância do velho Graciliano:* memórias em letras de forma. Editora da UFSC. Florianópolis, 2001.

STEGAGNO-PICCHIO, Luciana. *História da literatura brasileira*, Rio de Janeiro: Nova Aguilar, 2ª ed., 2004. 744 p. "O Nordeste em ponta seca: Graciliano Ramos." p. 531-533. Inclui bibliografia.

TÁTI, Miécio. "Aspectos do romance de Graciliano Ramos". *Temário* — Revista de Literatura e Arte, Rio de Janeiro, v. 2, n. 4, p. 1-19, jan.-abr., 1952.

UNIVERSIDADE DE BRASÍLIA. *Roteiro de* Vidas secas: seminário sobre o livro de Graciliano Ramos e o filme de Nelson Pereira dos Santos. Brasília, 1965. 63 p.

UNIVERSITÉ DE POITIERS. *Manuel Bandeira, Aluísio Azevedo, Graciliano Ramos, Ariano Suassuna*. Poitiers, 1974. Texto em francês e português. 167 p.

VENTURA, Susanna Ramos. *Escritores revisitam escritores*: a leitura de Fernando Pessoa e Ricardo Reis, por José Saramago, e de Graciliano Ramos e Cláudio Manuel da Costa, por Silviano Santiago. São Paulo, 2000. 194 p. Anexos. Dissertação (Mestrado) — Faculdade de Filosofia, Letras e Ciências Humanas, Universidade de São Paulo.

VERDI, Eunaldo. *Graciliano Ramos e a crítica literária*. Prefácio de Edda Arzúa Ferreira. Florianópolis: Ed. da UFSC, 1989. 184 p., il. Apresentado originalmente como dissertação de Mestrado do autor — Universidade Federal de Santa Catarina, 1983. Bibliografia: p. 166-180.

VIANA, Vivina de Assis. *Graciliano Ramos*. São Paulo: Nova Cultural, 1990. 144 p.

VIANNA, Lúcia Helena. *Roteiro de leitura*: *São Bernardo* de Graciliano Ramos. São Paulo: Ática, 1997. 152 p., il.

ZILBERMAN, Regina. São Bernardo *e os processos da comunicação*. Porto Alegre: Movimento, 1975. 66 p. (Coleção Augusto Meyer: Ensaios, 8). Inclui bibliografia.

Produções cinematográficas
Vidas secas — Direção de Nelson Pereira dos Santos, 1963.

São Bernardo — Direção, adaptação e roteiro de Leon Hirszman, 1972.

Memórias do cárcere — Direção de Nelson Pereira dos Santos, 1983.

Produção para rádio e TV
São Bernardo — novela em capítulos baseada no romance, adaptada para a Rádio Globo do Rio de Janeiro por Amaral Gurgel, em 1949.

São Bernardo — *Quarta Nobre* baseada no romance, adaptado em um episódio para a TV Globo por Lauro César Muniz, em 29 de junho de 1983.

A terra dos meninos pelados — musical infantil baseado na obra homônima, adaptada em quatro episódios para a TV Globo por Cláudio Lobato e Márcio Trigo, em 2003.

Graciliano Ramos — Relatos da Sequidão. DVD — Vídeo. Direção, roteiro e entrevistas de Maurício Melo Júnior. TV Senado, 2010.

Prêmios literários
Prêmio Lima Barreto, pela *Revista Acadêmica* (conferido a *Angústia*, 1936).

Prêmio de Literatura Infantil, do Ministério da Educação (conferido a *A terra dos meninos pelados*, 1937).

Prêmio Felipe de Oliveira (pelo conjunto da obra, 1942).

Prêmio Fundação William Faulkner (conferido a *Vidas secas*, 1962).

Por iniciativa do governo do Estado de Alagoas, os Serviços Gráficos de Alagoas S.A. (SERGASA) passaram a se chamar, em 1999, Imprensa Oficial Graciliano Ramos (Iogra).

Em 2001 é instituído pelo governo do Estado de Alagoas o ano Graciliano Ramos, em decreto de 25 de outubro. Neste mesmo ano, em votação popular, Graciliano é eleito o alagoano do século.

Medalha Chico Mendes de Resistência, conferida pelo grupo Tortura Nunca Mais, em 2003.

Prêmio Recordista 2003, Categoria Diamante, pelo conjunto da obra.

Exposições

Exposição Graciliano Ramos, 1962, Rio de Janeiro, Biblioteca Nacional.

Exposição Retrospectiva das Obras de Graciliano Ramos, 1963, Curitiba (10º aniversário de sua morte).

Mestre Graça: "Vida e Obra" — comemoração ao centenário do nascimento de Graciliano Ramos, 1992. Maceió, Governo de Alagoas.

Lembrando Graciliano Ramos — 1892-1992. Seminário em homenagem ao centenário de seu nascimento. Fundação Cultural do Estado da Bahia. Salvador, 1992.

Semana de Cultura da Universidade de São Paulo. Exposição Interdisciplinar Construindo Graciliano Ramos: *Vidas secas*. Instituto de Estudos Brasileiros/USP, 2001-2002.

Colóquio Graciliano Ramos — Semana comemorativa de homenagem pelo cinquentenário de sua morte. Academia de Letras da Bahia, Fundação Casa de Jorge Amado. Salvador, 2003.

Exposição O Chão de Graciliano, 2003, São Paulo, SESC Pompeia. Projeto e curadoria de Audálio Dantas.

Exposição O Chão de Graciliano, 2003, Araraquara, SP. SESC — Apoio UNESP. Projeto e curadoria de Audálio Dantas.

Exposição O Chão de Graciliano, 2003/04, Fortaleza, CE. SESC e Centro Cultural Banco do Nordeste. Projeto e curadoria de Audálio Dantas.

Exposição O Chão de Graciliano, 2003, Maceió, SESC São Paulo e Secretaria de Cultura do Estado de Alagoas. Projeto e curadoria de Audálio Dantas.

Exposição O Chão de Graciliano, 2004, Recife, SESC São Paulo, Fundação Joaquim Nabuco e Banco do Nordeste. Projeto e curadoria de Audálio Dantas.

4º Salão do Livro de Minas Gerais. Graciliano Ramos — 50 anos de sua morte, 50 anos de *Memórias do cárcere*, 2003. Câmara Brasileira do Livro. Prefeitura de Belo Horizonte.

Entre a morte e a vida. Cinquentenário da morte: Graciliano Ramos. Centenário do nascimento: Domingos Monteiro, João Gaspar Simões, Roberto Nobre. Exposição Bibliográfica e Documental. Museu Ferreira de Castro. Portugal, 2003.

Home page
http://www.graciliano.com.br
http://www.gracilianoramos.com.br

Este livro foi composto na tipologia Melior,
em corpo 10/15,5, e impresso em papel
off-set 90g/m² no Sistema Digital Instant Duplex
da Divisão Gráfica da Distribuidora Record.